GESTÃO FINANCEIRA e ESTRATÉGICA *para* ESCRITÓRIOS *de* ADVOCACIA

O GEN | Grupo Editorial Nacional – maior plataforma editorial brasileira no segmento científico, técnico e profissional – publica conteúdos nas áreas de concursos, ciências jurídicas, humanas, exatas, da saúde e sociais aplicadas, além de prover serviços direcionados à educação continuada.

As editoras que integram o GEN, das mais respeitadas no mercado editorial, construíram catálogos inigualáveis, com obras decisivas para a formação acadêmica e o aperfeiçoamento de várias gerações de profissionais e estudantes, tendo se tornado sinônimo de qualidade e seriedade.

A missão do GEN e dos núcleos de conteúdo que o compõem é prover a melhor informação científica e distribuí-la de maneira flexível e conveniente, a preços justos, gerando benefícios e servindo a autores, docentes, livreiros, funcionários, colaboradores e acionistas.

Nosso comportamento ético incondicional e nossa responsabilidade social e ambiental são reforçados pela natureza educacional de nossa atividade e dão sustentabilidade ao crescimento contínuo e à rentabilidade do grupo.

LUCIENE RODIGHERO DOS SANTOS

GESTÃO FINANCEIRA e ESTRATÉGICA para ESCRITÓRIOS de ADVOCACIA

Colaboradores:
André Porto Alegre,
Corinna Schabbel e Francisco Zuccato Junior

- A autora deste livro e a editora empenharam seus melhores esforços para assegurar que as informações e os procedimentos apresentados no texto estejam em acordo com os padrões aceitos à época da publicação, e todos os dados foram atualizados pelo autor até a data de fechamento do livro. Entretanto, tendo em conta a evolução das ciências, as atualizações legislativas, as mudanças regulamentares governamentais e o constante fluxo de novas informações sobre os temas que constam do livro, recomendamos enfaticamente que os leitores consultem sempre outras fontes fidedignas, de modo a se certificarem de que as informações contidas no texto estão corretas e de que não houve alterações nas recomendações ou na legislação regulamentadora.

- Fechamento desta edição: *12.07.2022*

- A Autora e a editora se empenharam para citar adequadamente e dar o devido crédito a todos os detentores de direitos autorais de qualquer material utilizado neste livro, dispondo-se a possíveis acertos posteriores caso, inadvertida e involuntariamente, a identificação de algum deles tenha sido omitida.

- **Atendimento ao cliente: (11) 5080-0751 | faleconosco@grupogen.com.br**

- Direitos exclusivos para a língua portuguesa
  Copyright © 2022 by
  Editora Atlas Ltda.
  Uma editora integrante do GEN | Grupo Editorial Nacional
  Al. Arapoema, 659, sala 05, Tamboré
  Barueri – SP – 06460-080
  www.grupogen.com.br

- Reservados todos os direitos. É proibida a duplicação ou reprodução deste volume, no todo ou em parte, em quaisquer formas ou por quaisquer meios (eletrônico, mecânico, gravação, fotocópia, distribuição pela Internet ou outros), sem permissão, por escrito, da Editora Atlas Ltda.

- Capa: Fabricio Vale

- **CIP – BRASIL. CATALOGAÇÃO NA FONTE.**
  SINDICATO NACIONAL DOS EDITORES DE LIVROS, RJ.

S236g
Santos, Luciene Rodighero dos

Gestão financeira e estratégica para escritórios de advocacia/Luciene Rodighero dos Santos. – 1. ed. – Barueri [SP]: Atlas, 2022.
(Gestão de escritórios)

Inclui bibliografia e índice
ISBN 978-65-5977-358-9

1. Escritório de advocacia. 2. Escritório de advocacia – Administração. 3. Planejamento estratégico. 4. Escritório de advocacia – Financeiro e Planejamento Financeiro. I. Título. II. Série.

22-78754   CDD: 651.934
       CDU: 658.15:347.965.4

Meri Gleice Rodrigues de Souza - Bibliotecária - CRB-7/6439

Para Ronaldo:
meu marido, meu maior amor e parceiro de vida.

Para Giulia e Miguel:
meus filhos, frutos desse amor e minha maior alegria.

Para Rosa:
minha mãe, a mais generosa e amorosa pessoa que conheço e por ser tanto para mim e para minha família. Você é o meu primeiro amor.

A vocês, queridos amigos e leitores,
que seguirão comigo nesta trilha. Para mim é uma alegria e uma honra contar com sua leitura.

SOBRE A AUTORA

Consultora, Palestrante e Professora da OAB/SP, Luciene Rodighero dos Santos é sócia fundadora da LRS Consulting. Profissional com 33 anos de carreira, sendo os últimos 15 dedicados à administração geral de escritórios de advocacia, atuando como gestora e consultora, com atuação e passagem por diversas bancas. Possui MBA em Gestão Empresarial (FGV), Especialização em Administração de Escritórios de Advocacia (FGV/Law), Administração de Recursos Humanos (FGV), Gerenciamento de Projetos (*in company*) e *Coaching* Pessoal (PUC/RS).

Contato com a Autora:

e-mail: luciene.rodighero@lrsconsulting.com.br

AGRADECIMENTOS

Agradeço de forma muito especial e com o coração cheio de gratidão:

A Deus, pelo dom da vida.

Aos meus pais, Rosa e Moises, minha base.

Aos meus maiores amores: Ronaldo, Giulia e Miguel. Vocês são a minha vida, minha inspiração e minha razão de querer ser minha melhor versão a cada dia. O apoio e o amor foram cruciais no processo de escrita deste livro.

Ao Ronaldo, meu marido, um agradecimento adicional por todo o incentivo, paciência e contribuições. Suas ideias e sugestões foram sempre certeiras e muito valiosas. Obrigada por tanto.

À minha família: meus sogros Pedro (*in memoriam*) e Haydee (*in memoriam*), minhas irmãs, meus cunhados e cunhadas, meus sobrinhos e sobrinhas e meus sobrinhos-netos. Vocês são muito importantes para mim e uma grande alegria.

À Andrea Augusta Pulici, amiga querida que, além de ser o estopim deste processo, brindou-me escrevendo o prefácio do livro. Que honra!

À Oriene Pavan pelo convite para escrever esta obra e pelo apoio.

À Danielle Oliveira, editora que me acompanhou nesta trajetória, inclusive com suas importantes contribuições e trocas de ideias. Deixo aqui, também, meus agradecimentos aos demais profissionais do GEN Editora por toda a sua colaboração neste processo.

À Corinna Schabbel, minha mentora, amiga e inspiração, que me apoiou em toda essa trajetória, contribuindo valorosamente e, ainda mais, presenteando-me com um capítulo neste livro. Você faz a diferença na minha vida.

Ao André Porto Alegre, amigo e parceiro, que deixou sua generosa contribuição, escrevendo um capítulo neste livro.

Ao Francisco Zuccato Junior, grande amigo, por sua rica contribuição escrevendo um capítulo neste livro. Ao Dr. Thomas Benes Felsberg, à Andréa Pitthan Françolin, à Silvia Zeigler e ao Gerardo Figueiredo Junior por terem, generosamente, colaborado com a contracapa deste livro falando sobre a importância desta obra. Seus nomes estarão eternizados aqui, comigo.

Aos meus amigos e amigas: vocês fazem parte da minha vida, da minha história e da minha colcha de retalhos que está sendo costurada, quadradinho por quadradinho. Sou uma afortunada pela amizade de cada um.

Aos Sócios dos escritórios por onde passei, cresci pessoal e profissionalmente e construí minha carreira nesse universo jurídico. Vocês foram muito importantes para mim.

Aos meus clientes e amigos, pela parceria e confiança no meu trabalho.

EU tive filhos, EU plantei uma árvore e EU escrevi um livro. Feliz em deixar meu legado!

APRESENTAÇÃO

POR QUE ESCREVER UM LIVRO SOBRE GESTÃO DE ESCRITÓRIOS DE ADVOCACIA NA PRÁTICA?

Nos idos de 2007, ingressei, pela primeira vez, em um escritório de advocacia. Muito embora os departamentos internos fossem os mesmos como em qualquer outra empresa – contas a pagar, faturamento, administrativo, departamento pessoal, recursos humanos, *marketing*, entre outros –, aquele ambiente tinha uma linguagem própria com a qual nunca tinha convivido: advogado correspondente, trânsito em julgado, honorários de sucumbência... Compreendi rapidamente que precisava entender mais desse universo peculiar para que pudesse me desenvolver, ascender profissionalmente e contribuir para que o escritório crescesse em sua gestão.

No início de 2008, iniciei o curso de Administração Legal para Advogados na FGV. Lá conheci pessoas que se tornaram grandes amigos e professores que até hoje me inspiram e com admiração os acompanho bem de perto, inclusive fazendo parte do meu *networking*, algo que sempre cultivei, com genuíno interesse, e que acho fundamental para qualquer profissional – friso – tenha um amplo *networking* com genuíno interesse sempre. Depois dessa imersão, não parei mais e aí vieram outros cursos: de educação continuada em Gestão de Pessoas na FGV; Curso de *Coaching* na PUC, MBA em Gestão Estratégica de Empresa na FGV, entre outros; ávidas leituras de livros, principalmente os das áreas de gestão, participações em palestras, *workshops* e cursos sobre gestão financeira, gestão de escritórios e afins, *benchmarking* e acompanhamento de consultores e amigos que admiro e com os quais aprendi e aprendo sempre e que deixaram suas marcas em mim, cada um a seu modo, ao longo desta minha trajetória: André Porto Alegre, Carlos Alberto Bitinas, Corinna Schabbel, Ernide Araújo, Lara Selem, Marinetti Tozi Nascimento, Mario Esequiel, Roberto Schiavini, Simone Salomão, entre tantos outros não citados nominalmente aqui, uma vez que a lista, felizmente, é grande.

Fui gestora e consultora de escritórios de diversos tamanhos, desde boutique e pequenos até bancas de grande porte com atendimento *full service,* cada qual com sua diferente cultura e em estágios diversos de maturidade. Nesta trilha de muitos anos, tive a oportunidade de trabalhar, desenvolver-me e crescer e, também, deixar minha contribuição e minha marca nos locais por onde passei.

Sempre achei importante alinhar o conhecimento à prática, especialmente passando esse conhecimento adiante – é fato que aprendemos mais quando passamos o conhecimento aos outros –, formando pessoas com sede de aprender e, também, de se desenvolver. Foi assim que construí minha trajetória ao longo desses anos, aprendendo e passando o conhecimento adquirido para os profissionais que cruzaram meu caminho. Uma coisa tenho como certa: aprender sempre pois conhecimento nunca é demais e, assim, crescemos não apenas profissionalmente, mas enriquecendo pessoalmente.

Quais seus desafios de gestão? Onde seu escritório está hoje e aonde quer chegar? Vai montar o seu escritório do zero? Mais do que consultora e gestora, sou uma apaixonada por ver a transformação no cliente, colocando a mão na massa para fazermos acontecer juntos e colhermos os frutos dessa gestão profissional.

O filósofo Mario Sergio Cortella tem um livro intitulado: *Qual é a tua obra?*[1] Esse livro me inspira a pensar no que eu – Luciene – quero deixar de marca nesse mundo, quer para meus filhos, minha família, meus amigos, meus liderados, meus alunos, meus mentorados e para as pessoas que ainda conhecerei e que poderei impactar, de alguma forma, com minha vida, meu exemplo e com este livro que escrevi com tanto carinho. Simon Sinek[2] diz que: "O valor de nossa vida não é determinado pelo que fazemos por nós mesmos. O valor de nossa vida é determinado pelo que fazemos pelos outros". Acredito muito nisso!

---

1   Cortella, Mario Sergio. *Qual é a tua obra?*: inquietações propositivas sobre gestão, liderança e ética. 25. ed. rev. e atual. Petrópolis: Vozes, 2017.

2   SINEK, Simon. *Juntos somos melhores*: um livro inspirador sobre o poder da união e a busca pelo propósito. Rio de Janeiro: Sextante, 2019. p. 142.

Espero, do fundo do meu coração, que este livro seja muito útil não como fim, mas como início de uma busca cotidiana por mais conhecimento e prática da gestão, algo que devemos fazer até o fim de nossas vidas: aprender, colocar em prática o conhecimento adquirido, dando sempre o nosso melhor e, na medida do possível, passando adiante o conhecimento adquirido.

Nesta obra, você, leitor, conhecerá diferentes ferramentas de gestão financeira e estratégica para serem aplicadas, dicas preciosas que pude implementar por onde passei com excelentes resultados e questões propostas para você pensar no seu escritório, criando uma gestão mais profissional e eficiente, mas cuidando também do dia a dia.

Aprecie a leitura e, mais do que isso, coloque-a em prática!

Luciene Rodighero dos Santos

PREFÁCIO

Tive a oportunidade de conhecer a autora em 2007, quando, em meio à nossa trajetória profissional, nossos caminhos se cruzaram. À época, o escritório de advocacia que eu integrava na qualidade de sócia decidira ir em busca de um profissional que pudesse ser o responsável pela gestão financeira e administrativa daquela sociedade, considerada de médio porte. Foi então que Luciene passou a desempenhar esse papel de forma bastante prática, objetiva e eficiente; em paralelo, com ela iniciei meu aprendizado no mundo da gestão.

Nós, advogados, lamentavelmente carecemos de informações cruciais sobre como constituir, organizar e gerir sociedades de advogados. Quando muito, profissionais especializados em direito societário estão acostumados a constituir sociedades de diversos segmentos para seus clientes, mas, no momento em que o assunto é o próprio negócio, de duas, uma: ou não precisam com isso se preo-cupar, pois integram um escritório de grande porte e a estruturação, gestão e continuidade da firma estão nas mãos de um administrador profissional, ou integram pequenas estruturas onde o dia a dia da sociedade é gerido de maneira bastante informal, de modo similar à administração de sua própria casa.

Esta obra vem, então, ao encontro dos anseios dos profissionais do Direito que, não importa se acabaram de deixar os bancos das facul-dades ou se estão na carreira há décadas, têm interesse em se capacitar seja para constituir seu próprio negócio de forma estruturada desde o início, seja para acompanhar mais de perto a gestão financeira e administrativa desempenhada por um terceiro no escritório do qual faz parte, seja para atuar em paralelo com esse profissional quando designado para ser o sócio gestor de uma sociedade de advogados.

Ao longo da obra, expressões e conceitos por vezes abstratos como orçamentos, plano de contas, controladoria, *KPIs*, gestão de tempo e produtividade, gestão de *facilities* etc. serão trazidos ao leitor advogado de forma esclarecedora e rica, para implementação com mais ou menos vigor na estrutura que desejar.

O universo do Direito é amplo, contudo, as atividades paralelas para o maior ou menor sucesso da sociedade de advogados, seja ela unipessoal ou não, dependem de apreender em profundidade os ensinamentos da autora. Convivendo com advogados por mais de 15 anos, Luciene teve a sabedoria de compreender as necessidades da classe que integro e a habilidade de colocar no papel, de forma bastante abrangente, porém suscinta, todo o arcabouço necessário para se ter o mínimo ideal em um escritório: gerir receitas, despesas e caixa; precificar honorários advocatícios, analisar índices de resultados para fins de rentabilidade; gerir pessoas e *facilities*; *service* e *marketing* jurídicos, entre outras questões.

E não é só! Os exemplos práticos e gráficos trazidos pela autora não são somente empíricos, mas também decorrem de sua vivência, implementação e observação dos resultados práticos auferidos por ela à frente da gestão de organizações de diferentes portes pelas quais foi responsável.

Luciene é profissional incansável, que acumulou experiência prática e acadêmica suficiente para, agora, com sua infinita generosidade, compartilhar conosco todo o material absorvido ao longo de uma trajetória de sucesso.

Tive o privilégio de poder contar com toda a sua assessoria na constituição e estruturação de minha própria sociedade de advogados anos atrás. No instante em que decidi – com meu amigo e parceiro profissional de década – partir para um novo desafio profissional, o nome que de imediato me veio à mente foi o de Luciene, pessoa com que já havia trabalhado no passado e que só me brindou com as melhores estratégias.

Agradeço à Luciene toda a sua dedicação não só ao meu escritório, como a toda esta obra, valiosíssima e de enorme utilidade para todo e qualquer profissional que desejar empreender e se desenvolver para além do Direito.

Andrea Augusta Pulici
Sócia Fundadora do Pereira Pulici Advogados.

SUMÁRIO

PARTE I – GESTÃO FINANCEIRA 1

A importância da gestão financeira 3

Capítulo 1 – Receitas 15

    1.1. Faturamento 15

    1.2. Contas a receber 33

    1.3. Orçamento de receitas 44

Capítulo 2 – Despesas 57

    2.1. Contas a pagar 57

    2.2. Plano de contas 62

    2.3. Orçamento de despesas 70

Capítulo 3 – Caixa 89

    3.1. Fluxo de caixa 89

    3.2. Redução de custos 102

PARTE II – GESTÃO ESTRATÉGICA 109

Gestão estratégica 111

Capítulo 4 – Gestão de Negócios 115

    4.1. A arte de precificar 115

    4.2. Análise de *time sheet* 121

    4.3. *Overhead* 127

    4.4. Análise de rentabilidade 131

    4.5. *Business intelligence* 136

    4.6. *Key Performance Indicators* – KPIs 138

    4.7. Regime tributário para escritórios de advocacia 157

    4.8. Investimentos 163

GESTÃO FINANCEIRA E ESTRATÉGICA PARA ESCRITÓRIOS DE ADVOCACIA

4.9. Controladoria financeira 168

4.10. Administrador legal 170

4.11. Quando contratar uma consultoria externa 173

4.12. Gestão de projetos 175

Capítulo 5 – Gestão de Pessoas 193

5.1. Novos desafios em gestão de pessoas 193

5.2. Gestão de talentos 200

5.3. Seja um líder como seu escritório precisa 206

5.4. Formas de contratação de pessoal e os vínculos em escritórios de advocacia 211

Capítulo 6 – Gestão administrativa 217

6.1. Gestão de tempo e produtividade 217

6.2. *Secondment* 222

6.3. Gestão de *facilities* 223

6.4. Políticas internas 225

Capítulo 7 – Gestão do Conhecimento e da Informação 235

7.1. Gestão do conhecimento 235

7.2. Tecnologia da informação – uma aliada poderosa 239

7.3. A importância da controladoria jurídica 245

7.4. Jurimetria 249

Capítulo 8 – Gestão de *Marketing* 251

8.1. Posicionamento, o ponto de partida para o *marketing* legal 251

8.2. A arte de encantar o cliente 261

CONSIDERAÇÕES FINAIS 269

REFERÊNCIAS 271

Parte I
GESTÃO FINANCEIRA

A IMPORTÂNCIA DA GESTÃO FINANCEIRA

"Gerenciamento é substituir músculos por pensamentos, folclore e superstição por conhecimento e força por cooperação."

Peter Drucker

Há diversos cursos de direito espalhados pelo Brasil. Dados de 2022 divulgados pela Ordem dos Advogados do Brasil[1] informam que há 1.896 – entre universidades e faculdades de direito – espalhadas pelo País. Algumas bem renomadas e conhecidas e outras nem tanto. Contudo, há algo que elas têm em comum: suas grades curriculares não ensinam aos alunos – de uma profissão liberal que é a prática do direito, da advocacia – como gerir sua própria empresa desde a concepção: o planejamento estratégico, a montagem do escritório, quem será seu sócio, a gestão financeira, a contratação de pessoal, a prospecção e gestão de clientes, a gestão de *marketing*, a gestão de tecnologia da informação, a gestão de recursos humanos, planejar o futuro, entre outros.

Em uma pesquisa inédita, realizada pelo *Datafolha* em 2021 e publicada pela *Folha de S.Paulo,*[2] revelou-se o perfil da advocacia no País, então com 1,2 milhão de profissionais, dos quais 62% atuam de forma autônoma e 27% em escritórios de advocacia; desse universo de 27% de escritório, 81% trabalham em bancas com até 50 advogados, considerados escritórios de pequeno e médio porte.

---

[1] Disponível em: https://www.oab.org.br/noticia/59572/apenas-10--dos-cursos-juridicos-no-pais-sao-recomendados-pela-oab. Acesso em: 26 maio 2022.

[2] Disponível em: https://www1.folha.uol.com.br/poder/2021/05/datafolha-pesquisa-inedita-revela-perfil-economico-e-de-atuacao-da--advocacia-do-pais.shtml. Acesso em: 17 maio 2022.

No anuário 2021 da revista *Análise Advocacia*,[3] no *ranking* por número de advogados dos escritórios escolhidos como mais admirados, pode-se identificar a seguinte divisão na quantidade de advogados nas bancas mais votadas no referido anuário:

- *Full Service*: dos 77 escritórios citados, 51 (66,23%) possuem mais que 50 advogados e 26 (33,77%) são de escritórios com menos de 50;
- Abrangente: dos 325 escritórios citados, 83 possuem mais que 50 advogados (25,54%) e 242 (74,46%) são de escritórios com menos de 50;
- Especializado: dos 352 escritórios citados, 13 possuem mais que 50 advogados (3,69% do total) e 339 (96,31%) são de escritórios com menos de 50.

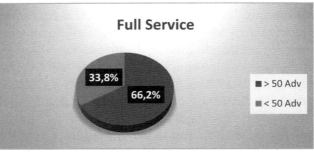

---

[3] ANÁLISE EDITORIAL. Anuário 2021. Análise Advocacia: as listas e os rankings dos advogados e escritórios mais admirados do Brasil segundo que os contrata. São Paulo: Silvana Quaglio, 2021.

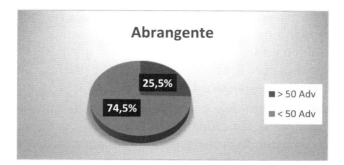

Portanto, do total de 754 escritórios listados na pesquisa dos mais admirados, 147 (19,51%) possuem mais que 50 advogados e são considerados escritórios de grande porte, e 607 (80,50%) têm menos de 50 advogados nas suas bancas, que são os escritórios reputados como de médio e pequeno porte.

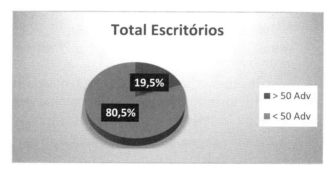

Olhando para esse público – escritórios de pequenos e médios portes – e a representatividade que ele tem no universo jurídico, ficou muito claro para mim o quanto há espaço para profissionalização, crescimento e desenvolvimento no campo de gestão legal no Brasil.

Essa foi uma das minhas inspirações para escrever este livro, que tem a pretensão de ser um guia prático, quer para um jovem advogado que acabou de se formar e aspira um dia a ter seu nome na placa da recepção, para um sócio de escritório que deseja profissionalizar e desenvolver seu negócio e implementar técnicas de gestão financeira ou mesmo para um sócio que já tem controles e métricas na sua banca, mas pretende implementar uma gestão mais estratégica, com indicadores que vão monitorar o desempenho do escritório para indicar a melhor estratégia de atuação ou mesmo para um colaborador que deseja crescer profissionalmente e precisa de base teórica e prática, com dicas para alcançar esse objetivo e se desenvolver.

Cabe destacar – e já quero pontuar logo de início – que a gestão (pessoas qualificadas, sistemas integrados, TI) não deve ser vista como um custo ou despesa, e sim como um investimento que lhe ajudará a trilhar o caminho do crescimento do seu escritório. Posso afirmar que, ao longo da minha trajetória, o investimento em gestão trouxe muitos e consistentes resultados às bancas por onde passei.

Portanto, se Você:

1) Acabou de se formar, passar no exame da OAB e está prestes a montar o seu tão sonhado escritório de advocacia e não faz ideia de como começar o próprio negócio e de como administrá-lo?

2) É sócio de um escritório e ainda não tem nenhum tipo de controle que apoie a gestão financeira, mas quer implementá-lo e não sabe como começar e o que fazer?

3) Seu escritório segue no mercado jurídico, mas ainda faltam muitos elementos que consolidem a gestão financeira e estratégica como um todo, para que sua banca realmente cresça e atinja o sucesso desejado e sua consolidação nesse mercado tão competitivo?

4) Seu escritório conta com colaboradores na área administrativa e financeira, porém cuida apenas do dia a dia, e você quer levar seu escritório a um patamar de gestão profissional, mas não sabe o que é imprescindível para estar nesse nível?

5) Você é colaborador e quer aprender mais sobre administração para se desenvolver pessoalmente, ascender na carreira e apoiar os Sócios na gestão e crescimento do escritório onde atua?

Que bom que está aqui, pois este livro foi feito para você!

Entender a importância da gestão financeira – o quão imprescindível é e o impacto dela no seu sucesso –, mas também compreender que relegar essa gestão pode levá-lo ao fracasso, é vital para qualquer banca, independentemente do seu tamanho ou de quem cuide das tarefas, que pode ser a secretária, uma pessoa responsável pelo administrativo, pela conta bancária e pelos pagamentos diariamente e emissão de faturas, ou mesmo em escritórios maiores, que têm um responsável pelo financeiro que realize todas as funções (faturamento, contas a pagar, contas a receber etc.) ou possuam departamentos distintos na sua estrutura interna.

Nesta obra, você – sócio de uma sociedade unipessoal ou mesmo de uma sociedade uniprofissional – verá como montar sua gestão e implementar desde controles mais simples até os mais sofisticados, com capítulos dedicados detalhando a importância de cada tema, focando o desenvolvimento e gestão financeira na primeira parte do livro – tanto do dia a dia quanto do acompanhamento tático – e na gestão estratégica na segunda parte do livro, em que abordo diversos temas, pensando no desenvolvimento futuro e crescimento estrutural e orgânico do seu escritório.

Minha pretensão é ajudá-lo a colocar em prática desde o mais básico relatório até análises mais sofisticadas, que farão que seu escritório cresça como uma empresa saudável, que gera lucro para os seus sócios e que contribui para o crescimento e desenvolvimento das pessoas que estão com você nessa jornada, que é empreender.

Abordarei, ao longo do livro, diversos temas que fazem parte da gestão financeira de um escritório de advocacia organizado e bem estruturado. Se os colocarmos em prática, de preferência com o apoio de um sistema jurídico integrado (há diversas opções no mercado para todos os tamanhos de escritórios), corretamente alimentado, com resultados rigorosamente aferidos, com colaboradores treinados para o desenvolvimento das suas atividades, com certeza teremos sucesso no acompanhamento do desenvolvimento da banca.

A boa gestão financeira é reconhecida por meio de informações que o responsável obtém e traduz em números. Além disso, tem o acompanhamento ao longo do mês de como está a liberação do faturamento, o recebimento das faturas, o adiantamento de despesas e sua prestação de contas, a cobrança das faturas atrasadas, o fluxo de caixa e saldo em conta-corrente, ou seja, acompanhar no dia a dia, e não só na virada do mês para constatar se as metas foram ou não cumpridas.

Nos escritórios pequenos, é necessário começar pelo básico, ou seja, implantar todos os controles, tais como faturamento, contas a receber, contas a pagar, entre outros, inclusive acompanhando o orçamento de receitas e despesas com relação ao que foi realizado, para então dar o próximo passo e construir uma gestão estratégica, a qual poderá inclusive contar com o apoio de uma consultoria externa ou mesmo contratar um administrador/gestor *part-time*, que desenvolverá essa gestão para que o sócio invista seu tempo, que é tão precioso e limitado, cuidando dos clientes e de seus casos.

Para escritórios maiores – médio e grande portes –, sugiro, como uma boa prática, dispor de uma Comissão Deliberativa ou um Comitê de Gestão, que se reunirá regularmente – pelo menos mensalmente – para apreciação das informações de fechamento financeiro. Nesses encontros, o gestor apresenta os números e seus indicadores para apreciação e acompanhamento e, principalmente, tomadas de decisões e correções de curso, se necessário.

O gestor deve sempre acompanhar os números – "conversar com eles", como dizia minha mentora Ernide Araújo, com quem tive o privilégio de trabalhar e de aprender tanto sobre gestão financeira para entender para onde caminha o escritório. Tudo deve ser usado para atender ao planejamento estratégico e visar a tomada de decisões sob vários aspectos, com o apoio financeiro por meio de indicadores (estatísticas) e segurança na qualidade das informações, a fim de dar sustentação aos projetos e desenvolvimento da banca.

Esses indicadores são aqueles chamados de *Key Performance Indicators* (KPIs) – você entenderá melhor no capítulo que trata

A IMPORTÂNCIA DA GESTÃO FINANCEIRA | 9

desse assunto –, em que terá os dados consolidados das informações financeiras e das atividades do escritório. Os KPIs podem ser primários e secundários, conforme a seguir:

- Primário: informações obtidas com as análises dos dados que estão sendo extraídos e acompanhados na periodicidade definida (mensal, semestral, anual). É o acompanhamento da evolução dos números e dados armazenados nos controles em planilhas eletrônicas ou no sistema integrado, se o escritório o tiver;
- Secundário: análise minuciosa dos dados extraídos e como podem ser gerenciados e utilizados para melhoria contínua do negócio, aprimorar o que deve sê-lo, analisar os gargalos e tomar as decisões mais acertadas para o crescimento da empresa, mostrando como se pode atingi-lo.

Os KPIs são a representação numérica – métricas – que dá um norte para onde o escritório caminha. Eles são tão importantes que serão objeto de um capítulo apartado, uma vez que os considero imprescindíveis para a gestão de qualquer tamanho de escritório.

O gestor financeiro também deve realizar a análise do Demonstrativo de Resultados do Exercício (DRE). Esse demonstrativo indica a apuração de resultados do escritório no ano, mas que deve ser acompanhado de perto em períodos menores: mensal e semestralmente, por exemplo, para saber como está a saúde financeira do escritório.

A estrutura do Demonstrativo de Resultados do Exercício Gerencial, usando como exemplo de estrutura escritórios que estejam no Lucro Presumido, é:

- **Receita bruta:** aqui são somados todos os honorários brutos recebidos e os rendimentos de aplicações financeiras, que totalizam as entradas;

GESTÃO FINANCEIRA E ESTRATÉGICA PARA ESCRITÓRIOS DE ADVOCACIA

- **Custos:** aqui são somados os gastos com a equipe técnica: folha de pagamento, benefícios, INSS, entre outros, organizados conforme pontuo no capítulo sobre plano de contas;
- **Margem de contribuição:** Entradas (–) Custos (=) Margem de Contribuição;
- **Despesas:** aqui são somados os gastos com a folha de pagamento da equipe administrativa, benefícios, aluguel e todas as despesas ocupacionais, *marketing*, organizadas conforme apresento no capítulo sobre plano de contas;
- **Resultado antes do IR:** Margem de contribuição (–) Despesas;
- **Obrigações fiscais:** aqui são somados todos os impostos, tanto os retidos na fonte (IRRF, PIS, Cofins e CSLL) quanto os apurados trimestralmente (IRPJ e CSLL);
- **Resultado Líquido:** Resultado antes do IR (–) Obrigações Fiscais;
- **Investimentos:** gastos com investimentos, por exemplo, compra de um servidor, compra de aparelho de videoconferência para sala de reunião etc.;
- **Resultado financeiro:** Resultado Líquido (–) Investimentos. O resultado financeiro é o que realmente fica no caixa do escritório.

Veja a seguir o modelo de uma DRE:

DRE - DEMONSTRATIVO DE RESULTADOS DO EXERCÍCIO (GERENCIAL)	
2021	
Receita Bruta	R$ 102.000,00
Custos	**-R$ 55.000,00**
Margem de Contribuição	R$ 47.000,00
Despesas	**-R$ 18.000,00**

DRE - DEMONSTRATIVO DE RESULTADOS DO EXERCÍCIO (GERENCIAL)	
2021	
Resultado antes do IR	R$ 29.000,00
Obrigações Fiscais	-R$ 14.820,60
Resultado Líquido	R$ 14.179,40
Investimentos	-R$ 1.000,00
Resultado Financeiro	R$ 13.179,40

Uma situação muito importante para pontuar na gestão é com relação ao lucro, resultado de um período que pode ser de apuração mensal, semestral ou mesmo anual. O gestor financeiro pode apresentar os números positivos e os sócios decidirem pela retirada de lucros, usando para isso o DRE, conforme anteriormente explicado. Contudo, os sócios precisam ter cautela quando distribuírem os resultados, não "raspando o caixa", sem planejamento, sem separar os valores destinados aos fundos de reservas, inclusive deixando de investir no negócio. Também é necessário ter parcimônia na contenção de gastos que possam afetar a qualidade do serviço prestado ao cliente. Tenha em mente que, para maximizar o lucro, é importante investir parte dele nos profissionais para que continuem qualificados; na remuneração que atraia talentos; e em tecnologia com aquisição de *software* e equipamentos que trarão mais agilidade e *performance* na prestação de serviços, com ganho de tempo da equipe.

O profissional de gestão também precisa cuidar do caixa: não basta verificar a receita e achar que está entrando pouco dinheiro. É preciso se atentar aos gastos e analisar se estão adequados em relação ao nível de atendimento dos integrantes à demanda de trabalho dos clientes. Às vezes, o sócio está precificando de forma errada o contrato e, consequentemente, recebendo menos honorários, logo, dispondo de menos dinheiro para pagar as despesas. Nesse caso, a "culpa" pode não ser dos gastos, mas sim da precificação incorreta, sem observar o trabalho e os custos envolvidos com os profissionais alocados, com margens de lucratividade muito aquém do desejável, o que pode comprometer o futuro.

O bom gestor também faz o acompanhamento da macroeconomia, analisando as ações do governo que podem vir da criação de impostos, mudança de regras de cálculo dos tributos existentes, definição de novas declarações acessórias, entre outras, inclusive sobre oscilação cambial.

Também é prerrogativa que o gestor cuide da contabilidade, realizando análise mensal dos balancetes e do balanço patrimonial ao final de cada exercício e, internamente, parametrizar o sistema integrado (se o tiver) para que as informações alocadas nas contas estejam corretamente inseridas.

Escassez de recursos? Quem nunca passou por essa situação na vida profissional que atire a primeira pedra. O gestor precisa estar preparado para planos alternativos, caso isso ocorra. Como exemplo, veja o que aconteceu desde o início da pandemia de Covid-19 que assolou o mundo e ainda provoca suas consequências, prejudicando várias empresas, inclusive escritórios de advocacia, que tiveram que se reinventar nestes últimos dois anos. Por essa razão, o papel do gestor é tão importante, pois ele deve planejar cenários que possam atender o momento do escritório, seja verificando o custo do dinheiro na tomada do melhor crédito nos bancos, no comprometimento do orçamento do escritório, elencando o que é mais urgente a ser sanado. O gestor precisa, com os sócios, decidir por um empréstimo, financiamento ou mesmo um *leasing*, ponderando o tamanho do endividamento ante o retorno que tal medida trará nos curto e médio prazos. Lembre-se de que, se seu escritório não tem um gestor, esse papel cabe a você, sócio; eis por que este livro lhe trará um aprendizado útil.

Não é possível falar de gestão financeira sem se referir ao profissional que se sentará nessa cadeira – quer você, sócio, fazendo esse papel, quer um gestor contratado – e será o responsável pelo acompanhamento dos números do escritório, com o objetivo de analisar, planejar, além de tomar decisões sobre investimento e planejamento sobre o futuro, com os demais sócios, caso os tenha.

O papel do administrador do escritório de advocacia – seja ele um administrador legal, um diretor, um *Chief Financial Officer* (CFO), um consultor ou gerente financeiro – é facilitar a vida dos sócios, colocando-os a par da gestão geral, voltado para o hoje, mas com visão de médio e longos prazos, não só no ambiente interno, mas também no macroeconômico. Ele tem a responsabilidade de acompanhar diariamente a empresa – sim, escritório de advocacia também é uma empresa que gera lucro para os seus acionistas, que são seus sócios, e deve ser gerida como tal – de maneira muito profissional e eficiente, com rotinas bem definidas e estruturadas, procedimentos, métricas de desempenho, entre outras atividades de gestão e desenvolvimento, inclusive da equipe do *backoffice*. A formação desse profissional também é muito importante e, de preferência, com bagagem pregressa em escritório de advocacia. Cabe aqui destacar que a delegação da administração operacional do escritório está prevista na Cartilha da Orientação ao Advogado da OAB de São Paulo (art. 3.º, § 2.º, de 2010).[4]

Por fim, mas não menos essencial, o gestor deve ter em mente, como um bom líder, que deve constantemente treinar e desenvolver sua equipe para que esta entenda o porquê de realizar determinada atividade, tarefa ou análise, pois, conhecendo o propósito e o impacto da qualidade do bom trabalho, ela fara as entregas, entendendo seu papel na contribuição para uma gestão voltada a resultados.

Então, venha comigo nesta jornada com a leitura deste livro – guia prático – para lhe apoiar no desenvolvimento da sua gestão.

---

[4] Disponível em: https://www.oabsp.org.br/comissoes2010/gestoes2/2016-2018/apoio-advogado/cartilhas/cartilha.pdf. Acesso em: 17 maio 2022.

Capítulo 1
RECEITAS

1.1. FATURAMENTO

A gestão financeira começa com a entrada de recursos, realizada por meio do faturamento. Sem dinheiro em caixa para pagar as contas não existe escritório, não é mesmo?! Independentemente de ser um escritório de apenas 1 advogado, 10 ou 50, qual consegue sobreviver sem recursos provenientes do recebimento de honorários por sua prestação de serviços? Por isso, a área de faturamento – sendo ela uma equipe ou apenas um responsável – é uma das mais imprescindíveis de qualquer escritório, não importando seu tamanho e o tipo de cliente atendido, se pessoa física ou jurídica. Ela é o elo entre o cliente e o escritório com relação ao pagamento dos serviços prestados pelo time do jurídico.

Se uma única pessoa cuida de todo o financeiro do escritório, inclusive emitindo notas fiscais e notas de reembolso de despesas, ela deve organizar os dados de todas as propostas aprovadas e dos contratos de clientes, separados por clientes e casos a faturar, quantidades de parcelas, valores a cobrar etc., para que todo começo de mês possa dar início ao processo de emissão do faturamento no *site* da sua Prefeitura, conforme orientação do contador. Se o escritório não possuir um sistema jurídico integrado, o controle deverá ser feito em planilhas de *Excel* as quais devem conter todas as informações do que deve ser cobrado e por quanto tempo, entre outros dados presentes no contrato e que devem ser transcritos para referida planilha com todos os detalhes da contratação:

- Nome do Cliente;
- Título do caso;
- Data-limite do envio da cobrança (até o 5.º dia útil, por exemplo), caso tenha essa instrução no contrato de honorários;

GESTÃO FINANCEIRA E ESTRATÉGICA PARA ESCRITÓRIOS DE ADVOCACIA

- Vencimento conforme prazo acordado (se mencionado em contrato). Caso negativo, colocar prazo de 15 dias de vencimento para honorários e 10 dias de vencimento para nota de reembolso de despesas;
- Tipo de cobrança acordada:
  - por hora;
  - fixo por caso;
  - partido fixo mensal;
  - valor inicial e parcelas mensais;
  - êxito;
  - outras formas acordadas;
- Pré-fatura: se exigência do cliente, informar o prazo--limite para emissão;
- Cobrança de despesas: se estão inclusas nos honorários contratados ou se devem ser reembolsadas mediante comprovação de pagamento. Saliento que é importante realizar reembolso de despesas separadamente, para que, se houver questionamentos, o cliente possa aponta--los apenas nesse documento, sem prejuízo do recebimento da nota fiscal (fatura) de honorários. Lembre-se, também, de prestar contas de valores de adiantamento na fatura de despesas que será enviada;
- Nome do contato do cliente para envio de cobrança. Anotar se há mais de um contato que deva ser copiado;
- Pagador: se houver mais de um pagador, necessário colocar o contato e o percentual da divisão de pagamento (exemplo: duas empresas com 50% para cada uma);
- Tabela de cobrança na base horas: tabela com os valores por categoria de profissional para cobrança por hora, se for o caso;
- Outras informações relevantes, se houver, para controle de faturamento.

A seguir, modelo de planilha que deve ser atualizado a cada entrada de novo cliente ou novo caso assumido pelo escritório:

Nome do Cliente	Título do Caso	Contato do cliente - Nome e e-mail (anotar se mais de um contato para cópia)	Informações gerais sobre o faturamento: tipo (horas, fixo, mensal, etc), valores, emissão de pré-fatura, há mais de um pagador etc.	Valores e Periodicidade	Data Prevista Reajuste	Tabela de Honorários	Contrato/ Proposta salva na rede? Tem original de ambos?
XXXXXX	Processo: xxx Partido Fixo: xxx Consultoria: xxx	Sr. / Sra: XXXXXXXXX e-mail: xxxxxxx@ xxxxxxxxx.xxx.xx Telefone: (xx) xxxxx-xxxx CNPJ/CPF de Faturamento: xx.xxx. xxx/xxxx-xx Endereço do cliente: xxxxxxxxxx CEP: xxxxx-xxx	R$ xxxxx por mês Tabela de horas: se for cobrança na base horária. Indicar por profissional (sócio, advogado, estagiário se houver) Parcela xx/xx Data de vencimento: xx/xx/xxxx (se indicada no contrato) Pré-fatura: se sim, qual prazo de envio Reembolso de despesas: se todas serão reembolsadas e se há exceções	Mensal: xxxxx Parcelas: xxx/xxx	anual pelo índice XXX	Sócios: xxxx Advogado: xxxx Estagiário: xxxx	Contrato/ Proposta: xxx Originais: xxx

O responsável pelo faturamento interpreta o contrato de honorários e o que deve ser cobrado e quando; se o caso é por hora ou não; se há reajuste anual previsto e com correto cadastro como lembrete; se há mudança na forma de cobrança, quando há alteração da instância do processo; registro do lembrete ao jurídico e cobrança de êxito; cobranças de parcelamentos e recorrências.

Além da organização, é importante a documentação de todo o processo, que começa com a contratação do escritório pelo cliente. O jurídico deve enviar a proposta e o contrato de honorários ao departamento de faturamento, se houver, com os dados e todas as informações necessárias para o faturamento do cliente e caso.

Para escritórios que tenham uma área de faturamento com um profissional destacado para a função, com sistema integrado que permita a emissão do faturamento, o ideal é ter um procedimento – fichas padronizadas de abertura de clientes e de casos, conforme modelos a seguir – em que são colocados todos os dados do cliente, desde informações do CNPJ/CPF até *e-mail* do contato do cliente e para quem será enviado o faturamento, os prazos do cliente, quais tipos de moeda do faturamento (reais, dólares, euro, outras), se o pagamento será feito por mais de um pagador e, em caso positivo, os seus respectivos dados, se há reajuste anual previsto em contato para indicação no cadastro, entre outras definições. É necessário que o sócio tenha esse contato direto com o departamento para que o cadastro saia corretamente desde o início, pois, se houver falhas, estas serão difíceis de identificar. Preste muita atenção: os dados e as informações devem ser precisas, evitando erros e retrabalhos e, pior, desgaste com o cliente em virtude de uma cobrança feita de forma equivocada.

MODELO DE FICHA DE ABERTURA DE CADASTRO DE CLIENTES

CADASTRO DE CLIENTES
Envio de e-mail para equipe faturamento / financeiro. Anexar: propostas e contrato com assinatura do cliente, entregando os originais para arquivo

Data:	Solicitado por:
Sócio Responsável:	
Nome/Razão Social:	
Endereço:	
Complemento:	Bairro:
CEP:	Cidade / UF:
Telefone com DDD:	
Contato:	
E-mail:	
CNPJ/CPF:	
Inscrição Estadual:	
Inscrição Municipal:	
NIF (cliente estrangeiro):	

Dados para faturamento/cobrança:

CNPJ/CPF/NIF para faturamento:

É o mesmo?
( ) Sim ( ) Não – Se negativo informar os dados de faturamento

Endereço:	
Complemento:	Bairro:
CEP:	Cidade / UF:
Telefone com DDD:	
Contato:	
E-mail:	
Indicação Interna :	

Indicação Externa :

Se indicação externa, preencha os dados abaixo:

Nome:	
CNPJ/CPF:	
Endereço:	
Complemento:	Bairro:
CEP:	Cidade / UF:
Telefone com DDD:	
Contato:	
E-mail:	
Banco:	
Agência:	C/C:
Chave Pix:	

GESTÃO FINANCEIRA E ESTRATÉGICA PARA ESCRITÓRIOS DE ADVOCACIA

MODELO DE FICHA DE ABERTURA DE CADASTRO DE CASOS

CADASTRO DE CASOS	
Envio de e-mail para equipe faturamento / financeiro. Anexar: propostas e contrato com assinatura do cliente, entregando os originais para arquivo	
Data:	**Solicitante:**
Cliente:	**Código do cliente:**
Sócio responsável:	
Título do Caso:	
Importante: o título do caso deve conter, pelo menos, <u>se contencioso</u>: parte contrária (nome completo), objeto da ação e assunto e número do processo. <u>Se consultivo</u>: colocar o nome do projeto ou tipo de consulta.	
Área:	
Agrupamento ☐ Sim ☐ Não **Se sim, qual?**	
Observações:	

Dados para cobrança (informar mais de uma condição se houver)		
Condições:		
Por hora ☐	Banco de horas	☐
Valor-limite ☐	Misto	☐
Não faturar ☐	Parc. Por. Ocorrência	☐
Partido fixo ☐		
Valor Fixo Parcelado ☐		
Valor Fixo em Parcela Única ☐		

Tabela de horas: ☐ Padrão	☐ Título Tabela	☐ Outra tabela (descrever abaixo)

Pró-labore: ☐ Sim ☐ Não
Informações:

Mensal: ☐ Sim ☐ Não
Informações:

Êxito: ☐ Sim ☐ Não
Informações:

Detalhamento da cobrança do contrato:

Moeda: ☐ R$ ☐ US$ ☐ EUR   **Cobrar Despesas:** ☐ Sim ☐ Não
Observações:

A qualidade do cadastro de informações dependerá da qualidade dos dados enviados. O início se dará quando do recebimento desses dados, com instruções claras e precisas, com riqueza de detalhes, pois, mesmo com o envio do contrato e proposta que serão também analisados, os dados precisam ser corretos e completos.

A proposta será lida e interpretada para confirmação ou acréscimo dos dados já enviados pela equipe jurídica. Pode ser um processo do contencioso, com cobrança de valores mensais e fixos, com outros casos anteriores apresentando o mesmo tipo de contratação, bastando a equipe agrupar esse novo processo.

Contudo, talvez seja necessário um novo processo, com uma forma diferente de contratação; o sistema jurídico integrado, ou seus controles, deve ser alimentado corretamente, com riqueza de detalhes e dados que subsidiarão a conferência pelos sócios quando da emissão da fatura.

A seguir, estão elencados os diversos tipos de contratação, com alguns dos principais modelos existentes em escritórios de advocacia:

Por hora:

É a forma mais simples de contratação, porém a mais em desuso, visto que os clientes querem ter a previsibilidade de quanto gastarão em seus *budgets*. O profissional do escritório lança no sistema/controles suas horas, que serão revisadas pelo sócio da área e cobradas. As formas mais comumente utilizadas são:

- Hora trabalhada;
- Hora trabalhada, mas com teto de quantidade de horas ou de valores pelo projeto total;
- Hora trabalhada, mas com teto mensal por quantidade de horas ou de valor a ser cobrado;
- Hora trabalhada, com teto mensal e cumulatividade de valores ou horas para fechamento e cobrança adicional no trimestre, no semestre, entre outras periodicidades;

- Hora trabalhada com tabelas de horas distintas, com descontos ou valores fixos, independentemente do profissional que tenha trabalhado no projeto ou caso.

Partido Fixo:

Forma de cobrança também muito utilizada, pela qual o cliente, em geral, paga um valor fixo por um tipo de atendimento. A seguir, alguns exemplos desse tipo de cobrança:

- Cobrança de valor fixo mensal, que engloba todos os trabalhos solicitados pelo cliente, independentemente da área de atuação do caso e tempo despendido ou mesmo complexidade dos casos;
- Cobrança de valor fixo para atuação em determinada área do escritório (cível, trabalhista, tributário, outros), independentemente do tempo despendido e complexidade dos casos.

Fixo por processo:

Mais comumente utilizado pelo contencioso, há diversas formas de faturamentos:

- Cobrança mensal por cada processo sob responsabilidade e acompanhamento do escritório. Às vezes, há uma cobrança pela assunção do caso ou mesmo por mudança de fases do processo com cobranças extraordinárias;
- Cobrança mensal por faixa de processos e/ou valores fixos por faixa. Exemplo: de 1-10, cobrar X por processo; de 11-20, cobrar Y por processo; e assim por diante.

Parcelamento predefinido:

Em geral utilizado para diluição dos pagamentos no fluxo de caixa do cliente, esse modelo é muito empregado pelo consultivo e contencioso, com as cobranças conforme exemplos a seguir:

- Definido para parcelamento de uma consulta específica, com X parcelas mensais;
- Definido um número X de parcelas mensais para cobrança enquanto durar o processo, podendo ter uma cobrança de valor inicial maior ou não;
- Número de parcelas definidas e com cobrança extra por mudança de fase processual ou mesmo êxito ao final do processo.

Parcelamento por ocorrência:

Utilizado geralmente pela equipe do contencioso, em que há cobrança concentrada quando existem demandas pontuais de atuação do jurídico:

- Mudança de fase processual;
- Realização de audiências;
- Cumprimento de fases definidas em contrato de compra e venda: após conclusão da *due diligence*, assinatura do acordo, assinatura de contrato, entre outras.

Cobrança Mista:

Forma menos comum, mas também empregada no faturamento:

- Por hora e valor fixo;
- Outras formas de cobrança conjugadas conforme demanda.

À Vista:

Forma mais frequente de contratação no consultivo, quando existe uma análise de contrato mais pontual, mas também utilizada no contencioso:

- Cobrança de valor único, à vista, para assunção do caso e acompanhamento do processo;
- Para realização de consultorias diversas e pontuais, com pagamento único.

GESTÃO FINANCEIRA E ESTRATÉGICA PARA ESCRITÓRIOS DE ADVOCACIA

No caso do contencioso, importante observar que cabe ao escritório – ao sócio responsável – o acompanhamento do trabalho da equipe para que seja feito dentro do planejado, conforme enviado na proposta ao cliente. O valor pago à vista vai remunerar o processo/projeto ao longo do tempo – que pode ser por anos –, e essa coordenação e cuidado são fundamentais para o sucesso da gestão dos recursos e remuneração dos trabalhos da equipe e área.

Êxito:

Mais comum na área contenciosa, tendo em vista que os clientes podem negociar um valor menor de pagamento durante o curso do processo ou mesmo condicioná-lo ao sucesso do negócio, se for no consultivo:

- Assunção do caso com pagamento apenas no êxito e às vezes com cobrança de um valor inicial;
- Diferenciados tipos de cobrança, mas com garantia de êxito, que pode ser um valor fixo e atualizado por algum índice de inflação (IPCA/IBGE, IPC/FIPE, IGP-M/FGV, outros) ou um percentual do valor envolvido na causa.

O êxito precisa ser muito bem definido no contrato, por exemplo, se o escritório fará jus somente após o trânsito em julgado (quando o processo está realmente finalizado), quando o contrato de compra e venda da empresa foi assinado e o M&A finalizado, entre outras configurações.

Necessário considerar que – principalmente no caso de contencioso – referida cobrança pode levar anos e, por essa razão, seu valor tem que ser reajustado anualmente para acompanhar a atualização do preço combinado no tempo. Portanto, é muito importante incluir no contrato de prestação de serviços um índice de inflação, por exemplo, o IPCA/IBGE, que é o índice de inflação oficial brasileiro, ou outro previamente combinado com o cliente. Relevante assinalar que cada índice de inflação tem uma medição diferenciada (cesta) que pode inclusive ser regionalizada – caso do IPC/FIPE que mede o custo de vida em São Paulo – ou mesmo o IGP-M/FGV que indica o nível de atividade econômica do País e que é o índice mais utilizado para correção de contratos de aluguel, por exemplo.

Se for um percentual, precisa estar explícito se é sobre o valor da causa, sobre o valor recuperado, entre outros, para que não ocorram discussões futuras desnecessárias.

Importante salientar o recebimento de honorários de sucumbência: o valor é do escritório (definido por lei), independentemente da atuação de qualquer integrante, e não deve servir como moeda de troca, negociação ou mesmo abatimento de valores a pagar pelo seu cliente.

No fluxo do envio de ficha de abertura de novos clientes e/ou novos casos, você precisa repassar as informações complementares – se houver –, como nos exemplos a seguir:

- Envio de pré-fatura para prévia aprovação do cliente. Esse procedimento é muito comum em grandes empresas, uma vez que elas precisam cadastrar no seu sistema interno a previsibilidade do pagamento e ter prévia aprovação do valor que será gasto, antes do envio da nota fiscal;
- Solicitação de número de PO (*Purchase Order*) ou de Pedido de Compra: em geral, os clientes, que são grandes empresas, precisam de uma pré-fatura para cadastrar em seu sistema, o que gerará um número específico relativo a essa cobrança. Referido código deverá constar na nota fiscal que será enviada ao cliente;
- Observar o prazo de envio da fatura, por exemplo, X dias de prazo e vencimento dentro do mês;
- Data de corte de faturamento, ou seja, fecharemos a fatura com as horas debitadas no mês completo; até o dia 25/mês etc.;
- Prazos de pagamentos – pode haver mais de um por cliente, com datas distintas em áreas ou centros de custos diferentes;

GESTÃO FINANCEIRA E ESTRATÉGICA PARA ESCRITÓRIOS DE ADVOCACIA

- Forma de pagamento: boleto, depósito bancário, PIX, *invoice* (faturamento para cliente estrangeiro, em moeda diferente do Real);
- Inclusão de faturamento no portal do cliente. Isso é muito comum em grandes empresas, em que o escritório tem acesso ao portal do sistema interno deste para inclusão dos dados da nota fiscal para pagamento;
- *E-billing*: muito comum em grandes empresas, de variadas formas. Observar parâmetros, valores e moedas, datas, informações imprescindíveis para fazer o *up-load* no sistema do cliente, com arquivos nos mais diversos formatos (*txt, pdf,* outros). Necessário destacar que cada cliente, quando exige esse tipo de procedimento de cadastro das informações internas no seu sistema próprio, tem capacitação prévia para explicar como o sistema funciona.

As informações anteriores, além de serem cadastradas com muita atenção nas instruções do sistema e controles, devem estar em um campo em que os sócios, no momento de liberar o faturamento, possam consultá-las para alguma instrução pontual à equipe do faturamento.

Quando o faturamento recebe os documentos para abertura do cliente ou do caso no sistema, eles devem organizar as informações na estrutura na rede de fácil acesso a quem necessitar do documento ou mesmo para consultas futuras. Em geral, organizar na pasta da rede, individualmente por cliente, os contratos guarda-chuvas e nos casos – também ligado ao seu respectivo cliente – se houver contratação específica ou cobrança diferenciada. Lembre-se de que o original do contrato de honorários – além do arquivamento virtual – também deve ser guardado com o responsável no financeiro, que é o guardião desses documentos de todas as áreas do escritório.

Pouco comum, porém acontece, é a solicitação, por parte de cliente estrangeiro, de documento de residência fiscal que comprova que seu escritório está sediado no Brasil e impede que este tenha bitributação ao trabalhar para clientes estrangeiros. Esse documento tem que ser solicitado aos órgãos competentes e com celeridade, pois o recebimento do cliente muitas vezes está atrelado ao envio desse documento. Se seu escritório necessitar desse procedimento, indico que fale com seu contador para que ele lhe oriente como deve proceder ou mesmo contratá-lo, caso ele faça o processo internamente. Você também pode contratar uma empresa que presta serviços como paralegal. Há muitas no mercado que dão suporte a esse tipo de serviço e, por ser pontual, pode valer a pena a terceirização de uma empresa que conheça os meandros para emissão dos documentos. Assinale-se que também existem tantos formulários e documentos exigidos por clientes estrangeiros – *W-8 form* etc. – e cadastros internacionais – DUNS *number* (*Data Universal Numbering System*) código de identificação mundial utilizado para transações comerciais – que também são solicitados por clientes estrangeiros e devem ser providenciados pela equipe financeira, com apoio do time jurídico e também com o apoio do seu contador.

Muito comum, também, quando há novos clientes, é o pedido de preenchimento de cadastros diversos e envio de documentos comprobatórios, tanto do escritório quanto de seus sócios. Não é incomum o preenchimento de relatórios com pedido de informações, tais como questões de *compliance*, Lei Geral de Proteção de Dados (LGPD), entre outras, para garantir ao cliente que seu fornecedor – nesse caso, seu escritório – está em conformidade com a lei e pode ter seu processo de cadastro aprovado, iniciando assim a relação comercial.

Para emissão do faturamento de honorários, caso seu escritório não tenha sistema integrado que o faça via sistema com integração ao *site* da prefeitura local, este precisará providenciar a emissão entrando no *site* da sua prefeitura, o que deve ser orientado pelo contador do escritório, tanto pelo acesso – em geral via certificado digital do CPF do sócio administrador ou CNPJ – como da forma que deve proceder para emissão da nota fiscal propriamente dita. A seguir, indico, utilizando o modelo de um escritório que esteja no regime de lucro presumido, as

28 | GESTÃO FINANCEIRA E ESTRATÉGICA PARA ESCRITÓRIOS DE ADVOCACIA

informações que o emissor precisará ter em mãos necessárias à emissão de nota fiscal:

- Dados do cliente: CNPJ que será faturado, nome, endereço completo e *e-mail*;
- Valor bruto de honorários;
- Discriminação dos serviços prestados no corpo da nota fiscal, por exemplo: honorários pela prestação de serviços jurídicos no xxxxxxxxxxxxxxxx. Incluir nesse campo, também, os dados bancários do escritório para pagamento da fatura, independentemente se haverá emissão de boleto bancário, e a data de vencimento;
- Impostos retidos na fonte que serão destacados na nota fiscal:
  - IRRF – 1,5% sobre o valor bruto da nota fiscal de honorários. Cabe validar se há valor mínimo, com o seu contador, de total de retenção desse imposto, hoje apenas acima de R$ 10,00;
  - CSLL – 1% sobre o valor bruto da nota fiscal de honorários;
  - PIS – 0,65% sobre o valor bruto da nota fiscal de honorários;
  - Cofins – 3% sobre o valor bruto da nota fiscal de honorários;
  - ISS – o percentual varia conforme o município onde o escritório está situado. No caso do município de São Paulo, por exemplo, se o escritório não aderiu ao SUP (sociedade uniprofissional que recolhe o ISS trimestralmente e pelo número de advogados no contrato social), o percentual é de 5%.

Todo cuidado é pouco quando se fala de faturamento de reembolso de despesas. A equipe de faturamento tem de ficar sempre atenta, conferindo os controles de pagamentos e o sistema, se tiver, para checar se há despesas a faturar na virada do mês com o faturamento de honorários, bem como verificar se há despesa antiga de baixo valor que precisa ser enviada ao cliente. A equipe deve adotar a rotina de faturar regularmente, pelo menos uma vez ao mês, evitando que os clientes tenham problemas para pagamento de despesas de um período anterior maior que três meses, principalmente em virada de ano fiscal. Portanto, não deixe de faturar e avise ao cliente caso tenha alguma dúvida; se o montante for muito baixo, pode ser acumulado ou não. Documente essa tratativa para discussão futura, se necessário. Lembre-se de que os clientes pedem comprovação de documentos, às vezes o original da despesa, e tais documentos devem estar disponíveis quando do envio do faturamento ao cliente e estes sejam anexados à fatura de reembolso de despesas. Importante salientar que o pedido de reembolso de despesas adiantadas para os clientes deve, preferencialmente, ser encaminhada com a fatura de honorários e, se possível, com prazo de vencimento menor, pois são valores que o escritório já desembolsou a favor deste. A fatura de despesas, para os escritórios que não têm sistema integrado, deve seguir com uma planilha informando os dados da despesa adiantada, de acordo com modelo a seguir. Inclusive, deve-se fazer o controle mensal das faturas de reembolso de despesas enviadas aos clientes, conforme modelo:

MODELO DE RELATÓRIO DE FATURAMENTO DE DESPESAS PARA ENVIO AO CLIENTE COM O COMPROVANTE DA DESPESA

Data da Despesa	Nome do Cliente	Título do Caso	Valor da Despesa	Descrição das Despesas
xx/xx/xxxx	XXXXXX	xxxxx	R$ 20,00	Despesas com correio para envio de xxxxxxxxxxx
xx/xx/xxxx	XXXXXX	xxxxx	R$ 500,00	Custas do processo xxxxx já adiantada pelo cliente
xx/xx/xxxx	XXXXXX	xxxxx	R$ 50,00	Despesas com cartório para emissão de certidão xxxxxxxxxxxxx
Total das Despesas			R$ 570,00	
Total Adiantado pelo Cliente			R$ 500,00	
Total a Pagar			R$ 70,00	

MODELO DE CONTROLE DE
FATURAMENTO MENSAL DE DESPESAS DE CLIENTES

Data Emissão da Fatura	Nº da Fatura	Nome do Cliente	Título do Caso	CNPJ CPF	Valor total Despesas	Descrição das Despesas	Vencimento
xx/xx/xxxx	xxxx	XXXXXX	xxxxx	xx.xxx.xxx/xxxx-xx	R$ 70,00	Reembolso de despesas do mês xx/xxxx	xx/xx/xxxx
xx/xx/xxxx	xxxx	XXXXXX	xxxxx	xx.xxx.xxx/xxxx-xx	R$ 150,00	Reembolso de despesas do mês xx/xxxx	xx/xx/xxxx
Total mensal					R$ 220,00		

A área de faturamento é muito dinâmica e sua organização é fundamental, ou seja, tão logo o cliente peça uma alteração/atualização/mudança de dados cadastrais, ela precisa ser realizada e devidamente registrada no mesmo instante, tomando as providências cabíveis, inclusive copiando o sócio para ciência e demais áreas do departamento financeiro, quando envolvidas, principalmente a área encarregada pela cobrança de faturas, se houver.

Cabe à equipe acompanhar diariamente a evolução do faturamento, principalmente no início de cada mês em que há maior volume de emissão, e fazer *follow-up* com cliente e internamente com os sócios para liberação, sempre observando prazos de clientes para que estes não sejam descumpridos (data de vencimento contratual, prazo para pedido de PO etc.) e o faturamento fique abaixo do esperado por falta de cumprimento de prazos não obedecidos.

A equipe ou responsável deve municiar os sócios com relatórios periódicos sobre o faturamento de seus clientes, até para acompanhamento dessa evolução mensal, a fim de que nada se perca ao longo do tempo, principalmente o faturamento de eventos por ocorrência, pois, nesses casos, o responsável pelo faturamento não consegue saber, por exemplo, se houve uma audiência para emitir a cobrança ou mesmo se um processo mudou de instância. Entretanto, periodicamente, a equipe pode emitir relatórios informativos para que tais cobranças pontuais sejam conferidas e, na medida do possível, ter seu faturamento emitido. A equipe deve, e isso é muito relevante, monitorar o faturamento emitido para ter certeza de que não há cobrança pendente, principalmente de casos novos. Pode-se comparar com o faturamento do mês anterior, observando se os clientes e valores fixos foram emitidos, se os casos novos que poderiam ser emitidos o foram, entre outros. Controle e organização são fundamentais para que o escritório não perca dinheiro ou se esqueça de cobrar qualquer valor devido.

O faturamento, com o financeiro, precisa acompanhar quando há entrada de valores de levantamento judicial, pois é necessário identificar o recebimento e emitir a fatura e nota fiscal correspondente, se se tratar de recebimento de sucumbência, êxito, outros, ou mesmo providenciar o envio do montante ao cliente caso este seja o destino dos valores.

> Atenção: uma dica importante é sempre identificar no lançamento no sistema, se houver, do que se trata, para que tais valores não interfiram no saldo bancário do escritório e consequentemente no fluxo de caixa, mascarando valores que não são do escritório e estão compondo o saldo bancário. Fique atento, pois esse valor não é seu, muito embora faça parte do saldo.

A seguir, modelo de planilha de controle de faturamento mensal emitido:

Data Emissão da Nota Fiscal	Nº da NF	Nome do Cliente	CNPJ CPF	Valor total Bruto	Impostos retidos na fonte destacados na NF (se houver)	Enviado para:	Histórico de cobrança (descrição para nota fiscal)	Vencimento
xx/xx/xxxx	xxxx	XXXXXX	xx.xxx.xxx/xxxx-xx	R$ 1.000,00	A depender do regime de tributação do escritório: se Simples não há retenção na fonte; se lucro presumido IRRF/PIS/COFINS/CSLL	Sr. / Sra: XXXXXXXX e-mail: xxxx@xxxx.xxx.xx	Honorários pela prestação de serviços jurídicos no caso xxxxxx. Parcela xx/xx / Êxito / Inicial / etc	xx/xx/xxxx
xx/xx/xxxx	xxxx	XXXXXX	xx.xxx.xxx/xxxx-xx	R$ 1.000,00	A depender do regime de tributação do escritório: se Simples não há retenção na fonte; se lucro presumido IRRF/PIS/COFINS/CSLL	Sr. / Sra: XXXXXXXX e-mail: xxxx@xxxx.xxx.xx	Honorários pela prestação de serviços jurídicos no caso xxxxxx. Parcela xx/xx / Êxito / Inicial / etc	xx/xx/xxxx
Total mensal				R$ 2.000,00				

Cada mês deve ser controlado por uma aba distinta na planilha de controle de faturamento do Excel, com resumo anual para facilitar a visualização e controle:

Faturamento Mensal Ano xxxx	
Janeiro	R$ 2.000,00
Fevereiro	R$ 9.000,00
Março	R$ 12.000,00
Abril	R$ 8.000,00
Maio	R$ 6.000,00
Junho	R$ 7.000,00
Julho	R$ 9.000,00
Agosto	R$ 30.000,00
Setembro	R$ 20.000,00
Outubro	R$ 23.000,00
Novembro	R$ 30.000,00
Dezembro	R$ 22.000,00
Total	**R$ 178.000,00**

1.2. CONTAS A RECEBER

Com o faturamento organizado, separando os honorários de despesas e controlando a entrada de casos novos e encerramento de cobrança de outros, o próximo passo é a organização do contas a receber. Essa área cuida das entradas de recursos no escritório e da cobrança dos valores vencidos, cujos compromissos não foram quitados pelos clientes via pagamento de notas fiscais/fatura de honorários, *invoice* e faturas de reembolsos de despesas, conforme será visto a seguir.

Para pequenos escritórios, a função do contas a receber é desempenhada pela pessoa que já cuida do financeiro, ou seja,

GESTÃO FINANCEIRA E ESTRATÉGICA PARA ESCRITÓRIOS DE ADVOCACIA

faz o faturamento, o contas a pagar e também o contas a receber e cobrança de faturas em atraso. Nesses casos, os controles são feitos por planilhas, quando não há sistema. Para escritórios maiores, há um responsável pela área, sendo necessário maior atenção a todos os controles e alimentação do sistema jurídico integrado.

Os clientes têm várias formas de pagamento: via transferência eletrônica, TED/DOC, PIX, boleto bancário ou mesmo remessa internacional, quando se tratar de clientes estrangeiros.

Se o escritório possuir um sistema integrado, tal como no contas a pagar, no contas a receber pode-se enviar um arquivo de remessa com o faturamento emitido pelo escritório via *upload* no banco, onde esse arquivo será processado e seus boletos devidamente registrados, algo que é imprescindível para pagamento do cliente e como documento para futura cobrança extrajudicial/judicial, se necessário. Caso o escritório não tenha sistema, o responsável pelo faturamento deve emitir o boleto no aplicativo do banco, como boleto registrado, incluindo todas as informações do cliente (razão social/nome, endereço, CNPJ/CPF, *e-mail*, número da nota fiscal, valor e vencimento).

O responsável pelo contas a receber faz diariamente a baixa das faturas recebidas no sistema, independentemente da forma de pagamento do cliente e de ser reembolso de despesas ou pagamento de honorários, ou nos controles em *Excel* das notas fiscais e faturas emitidas (modelos apresentados a seguir), identificando o documento que foi pago para controle interno ou gestão de cobrança, caso o documento não tenha sido quitado.

MODELO DE PLANILHA DE CONTROLE DE RECEBIMENTOS E COBRANÇA
HONORÁRIOS

HONORÁRIOS							
Data Emissão	Nº da NF ou nº Fatura de Despesas	Nome do Cliente	Valor total Bruto	Histórico de contatos de Cobrança - quando houver	Data Vencimento	Data Recebimento	Valor Recebido Líquido
xx/xx/xxxx	NF xxxx	XXXXXX	R$ 1.000,00	Cobrança com xxxxx pois nota fiscal não foi quitada no vencimento	xx/xx/xxxx	xx/xx/xxxx	R$ 1.000,00
xx/xx/xxxx	NF xxxx	XXXXXX	R$ 1.500,00	Cobrança com xxxxx pois nota fiscal não foi quitada no vencimento	xx/xx/xxxx	xx/xx/xxxx	R$ -
Total mensal			R$ 2.500,00				R$ 1.000,00

MODELO DE PLANILHA DE CONTROLE DE RECEBIMENTOS E COBRANÇA
DESPESAS

REEMBOLSO DE DESPESAS							
Data Emissão	Nº da NF ou nº Fatura de Despesas	Nome do Cliente	Valor total Bruto	Histórico de contatos de Cobrança - quando houver	Data Vencimento	Data Recebimento	Valor Recebido Líquido
xx/xx/xxxx	Fatura de Despesas xxxx	XXXXXX	R$ 1.000,00	Cobrança com xxxxx pois fatura de despesas não foi quitada no vencimento	xx/xx/xxxx	xx/xx/xxxx	R$ -
xx/xx/xxxx	Fatura de Despesas xxxx	XXXXXX	R$ 800,00	Cobrança com xxxxx pois fatura de despesas não foi quitada no vencimento	xx/xx/xxxx	xx/xx/xxxx	R$ 800,00
Total mensal			R$ 1.800,00				R$ 800,00

MODELO DE RESUMO DE HONORÁRIOS E DESPESAS RECEBIDAS

Recebimento Mensal Ano xxxx		
Mês	**Honorários**	**Despesas**
Janeiro	R$ 1.000,00	R$ 800,00
Fevereiro	R$ 3.200,00	R$ 1.000,00
Março	R$ 1.000,00	R$ 800,00
Abril	R$ 1.000,00	R$ 800,00
Maio	R$ 1.000,00	R$ 800,00
Junho	R$ 1.000,00	R$ 800,00
Julho	R$ 1.000,00	R$ 800,00
Agosto	R$ 1.000,00	R$ 800,00
Setembro	R$ 1.000,00	R$ 800,00
Outubro	R$ 1.000,00	R$ 800,00
Novembro	R$ 1.000,00	R$ 800,00
Dezembro	R$ 1.000,00	R$ 800,00
Total Recebido	**R$ 14.200,00**	**R$ 9.800,00**

Também é a equipe de contas a receber que realiza a conciliação e checagem: quando se paga por boleto, a identificação – via arquivo de retorno, se houver sistema integrado – é mais simples e a baixa acontece automaticamente dentro do sistema. A baixa manual é utilizada, se não houver a integração com o banco ou mesmo se o cliente faz o pagamento de outras formas, inclusive os clientes internacionais, quando podem existir taxas de descontos das *invoices* cobradas pelo banco de origem do cliente, algo muito comum e que deve ser considerado na baixa para uma real fotografia do valor líquido recebido do cliente.

Importante observar e confirmar com o cliente, se necessário, quando houver mais de um documento emitido no mesmo valor, antes de efetivamente baixar o documento no sistema ou nos controles. Infelizmente, existem muitos problemas de baixas de títulos errados, o que ocasiona erros de conciliação quando há títulos abertos no cliente e igualmente vencidos. Assim, é melhor sempre enviar um *e-mail* para checagem do registro, do que baixar uma fatura errada, o que provoca problemas, inclusive contábeis.

É muito comum receber o valor bruto de uma nota fiscal de honorários, sem os descontos de impostos que deveriam ser retidos na fonte (exceto escritórios no regime do Simples Nacional, para os quais não há retenção na fonte). No caso de escritórios no regime de tributação do lucro presumido, os impostos retidos na fonte são:

– IRRF – 1,5% sobre o valor bruto da nota fiscal de honorários;
– CSLL – 1% sobre o valor bruto da nota fiscal de honorários;
– PIS – 0,65% sobre o valor bruto da nota fiscal de honorários;
– Cofins – 3% sobre o valor bruto da nota fiscal de honorários;
– ISS – o percentual varia conforme o município onde o escritório está situado.

Nessa hipótese, deve-se sempre enviar um *e-mail* ao cliente explicando a situação e solicitando os dados bancários para devolução do valor pago a maior, uma vez que é prerrogativa do cliente o pagamento do DARF dos impostos retidos na fonte, inclusive com registros contábeis. Por essa razão, você jamais deve pagar, pelo cliente, esses impostos pelo seu financeiro.

Há casos em que não se identifica a que se refere o crédito realizado na conta do escritório. Para tanto, há necessidade de checar os valores em aberto para tentar conciliá-los; verificar se não houve retenção de impostos na fonte, o que faz o valor ser divergente do que está aguardando como crédito, entre outras formas de investigação. Constatando-se os valores e, em situações de divergência (valor pago a maior, impostos etc.), enviar *e-mail*

GESTÃO FINANCEIRA E ESTRATÉGICA PARA ESCRITÓRIOS DE ADVOCACIA

para o cliente informando as providências para que todos – escritório e cliente – estejam alinhados.

Após a finalização das baixas, o integrante deve extrair um relatório, ou analisar seus controles em planilhas, para checar quais documentos, do dia imediatamente anterior, ficaram pendentes de pagamento, para iniciar o processo de cobrança das faturas vencidas.

No entanto, importante algumas providências antes de efetivamente cobrar o cliente:

– Checar se o documento está realmente vencido, pois é possível, no momento da emissão do faturamento, o prazo de vencimento não ter obedecido a regra do cliente. Nesse caso, verificar no sistema ou nos controles internos e, se necessário, incluir o vencimento correto a fim de o cliente não ser cobrado indevidamente;

– Observar a data de emissão para entender se o prazo dado para vencimento foi razoável;

– Checar nos *e-mails* de faturamento enviados para ter certeza de que o documento foi encaminhado pela equipe de faturamento e que o cliente o recebeu. Verificar se houve *e-mail* de retorno ou mesmo mudança de destinatário e novo encaminhamento.

Se tudo estiver certo, o integrante da equipe poderá fazer a cobrança da fatura vencida, geralmente por intermédio de um e-mail padronizado de cobrança, inclusive com pedido de confirmação de recebimento, tanto de cliente internacional quanto nacional. Essa regra, que inclusive pode ser definida como padrão no *outlook* (sua equipe de TI pode lhe ajudar nessa configuração), muito auxilia quando do envio do *e-mail*, pois o integrante apenas necessita colocar os dados alteráveis: cliente, vencimento, nº documento e valor.

Tão importante quanto cobrar é fazer um *follow-up* de retorno do cliente. Se em até três dias o cliente não responder, caberá nova cobrança por *e-mail*. Após o envio de dois *e-mails* de cobrança sem nenhum retorno, ligar para o financeiro do cliente para cobrá-lo.

Pode acontecer de a equipe financeira não ter sucesso na cobrança do cliente. Nesse caso, o procedimento é levar ao conhecimento do sócio responsável pelo cliente ou pela cobrança que está em aberto. A interferência do sócio normalmente surte efeito bem positivo e imediato com o cliente.

Lembre-se de sempre fazer o registro de todas as informações de cobrança no sistema ou nos controles para que os integrantes do departamento financeiro tenham acesso ao que está ocorrendo e as medidas tomadas e, se necessário, aguardar o retorno considerando o prazo do último contato.

Além dos procedimentos diários de baixas e de cobranças, o departamento deve sempre informar aos sócios acerca do prazo de recebimento e o acompanhamento das faturas pelos vencimentos. Em geral, faturas vencidas mais recentemente são as mais fáceis de ser recebidas, pois a cobrança está "fresca" na memória do cliente, inclusive o trabalho entregue.

O responsável pelo contas a receber deve organizar os clientes inadimplentes conforme prazos listados a seguir, para informação aos sócios que respondem pela gestão de cliente, chamado de *Aging*:

- Faturas vencidas em até 30 dias;
- Faturas vencidas entre 31 dias e 60 dias;
- Faturas vencidas entre 61 e 90 dias;
- Faturas vencidas entre 91 e 120 dias;
- Faturas vencidas entre 120 e 180 dias;
- Faturas vencidas há mais de 180 dias.

O relatório deve ser disposto pelos prazos supramencionados e organizado com os clientes dos maiores para os menores valores, conforme modelo a seguir, bem como com o responsável pelo cliente:

MODELO DE AGING – RELATÓRIO DE ACOMPANHAMENTO DE COBRANÇA

Responsável	Cliente	Documento	Emissão	Vencimento	AGING - VALORES EM REAIS						Total Geral
					1 a 30	31 a 60	61 a 90	91 a 120	121 a 180	> 180	
Paulo	GHI	35	04/12/2020	19/12/2020						280.000,00	280.000,00
Paulo	MNO	1030	15/11/2021	30/11/2021		120.000,00					120.000,00
Cecília	GHI	1457	28/12/2021	12/01/2022	62.300,00						62.300,00
João	JKL	320	30/04/2021	15/05/2021						60.000,00	60.000,00
Maria	DEF	1356	15/12/2021	30/12/2021	58.400,00						58.400,00
José	GHI	280	22/03/2021	06/04/2021						58.000,00	58.000,00
Gustavo	DEF	154	18/02/2021	05/03/2021						47.000,00	47.000,00
Rose	ABC	637	16/06/2021	01/07/2021						37.000,00	37.000,00
Gustavo	JKL	1520	02/01/2022	17/01/2022	32.920,00						32.920,00
Marília	ABCDF	1112	28/11/2021	13/12/2021		27.800,00					27.800,00
Marília	XPTO	520	28/05/2021	12/06/2021						26.000,00	26.000,00
Paulo	MNO	450	15/05/2021	30/05/2021						21.500,00	21.500,00

AGING - VALORES EM REAIS											
Responsável	Cliente	Documento	Emissão	Vencimento	1 a 30	31 a 60	61 a 90	91 a 120	121 a 180	> 180	Total Geral
Marilia	JKL	70	10/01/2021	25/01/2021						17.900,00	17.900,00
José	ABC	15	01/12/2020	16/12/2020						12.500,00	12.500,00
Maria	XPT	94	01/02/2021	16/02/2021						10.500,00	10.500,00
Maria	DEF	800	15/07/2021	30/07/2021					10.200,00		10.200,00
Cecilia	ABC	96	15/02/2021	02/03/2021						10.000,00	10.000,00
Cecilia	GHI	850	05/09/2021	20/09/2021				9.800,00			9.800,00
Rose	MNO	85	15/01/2021	30/01/2021						3.600,00	3.600,00
Rose	ABC	1239	05/12/2021	20/12/2021	3.280,00						3.280,00
João	DEF	22	02/12/2020	17/12/2020						2.380,00	2.380,00
Gustavo	JKL	970	15/10/2021	30/10/2021			2.300,00				2.300,00
				TOTAL GERAL	156.900,00	147.800,00	2.300,00	9.800,00	10.200,00	586.380,00	913.380,00

Data Base	18/01/2022

As informações de *Aging* devem circular semanalmente, para escritórios maiores, e pontualmente para os pequenos escritórios, a fim de que os sócios tenham a atualização dos clientes devedores, uma vez que as informações contidas são muito dinâmicas – o cliente deve hoje e amanhã pode estar adimplente.

É necessário também monitorar os clientes devedores contumazes. Às vezes, o cliente entra em um círculo vicioso de negociação de faturas ou mesmo de não pagamento. Tenha isso claro e monitorado no financeiro, inclusive com políticas específicas para se cuidar desses casos, por exemplo, para um cliente que não tem honrado com os pagamentos de reembolso de despesas, não se deve adiantar nenhum pagamento de custas, e estes precisam ser avisados ao cliente – pela equipe do jurídico – para que ele faça o pagamento no devido prazo. A atualização periódica dessas informações, pelo responsável pelo faturamento, para quem cuida da área de contas a pagar, é imprescindível.

Políticas bem definidas – e escritas – sobre procedimentos para esses casos, e de entendimento de todos os integrantes, evitam que o escritório tenha mais prejuízos ou aumente sua inadimplência. O financeiro deve – sempre – comunicar a equipe do jurídico que atende o cliente para que ela tenha ciência da situação e se organize nos pedidos de adiantamento ou mesmo no envio dos documentos para pagamentos com tempo para cumprimento de prazos pelos clientes.

Em escritórios maiores, essa sinergia do departamento financeiro com o jurídico deve sempre existir. A transparência no fluxo de informações é de muita seriedade. Em muitos casos, a equipe jurídica pode intervir e tratar com o cliente, estabelecendo uma conexão para que os valores devidos sejam quitados o mais breve possível. Deve-se avaliar caso a caso, sempre com cuidado.

Uma tarefa que considero relevante é o responsável pelo contas a receber ter uma agenda proativa de reuniões com os sócios responsáveis pelos clientes. Essa agenda tem que ser ganha-ganha, para cobrar o cliente ou mesmo renegociar dívidas, principalmente as mais antigas e que já foram objetos de várias cobranças. Às vezes, é melhor receber um crédito de forma parcelada a não ter nenhuma previsão de entrada desses recursos. É possível que seja um êxito antigo que está sendo discutido em razão de valores levantados x valores devidos, percentuais contratados, entre outros. O intuito deve ser o de resolver da melhor maneira, sem onerar o escritório com descontos abusivos, mas trazendo o recurso que é devido para os cofres da banca. Em muitos casos, cabe uma visita ao cliente, pelo sócio responsável, com o responsável do financeiro, para entender se há algum problema de comunicação que está prejudicando os trâmites de pagamentos.

A área do contas a receber precisa monitorar o percentual de inadimplência do escritório x valores faturados. Esse monitoramento é para trabalhar no recebimento, com políticas de prazos menores, percentual este que deve sempre ser diminuído.

Há casos extremos em que o escritório precisa tomar medidas para que os valores devidos e contratados sejam honrados. Pode-se enviar uma notificação pedindo para que o cliente devedor procure o escritório para negociação da dívida, dando a ele um prazo para procurá-lo. Caso infrutífero, pode-se notificar via cartório e, para tanto, é necessário utilizar os documentos hábeis: contratos, propostas, boletos registrados e em aberto, entre outros documentos que embasem essa cobrança.

Em geral, os escritórios não têm política de cobrança de juros, multa e correções monetárias. Contudo, devem atuar para que a cobrança seja diária e, caso necessário, fazer valer o seu direito ao recebimento, pois há documentos comprobatórios que comprovam essa cobrança mais incisiva.

Quando o escritório tiver acordos de pagamentos ou mesmo confissão de dívida, precisa monitorar atentamente – semanal e mensalmente – se os pagamentos estão sendo honrados. Em geral, há cláusula de vencimento à vista se o contrato não for honrado e com suas parcelas quitadas nas datas, trazendo a valor presente o total da dívida para quitação, com a execução do contrato.

> Aos sócios deixo um valioso recado: recebam sempre o responsável pelo contas a receber para reuniões periódicas, pois a atuação e o sucesso da cobrança e da baixa inadimplência de clientes dependem desse apoio e da atuação da equipe. Todos ganham, principalmente o caixa do escritório.

1.3. ORÇAMENTO DE RECEITAS

Você emite o faturamento e recebe os valores do seu cliente. Por quê? Você está sendo remunerado pelo seu serviço prestado, independentemente da forma de cobrança ou tempo de duração de um processo que está sob seus cuidados.

Uma das premissas, quer quando se abre um novo escritório, tenha uma fusão de áreas ou mesmo na manutenção da banca, independentemente do tamanho que ela tenha, é elaborar o orçamento anual de receitas. Sem ele, não tem como saber a previsão de entrada de recursos, e você não conseguirá evoluir com nenhuma outra estratégia e elaboração de números, pois tudo depende do caixa do escritório. Portanto, é um dos primeiros itens da lista de elaboração de estratégia, mesmo para escritórios já ativos e consolidados há muitos anos.

Quando falo do orçamento de receitas, é necessário você se dedicar e preparar os números já em meados do segundo semestre, tendo em vista as discussões sobre a estratégia de como ocorrerão o aumento de receita, as propostas e as análises para implantação com tempo hábil dos números previstos já no dia 1º de janeiro do próximo ano fiscal.

Quando trato do orçamento de receitas, existem algumas formas diferentes de cálculo que você pode utilizar no seu escritório, mencionadas a seguir.

Uma das métricas é a disponibilidade de horas dos seus integrantes. Você pode elaborar um *Business Plan* com base na disponibilidade do *time sheet*.

Seu corpo jurídico é composto de sócios, advogados e estagiários e pode-se calcular a disponibilidade individual de horas de trabalho de cada um desses integrantes. Você deve somar as horas dos colaboradores de uma determinada equipe. Na sequência, somar as horas de todas as equipes e assim terá a disponibilidade total de horas para trabalhar para os seus clientes.

Sugestão de como organizar um *Business Plan*:

- Disponibilidade de horas por dia útil – para trabalhos para clientes (em torno de 6h/dia);
- Disponibilidade de horas por mês – para trabalhos para clientes (20 dias úteis por mês);
- Disponibilidade de horas por ano – para trabalhos para clientes – calcular com base em 11 meses, já desconsiderando um mês de ausência do integrante (descanso ao longo do ano).

No entanto, há a questão de que nem todos os casos do escritório são faturados por hora – existem casos fixos mensais, com parcelamento predefinido, entre outras tantas formas de contratação, inclusive estas mescladas no contrato.

Cabe salientar que é muito difícil que um integrante trabalhe 8h/dia para cliente (horas faturáveis), daí a sugestão de se considerarem 6h/dia para sócio e advogado e 5h/dia para estagiário. Seria ideal se fosse possível faturar todos os trabalhos pela tabela-padrão, tudo por hora, mas essa não é a realidade da maioria dos escritórios e a forma mais atual de proposta solicitada pelos clientes que desejam ter uma previsibilidade de quanto gastará com o escritório.

Com o referido cálculo em mãos, você consegue elaborar um modelo de orçamento de receitas, usando como base a tabela de honorários-padrão do escritório e, a depender da projeção, construir diferentes cenários utilizando essa mesma base. Você pode levar em conta essa base ideal de 100% que montará e projetar outros cenários mais factíveis adotando: 90%, 85%, 80%, 75%, outros. Você deve observar o realizado do ano anterior para entendimento de qual a melhor métrica a se empregar, inclusive porque, geralmente, há diferentes tabelas de horas para mais de um cliente, com descontos específicos previstos em contrato, até mesmo para cobrança de casos considerando uma hora *flat* (valor igual independentemente do integrante que execute o trabalho – sócio ou estagiário).

Elaborar um orçamento de receitas, com base no *Business Plan*, é a melhor opção para análise, pois você terá uma ideia do seu potencial de faturamento se todos os casos forem faturados por hora:

MODELO DE ORÇAMENTO DE RECEITAS – BUSINESS PLAN

Orçamento de Receitas Business Plan - 100% das horas disponíveis					
Categoria	Total	Horas/ Mês	Horas / Ano	Total Mensal	Total Anual (11 meses)
Sócio	3	120	1320	R$ 180.000,00	R$ 1.980.000,00
Advogado	10	120	1320	R$ 480.000,00	R$ 5.280.000,00
Estagiário	2	100	1100	R$ 60.000,00	R$ 660.000,00
Total	**15**	**340**	**3740**	**R$ 720.000,00**	**R$ 7.920.000,00**

Horas /dia faturáveis	
Sócios	6
Advogados	6
Estagiários	5

Média Mensal Linear:	
	R$ 660.000,00

Tabela Padrão - R$	
Sócio	R $ 500,00
Advogado	R $ 400,00
Estagiário	R $ 300,00

Redução - Percentual	
15%	R$ 1.188.000,00
Meta ajustada	R$ 6.732.000,00
Mensal Linear	R$ 561.000,00

Observações:

Considerados 11 meses, já que tem um período de recesso no ano (férias)

Verificar se cabem os 100% ou ajustar o percentual. Comparar com o faturamento do ano anterior

Outra metodologia que você pode utilizar é com base nos valores faturados no ano anterior, projetando um crescimento de X% para o próximo ano. Por exemplo, neste ano você faturou R$ 1 MM e no próximo ano pretende crescer 20%. Você terá um orçamento de receitas de R$ 1,2 MM, que pode ser R$ 100mil por mês (linear), ou distribuir o valor considerando a sazonalidade dos recebimentos do último ano no mês a mês, tendo um cenário mais real, por exemplo, janeiro e fevereiro historicamente são meses com menor faturamento e, em contrapartida, novembro e dezembro são os maiores meses de faturamento, conforme modelo a seguir:

MODELO ORÇAMENTO DE RECEITAS – % CRESCIMENTO

Orçamento de Receitas % de Crescimento		
Mês	**Realizado 2021**	**Meta 2022**
Janeiro	500.000,00	625.000,00
Fevereiro	480.000,00	600.000,00
Março	500.000,00	625.000,00
Abril	400.000,00	500.000,00
Maio	350.000,00	437.500,00
Junho	600.000,00	750.000,00
Julho	420.000,00	525.000,00
Agosto	450.000,00	562.500,00
Setembro	450.000,00	562.500,00
Outubro	550.000,00	687.500,00
Novembro	580.000,00	725.000,00
Dezembro	630.000,00	787.500,00
Total Geral	**5.910.000,00**	**7.387.500,00**

% Crescimento
25%

48 | GESTÃO FINANCEIRA E ESTRATÉGICA PARA ESCRITÓRIOS DE ADVOCACIA

Outra forma de mensurar as receitas para projetar os recebimentos do próximo ano é observar a sua carteira de clientes e seu faturamento atual e, com base nas previsões dos casos já contratados ou demandas recorrentes e trabalhos que pretende captar, montar o seu orçamento com essas premissas. Lembre-se também de considerar os potenciais clientes que estão prospectando, colocando uma meta de receita que acredita ser factível e que se esforçará para trazer para o escritório. Também é preciso levar em conta o *cross selling* (venda cruzada, ou seja, você atende o cliente na área cível, mas quer começar a atender na trabalhista) dentro da base de clientes e analisar a base de ex-clientes ou de clientes antigos sem trabalhos, pois pode existir aí uma fonte de novos recursos. Os sócios devem ter uma agenda proativa para marcação de reuniões para captação. Semanalmente, você deve separar uma parte do seu tempo para fazer essa prospecção que pode ser um telefonema, enviando uma matéria de interesse do cliente, usando isso como pretexto para contato e agendamento de uma reunião, entrar em contato, via *linkedin*, com um ex-cliente, para abrir o diálogo e oferecer os serviços do escritório, entre outras possibilidades.

Veja a seguir o modelo de orçamento de receitas com base em clientes e casos atuais, considerando também as prospecções e *cross selling*:

MODELO ORÇAMENTO DE RECEITAS – ANÁLISE POR CLIENTE

ORÇAMENTO DE RECEITAS

ÁREAS	Sócio Responsável	Janeiro	Fevereiro	Março	Abril	Maio	Junho	1º Semestre	Julho	Agosto	Setembro	Outubro	Novembro	Dezembro	2º Semestre	Total Geral
CONTENCIOSO		–	–	–	–	–	–	–	–	–	–	–	–	–	–	–
Trabalhista		–	–	–	–	–	–	–	–	–	–	–	–	–	–	–
Cliente A	Rose							–							–	–
Cliente B	José							–							–	–
Cível		–	–	–	–	–	–	–	–	–	–	–	–	–	–	–
Cliente A	Rose							–							–	–
Cliente B	José							–							–	–
Tributário		–	–	–	–	–	–	–	–	–	–	–	–	–	–	–
Cliente C	Marília							–							–	–
Cliente D	Cecília							–							–	–
CONSULTIVO		–	–	–	–	–	–	–	–	–	–	–	–	–	–	–
M&A		–	–	–	–	–	–	–	–	–	–	–	–	–	–	–

ORÇAMENTO DE RECEITAS

ÁREAS	Sócio Responsável	Janeiro	Fevereiro	Março	Abril	Maio	Junho	1º Semestre	Julho	Agosto	Setembro	Outubro	Novembro	Dezembro	2º Semestre	Total Geral
Cliente A	Rose							-							-	-
Cliente E	Gustavo	-	-	-	-	-	-	-	-	-	-	-	-	-	-	-
Societário		-						-							-	-
Cliente A	Rose	-	-	-	-	-	-	-	-	-	-	-	-	-	-	-
Propriedade Intelectual								-							-	-
Cliente D	Cecilia							-							-	-
Cliente E	Gustavo							-							-	-
Contratos		-						-							-	-
Cliente A	Rose	-	-	-	-	-	-	-	-	-	-	-	-	-	-	-
Regulatório		-	-	-	-	-	-	-	-	-	-	-	-	-	-	-
Cliente A	Rose							-							-	-
Cliente E	Gustavo	-	-	-	-	-	-	-	-	-	-	-	-	-	-	-

ORÇAMENTO CONSOLIDADO POR ÁREA

ORÇAMENTO DE RECEITAS																	
ÁREAS	Sócio Responsável	Janeiro	Fevereiro	Março	Abril	Maio	Junho	1º Semestre	Julho	Agosto	Setembro	Outubro	Novembro	Dezembro	2º Semestre	Total Geral 2022	Realizado Geral 2021	% Crescimento
CONTENCIOSO		–	–	–	–	–	–	–	–	–	–	–	–	–	–	–	–	–
Trabalhista		–	–	–	–	–	–	–	–	–	–	–	–	–	–	–	–	–
Cível		–	–	–	–	–	–	–	–	–	–	–	–	–	–	–	–	–
Tributário		–	–	–	–	–	–	–	–	–	–	–	–	–	–	–	–	–
CONSULTIVO		–	–	–	–	–	–	–	–	–	–	–	–	–	–	–	–	–
M&A		–	–	–	–	–	–	–	–	–	–	–	–	–	–	–	–	–
Societário		–	–	–	–	–	–	–	–	–	–	–	–	–	–	–	–	–
Propriedade Intelectual		–	–	–	–	–	–	–	–	–	–	–	–	–	–	–	–	–
Contratos		–	–	–	–	–	–	–	–	–	–	–	–	–	–	–	–	–
Regulatório		–	–	–	–	–	–	–	–	–	–	–	–	–	–	–	–	–
		–	–	–	–	–	–	–	–	–	–	–	–	–	–	–	–	–

52 | GESTÃO FINANCEIRA E ESTRATÉGICA PARA ESCRITÓRIOS DE ADVOCACIA

Ainda analisando a entrada de receitas, deve-se acompanhar a representatividade do recebimento individual dos clientes no escritório. Essa análise é chamada de Curva ABC, como se vê no exemplo a seguir. Ela é muito importante pois revela qual é o percentual que o cliente representa na entrada de receitas da sua banca.

CURVA ABC Participação de Clientes				
Cliente	Faturamento ou Recebimento	% Representação		
A	R$ 1.600.000,00	29,0%		
B	R$ 1.250.000,00	22,6%	51,6%	
C	R$ 700.000,00	12,7%		
D	R$ 595.000,00	10,8%		75,1%
E	R$ 400.000,00	7,2%		
F	R$ 300.000,00	5,4%		
G	R$ 250.000,00	4,5%		
H	R$ 180.000,00	3,3%		
I	R$ 100.000,00	1,8%		
J	R$ 50.000,00	0,9%		
K	R$ 30.000,00	0,5%		
L	R$ 20.000,00	0,4%		
M	R$ 20.000,00	0,4%		
N	R$ 15.000,00	0,3%		
O	R$ 10.000,00	0,2%		100,0%
Total Geral	R$ 5.520.000,00	100,0%		

Faça uma análise das receitas do último ano e coloque em ordem decrescente – do maior para o menor valor – tanto de recebimentos quanto de faturamento de honorários, indicando o percentual que esse cliente (ou grupo econômico) representa no seu escritório. O ideal é que essa representatividade seja bem pulverizada entre sua base de clientes para garantir a saúde financeira do escritório. Imagine a situação em que um cliente, que represente 30% ou 40% do seu recebimento anual, porventura passe por algum problema como uma troca da diretoria jurídica, fusão de empresas, entre outros, e este cliente deixe de trabalhar com o seu escritório. Você com certeza terá muitos problemas para se readequar à nova realidade de receitas, o que pode trazer impactos significativos, sendo necessário tomar algumas ações como a redução drástica do quadro de pessoal, mudança de sede, entre outros importantes impactos que precisam sempre ser mitigados.

Portanto, caso observe em seu escritório esse tipo de situação, aconselho tomar todas as medidas para, no menor espaço de tempo possível, organizar a sua carteira de clientes para que o maior deles não tenha um faturamento superior a 5%, por exemplo. Esta medida vai garantir a saúde financeira e o futuro do seu escritório. Cabe lembrar que não estou falando de diminuir o valor do faturamento do seu cliente, mas sim pulverizar a receita para que outros cresçam e essa representatividade individual diminua.

Como mencionei anteriormente, deixo algumas dicas dos aspectos que você pode observar para aumentar as receitas e fomentar novos trabalhos

– Análise de clientes atuais, com uma lista da qual pode realizar o cross selling (venda de outras áreas além da já atendida);

– *Prospectives* – organizar lista dos potenciais contatos de empresa que desejam ter como futuros clientes;

– Clientes antigos sem atividade: mais fácil que trazer um novo cliente é fomentar o contato com clientes que há algum tempo não se relacionam com o escritório, uma vez que este conhece a qualidade do seu trabalho e por diversos fatores essa relação acabou se arrefecendo;

- Participação em institutos, associações de classe ou outras atividades em que podem, potencialmente, ter contato com possíveis novos clientes;
- Novos assuntos e novas áreas no escritório: analise se há demanda e calcule para saber se é o caso ou não de implantá-las. Só o faça se for vantajoso e contemplado em seu planejamento estratégico.

Faça uma lista e, a partir dela, uma reflexão entre os sócios do seu escritório, periodicamente, organizando uma agenda proativa de encontros e reuniões, com monitoramento contínuo da agenda.

Depois de ter a proposta de orçamento de receitas discutidas e aprovadas, inclusive com a implementação de estratégias de como fará para alcançar os objetivos propostos, você tem que implantar no financeiro os valores para acompanhamento, com a prestação de contas do realizado em reuniões periódicas de gestão com os sócios ou, se for o caso do seu escritório, nos comitês designados para esse acompanhamento.

A seguir, apresento um modelo de como deve acompanhar, mensalmente, a meta de receitas brutas, comparando com o total faturado bruto e o total recebido bruto, para análise e planejamento, caso o seu escritório esteja aquém do atingimento da meta de receitas:

META DE RECEITAS - XXXXXXXXXX ADVOGADOS					
META 2022		FATURAMENTO BRUTO		RECEBIMENTO BRUTO	
2022	Meta	Faturamento	% Fat x Meta	Recebimento	% Rec x Meta
JAN	500.000,00	500.000,00	100,00%	450.000,00	90,00%
FEV	480.000,00	490.000,00	102,08%	500.000,00	104,17%
MAR	500.000,00	420.000,00	84,00%	470.000,00	94,00%
ABR	400.000,00	420.000,00	105,00%	400.000,00	100,00%
MAI	350.000,00	500.000,00	142,86%	470.000,00	134,29%
JUN	600.000,00	470.000,00	78,33%	480.000,00	80,00%
1º SEM	2.830.000,00	2.800.000,00	98,94%	2.770.000,00	97,88%

META DE RECEITAS - XXXXXXXXXX ADVOGADOS				
META 2022		**FATURAMENTO BRUTO**		**RECEBIMENTO BRUTO**
JUL	420.000,00	0,00%		0,00%
AGO	450.000,00	0,00%		0,00%
SET	450.000,00	0,00%		0,00%
OUT	550.000,00	0,00%		0,00%
NOV	580.000,00	0,00%		0,00%
DEZ	630.000,00	0,00%		0,00%
2º SEM	3.080.000,00	–	0,00%	– 0,00%
TOTAL 2022	5.910.000,00	2.800.000,00	47,38%	2.770.000,00 46,87%

Logo, o importante é elaborar o orçamento sempre projetando crescimento e revisitá-lo depois de alguns meses, de preferência no meio do ano, para adequar as projeções ao que foi idealizado e aprovado como métrica de orçamento de receitas. Após essa análise, você pode decidir inclusive pelo ajuste do orçamento: aumento da meta a depender do bom andamento do faturamento do escritório ou mesmo algum ajuste para redução da meta, caso um cliente tenha se desligado da sua banca. Lembre-se de que qualquer ajuste deve ser realizado considerando o orçamento de despesas, pois, caso o escritório tenha uma queda na entrada de receitas, caberá exame de cada uma das contas de despesas para ajustes que reduzam proporcionalmente os gastos, do contrário, seu escritório poderá ter prejuízos gastando mais do que arrecada de receitas.

Capítulo 2
DESPESAS

2.1. CONTAS A PAGAR

Para que você tenha uma estrutura de escritório – mesmo que seja de uma pessoa –, você deve assumir diversos compromissos financeiros, tais como: aluguel, folha de pagamento, entre outros, que são imprescindíveis à manutenção do escritório.

Você atua na área jurídica, contenciosa e consultiva, e os clientes lhe pagam por esse trabalho realizado. Mas como funciona esse atendimento? Existem outras pessoas envolvidas além de você? Por menor que seja o seu gasto mensal, ele existe e você tem que ter total domínio sobre os valores de saída de caixa.

Independentemente do tamanho do escritório, a área de contas a pagar é uma das mais importantes do operacional do departamento financeiro, sendo a responsável pela organização e os pagamentos do escritório. Imagina só a confusão se um boleto não for pago, correndo o risco de ter o nome do escritório negativado no Serasa porque alguém simplesmente esqueceu de lançar o pagamento no banco e não tinha nenhum controle que apoiasse na conferência. Crítico, não concorda?!

Rotina e organização são palavras-chave nessa área. Ter procedimento, por exemplo, organizar as contas para que sejam pagas uma vez por semana, lançar os pagamentos urgentes quando acontecer uma situação pontual e, nesse caso, liberá-la à parte, ajudam o escritório a se organizar na área. Você deve separar todas as despesas da semana, lançá-las e solicitar que o autorizante – que tem a senha de aprovador no banco – libere os pagamentos no aplicativo bancário. Para os pequenos escritórios que não possuem um sistema integrado, sugiro organizar os pagamentos por data, por tipo, se é aluguel do escritório ou uma guia de cliente, conforme modelo a seguir, inclusive enviando essa planilha com o pedido para liberação de pagamento para que o autorizante saiba do que se trata o documento e se é uma despesa do escritório ou se é de cliente que você está adiantando:

PASTA DIÁRIA DE PAGAMENTOS									
Tipo de Pagamento	Responsável	1	2	3	4	5	...	31	Total
DESPESAS OCUPACIONAIS		-	-	-	-	-	-	-	-
Aluguel		-	-	-	-	-	-	-	-
Aluguel									-
Condomínio		-	-	-	-	-	-	-	-
Condomínio									-
Energia Elétrica		-	-	-	-	-	-	-	-
Energia Elétrica									-
Estacionamento		-	-	-	-	-	-	-	-
Estacionamento									-
IPTU		-	-	-	-	-	-	-	-
IPTU									-
Água		-	-	-	-	-	-	-	-
Água									-
INFORMÁTICA		-	-	-	-	-	-	-	-
Contrato de Manutenção de Hardware		-	-	-	-	-	-	-	-
Contrato de Manutenção de Hardware									-
Contrato de Manutenção de Software		-	-	-	-	-	-	-	-
Contrato de Manutenção de Software e Licenças									-

PASTA DIÁRIA DE PAGAMENTOS									
Tipo de Pagamento	Responsável	1	2	3	4	5	...	31	Total
Serviços de Suporte		-	-	-	-	-	-	-	-
Serviços de Suporte									-
Armazenamento de Fita		-	-	-	-	-	-	-	-
Armazenamento de Fita									-
Acessórios/Suprimentos		-	-	-	-	-	-	-	-
Acessórios/Suprimentos									-
Telefonia		-	-	-	-	-	-	-	-
Telefonia									-

Para ajudá-lo no controle do contas a pagar você deve ter uma pasta sanfonada, daquelas adquiridas em papelaria, com divisórias para todos os dias do mês, a fim de organizar os documentos – boletos recebidos pelo correio, por exemplo – por data de vencimento. Você pode colocar também lembretes diários que o auxiliarão como *checklist* de que nenhuma, pelo menos das despesas recorrentes, terá seu pagamento esquecido. Saliento que dever ser rotina abri-la diariamente para analisar se tem alguma conta a pagar. Você também pode ter um controle no computador, em uma pasta específica, para organizar tanto o referido controle (planilha modelo) quanto as contas recebidas por *e-mail*. Nessa planilha, você pode lançar todas as saídas, organizando todos os documentos de tal forma que facilite, inclusive, a separação para que fique tudo pronto para envio ao escritório de contabilidade todo início de mês. Como falei e reitero: organização é fundamental.

Uma das rotinas mais básicas é a gestão de pagamentos, tanto de fornecedores externos quanto de integrantes. A maioria dos pagamentos é recorrente e o departamento pode observar os pagamentos que ocorreram nos meses anteriores para verificar tudo está na pasta de pagamentos a ser liberada no banco. Lembre-se de que o processo precisa estar completo: ter o boleto

60 | GESTÃO FINANCEIRA E ESTRATÉGICA PARA ESCRITÓRIOS DE ADVOCACIA

ou dados de pagamento, a nota fiscal, todos os dados relacionados ao pagamento, inclusive se é do escritório ou de um cliente e caso específico e, nessa situação de cliente, os dados para alocação das despesas para posterior faturamento do reembolso de despesas. Ressalto que as informações da despesa adiantada devem vir da área jurídica que a solicitou.

Caso a área de contas a pagar não tenha recebido os documentos necessários e informações que embasem o pagamento (boleto, dados bancários, nota fiscal etc.), ela deve cobrar o fornecedor, o integrante ou a área interna que solicitou o pagamento.

Às vezes, o pagamento é solicitado via fluxo do sistema, quando o escritório possuir um sistema integrado entre financeiro e jurídico, com informações sobre o pedido de pagamento e onde será alocado – se no plano de contas interno, por ser uma despesa do escritório, ou se no cliente e caso como despesa, independentemente de ser despesa reembolsável ou não.

Por essa razão, é muito importante ter controle virtual e um *follow up* que organize todas as contas a fim de que nada seja esquecido e possa ser pago em atraso ou acarrete um furo no capital de giro a depender do valor envolvido. Tenha muito cuidado, pois, se esquecer de pagar uma despesa, de valor elevado, sem a contrapartida de saldo bancário, poderá deixar a conta no banco negativa e esse custo é muito alto e desnecessário. Seja organizado, tenha rotina de checagem, pois assim a possibilidade de ocorrerem esquecimentos será remota.

Quando o escritório possui um sistema jurídico integrado, podem ser lançados os pagamentos recorrentes, tais como aluguel, condomínio, internet, folha de pagamento, entre outros – para o ano todo, pois ele serve como aviso de que aquela despesa precisa ser realizada na periodicidade correta, em geral mensalmente. A utilização da recorrência no sistema também é útil na elaboração do fluxo de caixa, que será visto adiante, pois podem-se extrair os dados para análise dos pagamentos do período. Se você não tiver um sistema, crie na pasta de pagamentos uma aba em que constem esses pagamentos como lembrete para fazer o fluxo de caixa e para conferência dos pagamentos que serão agendados no banco.

Além do lançamento de contas no banco, via lançamento individual ou pelo sistema integrado, que pode ter interface com o banco para envio de arquivo de remessa (via *upload* de arquivo no banco), com todas as contas do período e baixa de arquivo de retorno (via *download* do arquivo no banco) do Centro Nacional de Automação Bancária (CNAB), os bancos têm o Débito Direto Autorizado (DDA), pelo qual, se a despesa foi identificada como do escritório, pode ser aprovada e seu pagamento programado automaticamente no *site* do seu banco. Lembre-se de que, no caso do DDA que está lançado automaticamente no banco, tal despesa deve se refletir no sistema e nos controles internos, uma vez que não foi incluída manualmente no banco, mas que terá o seu débito na data prevista de pagamento.

Como mencionado anteriormente, normas e procedimentos são muito importantes, seja pela organização geral, seja, sobretudo, pelo adiantamento de custas para o cliente, que deve ter como norma um limite mensal (por exemplo, R$ 500,00) apenas para os clientes adimplentes com os pagamentos de faturas, pois pode prejudicar o fluxo de caixa do escritório quando se fala de valores altos envolvidos, principalmente de pagamentos de custas processuais ou mesmo prestadores de serviços, tais como contadores, peritos, entre outros. O ideal é que o cliente pague a despesa, desde que ele seja avisado pelo advogado responsável com boa antecedência para realizar o pagamento. Também pode acontecer de o cliente adiantar os valores para que o escritório faça o pagamento do compromisso sem impactar o seu fluxo de caixa.

Outra facilidade dos escritórios que têm sistemas é o processamento da folha de pagamento de todos os integrantes do escritório, via *upload* para o contas a pagar. Este tratará os dados para inclusão no banco na aba salários ou outras abas configuradas (via CNAB), evitando erros e retrabalhos de digitação de cada pagamento da folha do escritório, independentemente da categoria: CLT, estagiários ou antecipação de lucros de sócios. Em

62 GESTÃO FINANCEIRA E ESTRATÉGICA PARA ESCRITÓRIOS DE ADVOCACIA

geral, o sistema traz em sua integração o lançamento dos valores nas categorias corretas, por tipo de integrante e por custo (se for do jurídico) ou despesa (se for do administrativo), cadastro este do sistema jurídico para alocação correta do pagamento efetuado.

Tão importante quanto realizar o pagamento é cuidar com atenção dos lançamentos das despesas e da classificação na planilha de controle (se não tiver sistema) ou no sistema ERP (sistema que integra o acompanhamento processual e o departamento financeiro) para o escritório que o possui. Para tanto, o plano de contas (veja detalhes no capítulo a seguir) entra em ação e indicará sua correta classificação: se for custo, em custo; se despesa para cliente, lançado nessa rubrica; e se for despesa do escritório ou investimento, deve estar devidamente alocado na origem do gasto para que saia corretamente nos relatórios analíticos gerenciais do escritório e, também, no faturamento para ser cobrado do cliente, quando se tratar de reembolso de despesas. Mesmo que tenha – como caso de *motoboy* – despesas do próprio escritório e despesas que serão de clientes ou mesmo de integrantes, quando são corretamente lançadas no desdobramento do contas a pagar do sistema, estes evitam problemas de correção no fechamento mensal pela área de controladoria financeira ou pelo gestor que faz os relatórios gerenciais para apresentação aos sócios. Caso o escritório não tenha o sistema para fazer essa organização, ele pode lançar a despesa na planilha, como se mencionou anteriormente, mas separando por tipo de despesa para auxílio na análise dos dados quando ocorrer o fechamento mensal dos números do escritório.

2.2. PLANO DE CONTAS

O principal alicerce para organização e controle do seu "contas a pagar", conforme visto no capítulo anterior, é o plano de contas que deve bem formulado e estruturado, com título de contas de fácil entendimento para correta alocação dos gastos, contendo as contas – em separado – de receitas, custos e as despesas do escritório bem classificadas em suas naturezas, para serem devidamente organizadas no financeiro. Sem essa organização, você não conseguirá separar as contas do escritório em custos, despesas e investimentos e não saberá o seu custo e o seu *overhead*, nem sequer poderá calcular uma proposta para seu cliente de forma correta, como abordado anteriormente. Por essa razão, sugiro um plano de contas detalhado, começando pelos seguintes grupos:

- Entradas;
- Custos;
- Despesas;
- Obrigações Fiscais;
- Investimentos;
- Contas de Banco;
- Lucros e Resultados.

As contas referidas são chamadas de contas Pai e, dentro desses grandes grupos, são destrinchadas as contas da forma necessária para a melhor organização e a fim de refletir as informações quando da montagem do DRE, que é o relatório que nos mostra se o escritório teve lucro ou prejuízo no período analisado (veja um modelo no capítulo sobre a importância da gestão financeira).

Ao lançar os gastos e receitas nas contas corretas, seu financeiro vai refletir na análise do resultado financeiro do escritório.

Por que tal análise é tão considerável? Assim que finalizar o mês, você deve extrair os relatórios e fazer a conferências dos lançamentos nas contas do sistema: custos em custos, despesas em despesas, receitas em receitas (inclusive financeiras), investimentos em investimentos etc. Assim, sua apuração será correta e fidedigna, com a possibilidade de chegar ao resultado financeiro do escritório para utilizá-lo, inclusive, na distribuição de lucros dos sócios. Daí a importância não só do lançamento correto, mas também da conferência no fechamento do mês para eventuais correções.

GESTÃO FINANCEIRA E ESTRATÉGICA PARA ESCRITÓRIOS DE ADVOCACIA

A seguir, apresento os itens que em geral compõem as contas do plano de contas gerencial de um escritório de advocacia. Um ponto a destacar: caso o seu escritório tenha filiais, além da segregação proposta, tais lançamentos no sistema integrado também devem obedecer a separação por cada filial, independentemente de quantas possuir, para que alcance o resultado por cada uma das filiais, cuja soma lhe dará o resultado global do seu escritório:

- **Entradas**
- Receitas de Honorários
  - Recebimentos

- Receitas Financeiras
  - Rendimento de Aplicações Financeiras
  - Juros sobre recebimentos
  - Multa sobre recebimentos

- Deduções de Receitas
  - Descontos concedidos

- **Custos**
- Sócios de Capital
  - Pró-labore
  - Antecipação de Lucros – Retirada Fixa
  - Assistência Médica
  - Assistência Odontológica
  - Seguro de Vida em Grupo
  - Estacionamento
  - Anuidade OAB
  - INSS
  - ISS

- Sócios de Serviços
  - Pró-labore

- Antecipação de Lucros – Retirada Fixa
- Assistência Médica
- Seguro de Vida em Grupo
- Estacionamento
- Crédito Educativo
- Anuidade OAB
- Bonificação
- INSS
- ISS

- Advogados Celetistas
  - Salários
  - FGTS
  - INSS
  - Férias
  - 13º
  - Transporte/Estacionamento
  - Refeição
  - Assistência Médica
  - Assistência Odontológica
  - Seguro de Vida em Grupo
  - Rescisões
  - Participação nos Lucros e Resultados
  - Crédito Educativo
  - Anuidade OAB
  - Bonificação
  - INSS
  - ISS
  - Medicina do Trabalho

- Estagiários
  - Bolsa-Auxílio

- Transporte
- Seguro de Vida em Grupo
- Rescisões de Contrato
- Bonificação

- Paralegais
  - Salário
  - FGTS
  - INSS
  - Férias
  - 13º
  - Transporte
  - Refeição
  - Assistência Médica
  - Assistência Odontológica
  - Seguro de Vida em Grupo
  - Rescisões
  - Participação nos Lucros e Resultados

- Recrutamento Especializado (*headhunter*)
- Despesas de Clientes
  - Despesas adiantadas
  - Despesas recuperadas

- **Despesas**
- Pessoal Administrativo
  - Salários
  - FGTS
  - INSS
  - Férias
  - 13º Salário
  - Transporte
  - Refeição

- Uniforme
- Assistência Médica
- Assistência Odontológica
- Seguro de Vida em Grupo
- Rescisões
- Participação nos Lucros e Resultados
- Medicina do Trabalho

- Seguros Empresariais
  - Seguro de Responsabilidade Civil
  - Seguro Predial

- Ocupacional
  - Aluguel
  - Condomínio
  - Água
  - Energia Elétrica
  - IPTU

- Associações e Marketing
  - Associações
  - Publicações Nacionais
  - Publicações Internacionais
  - Assinaturas de Periódicos
  - Mídias Sociais (investimentos em ferramentas)

- Tecnologia da Informação
  - *Outsourcing* de Impressão
  - Locação de computadores
  - Locação de servidores
  - Manutenção de *hardware*
  - Manutenção de *software*
  - Suporte Técnico Terceirizado
  - *Links* de Internet

- Telefonia
  - Telefonia
  - Locação de Equipamentos
- Materiais de Consumo
  - Materiais de higiene e limpeza
  - Materiais de cozinha e copa
  - Materiais de escritório
  - Materiais gráficos
- Manutenções
  - Predial
  - Ar-Condicionado
  - Jardinagem
- Serviços de Terceiros
  - Contabilidade
  - Consultoria Financeira
  - Consultoria de Recursos Humanos
  - Consultoria de *Marketing*
  - Assessoria de Imprensa
  - Copa e Limpeza
  - Recepção
  - Segurança e Portaria
- Representações
  - Participações em Congressos/Eventos
  - Viagens para Prospecção
  - Refeições para Prospecção
- Eventos Internos
  - Festas e Confraternizações
  - Brindes para Integrantes
- Despesas Bancárias
  - Tarifas e Taxas
  - Juros

- Multa
- IOF
- Variação Cambial
- Despesas Diversas
  - Cartório
  - Correio
  - *Motoboy*/Motorista/Táxi/Transporte
  - Decoração
  - Impressões / Cópias
- **Obrigações Fiscais**
  - IRPJ
  - CSLL
  - PIS
  - Cofins
  - ISS
- **Investimentos**
  - *Hardware*
  - *Software*
  - Móveis e Utensílios
  - Equipamentos e Máquinas
  - Telefonia
  - Reformas
- **Contas de Banco**
  - Banco X
  - Banco Y
  - Banco Z
  - Caixinha Fixo
  - Fundo de Reserva
- **Lucros e Resultados**
  - Distribuição de Lucros
  - Bonificação

70 | GESTÃO FINANCEIRA E ESTRATÉGICA PARA ESCRITÓRIOS DE ADVOCACIA

O plano de contas, quando bem estruturado e entendido pela equipe financeira que utiliza suas informações e alimenta o sistema com seus lançamentos, gera segurança com relação à qualidade dos dados que serão analisados pela gestão financeira, uma vez que a correta alocação das informações nos dá subsídios para observarmos todos os números independentemente do que será analisado, visto que os números extraídos pelo BI do sistema jurídico integrado serão fidedignos.

Além do plano de contas gerenciais, existe o plano de contas contábil que obedece a regras de classificação e controle, conforme as Normas Brasileiras de Contabilidade e os Princípios Fundamentais da Contabilidade e legislação vigente. Lembre-se de que o plano de contas contábil é de responsabilidade do escritório de contabilidade em sua montagem e suas contas obrigatórias na estrutura.

Cabe ressaltar que são controles distintos e importantes em sua análise: gerencial, que é interno, e contábil, que obedece a parâmetros definidos na Lei, conforme anteriormente informado.

2.3. ORÇAMENTO DE DESPESAS

Com a área de contas a pagar organizada e ciente de todos os gastos mensais – fixos ou eventuais –, o próximo passo é a montagem do seu orçamento de despesas, conforme estruturado no plano de contas.

Os sócios precisam saber exatamente onde e com o que estão gastando os recursos financeiros. Sem esse controle não é possível fazer as estatísticas de receita x despesas e, pior, não tem ideia para onde vai o dinheiro do escritório.

> Uma dica superimportante: a primeira atitude, desde o início do escritório, é separar as contas pessoais dos sócios das contas do escritório. Misturar esse circuito não é profissional e pode trazer muitos problemas para a banca. É sério: separe a pessoa física da pessoa jurídica ou nunca conseguirá saber se seu negócio é de fato lucrativo.

Por essa razão, uma das primeiras atitudes será montar o orçamento de despesas, começando pelos grandes grupos – primeiro nível de detalhamento –, organizado pelo grande conjunto de contas, conforme falei em contas a pagar, separando por tipo de pagamento:

- Pessoal: Custo (área jurídica) e Despesa (área administrativa/financeira)
- Tecnologia da Informação
- Ocupação
- Impostos e Contribuições
- Benefícios – custos (para jurídico) e despesas (áreas do administrativo)
- Marketing
- Investimento
- Despesas Diversas
- Despesas Financeiras
- Manutenção Geral
- Consultoria Estratégica

Após definição dos grandes grupos, você precisa destrinchar as grandes contas, separando-as no segundo nível de detalhamento:

- Pessoal – jurídico: retiradas fixas, pró-labore;
- Pessoal: no administrativo: salários, férias, encargos sociais, outros;
- Tecnologia da Informação: *hardware*, *software*, *link* dedicado, telefonia, outros;
- Ocupação: aluguel, condomínio, IPTU, seguro predial, outros;
- Impostos e Contribuições: Impostos sobre faturamento (mensal ou trimestral), ISS, outros;

GESTÃO FINANCEIRA E ESTRATÉGICA PARA ESCRITÓRIOS DE ADVOCACIA

- Benefícios: assistência médica, odontológica, vale-refeição, vale-transporte, cursos, outros. Se do jurídico, lançar em custos com pessoal, e, se do administrativo, lançar em despesas com pessoal;
- *Marketing*: assessoria de imprensa, participações em associações de classe, *site*, outros;
- Investimento: nova sede, reformas, troca de equipamentos de TI, outros;
- Despesas diversas: materiais de escritório, materiais de copa e limpeza, cartório, correio, *motoboy*, outros;
- Despesas financeiras: tarifas bancárias, juros de empréstimos, outros;
- Seguros: predial, responsabilidade civil, outros;
- Manutenção geral: ar-condicionado, manutenção elétrica, outros.

Assim que separar os grupos de despesas – primeiro e segundo níveis de detalhamento –, detalhar colocando efetivamente os gastos por tipo, por fornecedor, outros, como no exemplo apresentado que deve ser seguido para todo plano de contas do escritório:

Ocupação:

- Aluguel;
- Condomínio;
- IPTU;
- Estacionamento;
- Água;
- Energia Elétrica;
- Outros.

Veja a seguir modelos de orçamento de despesas anuais:

			ORÇAMENTO DE DESPESAS E CUSTOS														
Conta Plano Contas	Título	Responsável	Janeiro	Fevereiro	Março	Abril	Maio	Junho	1º Semestre	Julho	Agosto	Setembro	Outubro	Novembro	Dezembro	2º Semestre	Total Geral
	PESSOAL JURÍDICO		-	-	-	-	-	-	-	-	-	-	-	-	-	-	-
	Sócios		-	-	-	-	-	-	-	-	-	-	-	-	-	-	-
	Retirada								-							-	-
	Assistência Médica								-							-	-
	Seguro de Vida								-							-	-
	Estacionamento								-							-	-
	Advogados		-	-	-	-	-	-	-	-	-	-	-	-	-	-	-
	Retirada								-							-	-
	Assistência Médica								-							-	-
	Seguro de Vida								-							-	-
	Estacionamento								-							-	-
	Estagiários		-	-	-	-	-	-	-	-	-	-	-	-	-	-	-
	bolsa-auxílio								-							-	-
	Vale-Transporte								-							-	-
	Vale-Refeição								-							-	-
	Seguro de Vida								-							-	-
	Estacionamento								-							-	-

GESTÃO FINANCEIRA E ESTRATÉGICA PARA ESCRITÓRIOS DE ADVOCACIA

ORÇAMENTO DE DESPESAS E CUSTOS

Conta Plano / Contas – Título	Responsável	Janeiro	Fevereiro	Março	Abril	Maio	Junho	1º Semestre	Julho	Agosto	Setembro	Outubro	Novembro	Dezembro	2º Semestre	Total Geral
PESSOAL ADMINISTRATIVO		-	-	-	-	-	-	-	-	-	-	-	-	-	-	-
Salários		-	-	-	-	-	-	-	-	-	-	-	-	-	-	-
Salários								-							-	-
Adiantamento de Salários								-							-	-
Participação nos Resultados		-	-	-	-	-	-	-	-	-	-	-	-	-	-	-
Participação nos Resultados								-							-	-
Benefícios		-	-	-	-	-	-	-	-	-	-	-	-	-	-	-
Assistência Médica								-							-	-
Cursos e Treinamento								-							-	-
Vale-refeição								-							-	-
Vale-transporte								-							-	-
Uniformes								-							-	-
Seguro de Vida								-							-	-
Esporte e Saúde								-							-	-

Cap. 2 • DESPESAS

Conta Plano Contas	Título	Responsável	Janeiro	Fevereiro	Março	Abril	Maio	Junho	1º Semestre	Julho	Agosto	Setembro	Outubro	Novembro	Dezembro	2º Semestre	Total Geral
	Custo de Rescisões		-	-	-	-	-	-	-	-	-	-	-	-	-	-	-
	Custo de Rescisões		-	-	-	-	-	-	-	-	-	-	-	-	-	-	-
	Férias / 13º Salário								-							-	-
	Férias								-							-	-
	13º salário								-							-	-
	Encargos Sociais		-	-	-	-	-	-	-	-	-	-	-	-	-	-	-
	INSS								-							-	-
	FGTS																
	Outras Depesas com Pessoal		-	-	-	-	-	-	-	-	-	-	-	-	-	-	-
	Medicina do Trabalho								-							-	
	Serviços Terceirizados		-	-	-	-	-	-	-	-	-	-	-	-	-	-	-
	Serviços Terceirizados								-							-	
	SEGUROS																
	Seguro Responsabilidade Civil		-	-	-	-	-	-	-	-	-	-	-	-	-	-	-
	Seguro Responsabilidade Civil								-							-	

ORÇAMENTO DE DESPESAS E CUSTOS

76 | GESTÃO FINANCEIRA E ESTRATÉGICA PARA ESCRITÓRIOS DE ADVOCACIA

ORÇAMENTO DE DESPESAS E CUSTOS

Conta Plano / Contas	Título	Responsável	Janeiro	Fevereiro	Março	Abril	Maio	Junho	1º Semestre	Julho	Agosto	Setembro	Outubro	Novembro	Dezembro	2º Semestre	Total Geral
	Seguro Empresarial		-	-	-	-	-	-	-	-	-	-	-	-	-	-	-
	Outros Seguros								-							-	-
	DESPESAS OCUPACIONAIS		-	-	-	-	-	-	-	-	-	-	-	-	-	-	-
	Aluguel		-	-	-	-	-	-	-	-	-	-	-	-	-	-	-
	Aluguel																
	Condomínio		-	-	-	-	-	-	-	-	-	-	-	-	-	-	-
	Condomínio																
	Energia Elétrica		-	-	-	-	-	-	-	-	-	-	-	-	-	-	-
	Energia Elétrica																
	Estacionamento		-	-	-	-	-	-	-	-	-	-	-	-	-	-	-
	Estacionamento																
	IPTU		-	-	-	-	-	-	-	-	-	-	-	-	-	-	-
	IPTU																
	Água		-	-	-	-	-	-	-	-	-	-	-	-	-	-	-
	Água								-							-	-

ORÇAMENTO DE DESPESAS E CUSTOS

Conta Plano / Contas	Título	Responsável	Janeiro	Fevereiro	Março	Abril	Maio	Junho	1º Semestre	Julho	Agosto	Setembro	Outubro	Novembro	Dezembro	2º Semestre	Total Geral
	CRÉDITO EDUCATIVO		-	-	-	-	-	-	-	-	-	-	-	-	-	-	-
	Pós-Graduação / Crédito Educativo		-	-	-	-	-	-	-	-	-	-	-	-	-	-	-
	Pós-Graduação / Crédito Educativo								-							-	-
	Cursos específicos								-							-	-
	Inglês		-	-	-	-	-	-	-	-	-	-	-	-	-	-	-
	Inglês - Cursos								-							-	-
	Seminários / Cursos / Eventos		-	-	-	-	-	-	-	-	-	-	-	-	-	-	-
	Feiras de Recrutamento								-	-	-	-	-	-	-	-	-
	ASSOCIAÇÕES / PUBLICIDADE		-	-	-	-	-	-	-	-	-	-	-	-	-	-	-
	Associações		-	-	-	-	-	-	-	-	-	-	-	-	-	-	-
	Associações								-							-	-
	IOF								-							-	-
	IR								-							-	-

ORÇAMENTO DE DESPESAS E CUSTOS

Conta Plano Contas	Título	Responsável	Janeiro	Fevereiro	Março	Abril	Maio	Junho	1º Semestre	Julho	Agosto	Setembro	Outubro	Novembro	Dezembro	2º Semestre	Total Geral
	Publicações		–	–	–	–	–	–	–	–	–	–	–	–	–	–	–
	Publicações								–							–	–
	IOF								–							–	–
	IR								–							–	–
	ASSINATURAS		–	–	–	–	–	–	–	–	–	–	–	–	–	–	–
	Assinaturas		–	–	–	–	–	–	–	–	–	–	–	–	–	–	–
	Assinaturas Internacionais								–							–	–
	IOF								–							–	–
	IR								–							–	–
	Assinaturas Nacionais								–							–	–
	Aquisição de Livros		–	–	–	–	–	–	–	–	–	–	–	–	–	–	–
	Aquisição de Livros								–							–	–
	INFORMÁTICA		–	–	–	–	–	–	–	–	–	–	–	–	–	–	–
	Contrato de Manutenção de Hardware		–	–	–	–	–	–	–	–	–	–	–	–	–	–	–
	Contrato de Manutenção de Hardware								–							–	–

Cap. 2 · DESPESAS | 79

ORÇAMENTO DE DESPESAS E CUSTOS

Conta Plano Contas	Título	Responsável	Janeiro	Fevereiro	Março	Abril	Maio	Junho	1º Semestre	Julho	Agosto	Setembro	Outubro	Novembro	Dezembro	2º Semestre	Total Geral
	Contrato de Manutenção de Software		-	-	-	-	-	-	-	-	-	-	-	-	-	-	-
	Contrato de Manutenção de Software/Licenças								-							-	-
	Serviços de Suporte		-	-	-	-	-	-	-	-	-	-	-	-	-	-	-
	Serviços de Suporte								-							-	-
	Armazenamento de Fita		-	-	-	-	-	-	-	-	-	-	-	-	-	-	-
	Armazenamento de Fita / Arquivo externo								-							-	-
	Acessórios / Suprimentos		-	-	-	-	-	-	-	-	-	-	-	-	-	-	-
	Acessórios / Suprimentos								-							-	-
	Telefonia		-	-	-	-	-	-	-	-	-	-	-	-	-	-	-
	Telefonia								-							-	-

80 | GESTÃO FINANCEIRA E ESTRATÉGICA PARA ESCRITÓRIOS DE ADVOCACIA

ORÇAMENTO DE DESPESAS E CUSTOS

Conta Plano Contas / Título	Responsável	Janeiro	Fevereiro	Março	Abril	Maio	Junho	1º Semestre	Julho	Agosto	Setembro	Outubro	Novembro	Dezembro	2º Semestre	Total Geral
Equipamento de Telefonia		–	–	–	–	–	–	–	–	–	–	–	–	–	–	–
Equipamento de Telefonia								–							–	–
Aluguel de Impressoras e Copiadoras		–	–	–	–	–	–	–	–	–	–	–	–	–	–	–
Aluguel de Impressoras / Outsourcing								–							–	–
Internet		–	–	–	–	–	–	–	–	–	–	–	–	–	–	–
Internet / Link Dedicado								–							–	–
MATERIAL DE CONSUMO		–	–	–	–	–	–	–	–	–	–	–	–	–	–	–
Material de Escritório		–	–	–	–	–	–	–	–	–	–	–	–	–	–	–
Material de Escritório								–							–	–
Material de Copa e Cozinha		–	–	–	–	–	–	–	–	–	–	–	–	–	–	–
Material de Copa e Cozinha								–							–	–

ORÇAMENTO DE DESPESAS E CUSTOS

Conta Plano Contas	Título	Responsável	Janeiro	Fevereiro	Março	Abril	Maio	Junho	1º Semestre	Julho	Agosto	Setembro	Outubro	Novembro	Dezembro	2º Semestre	Total Geral
	Material de Limpeza/Higiene		-	-	-	-	-	-	-	-	-	-	-	-	-	-	-
	Material de Limpeza/Higiene								-							-	-
	Material Gráfico/Institucional		-	-	-	-	-	-	-	-	-	-	-	-	-	-	-
	Material Gráfico/Material Institucional								-							-	-
	MANUTENÇÃO		-	-	-	-	-	-	-	-	-	-	-	-	-	-	-
	Ar-Condicionado		-	-	-	-	-	-	-	-	-	-	-	-	-	-	-
	Ar-Condicionado								-							-	-
	Contrato Softwares RH		-	-	-	-	-	-	-	-	-	-	-	-	-	-	-
	Contrato Softwares RH								-							-	-
	Manutenções		-	-	-	-	-	-	-	-	-	-	-	-	-	-	-
	Manutenção Predial								-							-	-
	Arquivo Morto		-	-	-	-	-	-	-	-	-	-	-	-	-	-	-
	Arquivo Morto								-							-	-

ORÇAMENTO DE DESPESAS E CUSTOS

Conta Plano Contas / Título	Responsável	Janeiro	Fevereiro	Março	Abril	Maio	Junho	1º Semestre	Julho	Agosto	Setembro	Outubro	Novembro	Dezembro	2º Semestre	Total Geral
SERVIÇOS DE TERCEIROS		-	-	-	-	-	-	-	-	-	-	-	-	-	-	-
Marketing		-	-	-	-	-	-	-	-	-	-	-	-	-	-	-
Contratos - MKT								-							-	-
Contabilidade		-	-	-	-	-	-	-	-	-	-	-	-	-	-	-
Contabilidade								-							-	-
Assessoria de Imprensa		-	-	-	-	-	-	-	-	-	-	-	-	-	-	-
Assessoria de Imprensa								-							-	-
Consultoria em RH		-	-	-	-	-	-	-	-	-	-	-	-	-	-	-
Consultoria em RH								-							-	-
Consultoria Financeira		-	-	-	-	-	-	-	-	-	-	-	-	-	-	-
Consultoria Financeira								-							-	-
Tradução		-	-	-	-	-	-	-	-	-	-	-	-	-	-	-
Serviço de Tradução								-							-	-

ORÇAMENTO DE DESPESAS E CUSTOS

Conta Plano Contas	Título	Responsável	Janeiro	Fevereiro	Março	Abril	Maio	Junho	1º Semestre	Julho	Agosto	Setembro	Outubro	Novembro	Dezembro	2º Semestre	Total Geral
	REPRESENTAÇÕES		-	-	-	-	-	-	-	-	-	-	-	-	-	-	-
	Representações		-	-	-	-	-	-	-	-	-	-	-	-	-	-	-
	Representações								-							-	-
	Brindes								-							-	-
	Patrocínios de Faculdades								-							-	-
	DESPESAS GERAIS		-	-	-	-	-	-	-	-	-	-	-	-	-	-	-
	Eventos Internos		-	-	-	-	-	-	-	-	-	-	-	-	-	-	-
	Eventos Internos (HH)								-							-	-
	Festa Anual								-							-	-
	Comitês Diversos / Grupos de Trabalho		-	-	-	-	-	-	-	-	-	-	-	-	-	-	-
	Testes de Inglês								-							-	-
	Testes de Inglês		-	-	-	-	-	-	-	-	-	-	-	-	-	-	-
	Despesas Bancárias								-							-	-
	Juros								-							-	-
	Multa								-							-	-
	Taxas Bancárias								-							-	-

Conta Plano Contas	Título	Responsável	Janeiro	Fevereiro	Março	Abril	Maio	Junho	1º Semestre	Julho	Agosto	Setembro	Outubro	Novembro	Dezembro	2º Semestre	Total Geral
									ORÇAMENTO DE DESPESAS E CUSTOS								
	Variação Cambial								–							–	–
	IOF								–							–	–
	Outras Despesas		–	–	–	–	–	–	–	–	–	–	–	–	–	–	–
	Cartório								–							–	–
	Condução/ Táxi								–							–	–
	Motoboy								–							–	–
	Correio / Courier								–							–	–
	Malote								–							–	–
	Diversos - Outras Despesas								–							–	–
	Cópias/Impressões/ Encadernações								–							–	–
	Despesas de Viagem		–	–	–	–	–	–	–	–	–	–	–	–	–	–	–
	Passagens Aéreas								–							–	–
	Hospedagens								–							–	–
	Transporte								–							–	–
	Alimentação								–							–	–
	OUTROS IMPOSTOS		–	–	–	–	–	–	–	–	–	–	–	–	–	–	–
	Impostos								–							–	–
			–	–	–	–	–	–	–	–	–	–	–	–	–	–	–

ORÇAMENTO DE DESPESAS/CUSTOS

Título	Janeiro	Fevereiro	Março	Abril	Maio	Junho	1º Semestre	Julho	Agosto	Setembro	Outubro	Novembro	Dezembro	2º Semestre	Total Geral 2022	Realizado Geral 2021	Crescimento 2022 x 2021
PESSOAL JURÍDICO	-	-	-	-	-	-	-	-	-	-	-	-	-	-	-	-	0
PESSOAL ADMINISTRATIVO	-	-	-	-	-	-	-	-	-	-	-	-	-	-	-	-	0
SEGUROS	-	-	-	-	-	-	-	-	-	-	-	-	-	-	-	-	0
DESPESAS OCUPACIONAIS	-	-	-	-	-	-	-	-	-	-	-	-	-	-	-	-	0
CRÉDITO EDUCATIVO	-	-	-	-	-	-	-	-	-	-	-	-	-	-	-	-	0
ASSOCIAÇÕES / PUBLICIDADE	-	-	-	-	-	-	-	-	-	-	-	-	-	-	-	-	0
ASSINATURAS	-	-	-	-	-	-	-	-	-	-	-	-	-	-	-	-	0
INFORMÁTICA	-	-	-	-	-	-	-	-	-	-	-	-	-	-	-	-	0
MATERIAL DE CONSUMO	-	-	-	-	-	-	-	-	-	-	-	-	-	-	-	-	0
MANUTENÇÃO	-	-	-	-	-	-	-	-	-	-	-	-	-	-	-	-	0
SERVIÇOS DE TERCEIROS	-	-	-	-	-	-	-	-	-	-	-	-	-	-	-	-	0
REPRESENTAÇÕES	-	-	-	-	-	-	-	-	-	-	-	-	-	-	-	-	0
DESPESAS GERAIS	-	-	-	-	-	-	-	-	-	-	-	-	-	-	-	-	0
OUTROS IMPOSTOS	-	-	-	-	-	-	-	-	-	-	-	-	-	-	-	-	0
TOTAL GERAL	-	-	-	-	-	-	-	-	-	-	-	-	-	-	-	-	0

Lembre-se de incluir o valor mensal, colocando no respectivo mês de reajuste contratual com o prestador de serviços (locador, manutenção, acordo coletivo de funcionários, outros) o percentual de atualização do valor. Você deve projetar um número percentual que será sua base de métrica de inflação do período.

O orçamento de despesas precisa ser projetado para o ano fiscal inteiro (12 meses), respeitando a sazonalidade dos desembolsos (saída de 13º em dezembro, por exemplo) e acompanhado mensalmente, com fechamento semestral, fazendo um encontro de contas entre o orçado x realizado, identificando os principais desvios e procedendo às correções necessárias, se for o caso, conforme modelo que será apresentado a seguir. A importância do acompanhamento mensal se dá para entendimento dos gastos e possíveis correções de curso, por exemplo, um gasto excessivo com papelaria, em que se entenderá o porquê e qual medida será tomada. No caso do fechamento semestral, ele é relevante para ajustes do orçamento de despesas e o que está previsto para ser executado no semestre seguinte. Por exemplo: pagamento mensal pela aquisição de um *software* de leitura de andamentos e recortes de publicações que não fora orçado na previsão orçamentária ou ingresso de dois novos integrantes, cujas remunerações e benefícios não foram previstos no orçamento original. Essa correção é essencial para o ajuste da previsão do orçamento do ano. Assinala-se que não há necessidade de ajuste, se houve um gasto pontual, mas sim se houver algum gasto ou mesmo redução de algum custo, por exemplo, uma saída de um colaborador cuja vaga não será reposta, que será contínua no impacto do orçamento e do realizado de despesas.

O acompanhamento do orçamento de despesas, com análise mensal, é muito importante para que os sócios saibam quanto sai de recursos e, ainda mais, com o que se está gastando. Cabe também a análise vertical (quanto essa linha de gasto representa nos 100%) para acompanhamento da representatividade de cada conta no valor total de saídas do escritório.

Seguem modelos de Orçado e Realizado, com acompanhamento mensal e no acumulado do período, inclusive com análise vertical da representatividade da conta no total de gastos e, também, Modelo do Realizado de Despesas pontuando os principais desvios:

ORÇAMENTO X REALIZADO - DESPESAS 2022

Título	Janeiro		Fevereiro		Total Orçado	Total Realizado	Real x Orçado	Análise Vertical Representação do Total
	Orçado	Realizado	Orçado	Realizado				
PESSOAL JURÍDICO	20.000,00	38.000,00	20.000,00	38.000,00	40.000,00	76.000,00	190,0%	57,1%
PESSOAL ADMINISTRATIVO	8.000,00	7.600,00	8.000,00	7.800,00	16.000,00	15.400,00	96,3%	11,6%
SEGUROS	1.000,00	1.000,00	1.000,00	1.000,00	2.000,00	2.000,00	100,0%	1,5%
DESPESAS OCUPACIONAIS	10.000,00	10.000,00	10.000,00	10.000,00	20.000,00	20.000,00	100,0%	15,0%
CRÉDITO EDUCATIVO	1.128,58	790,01	1.128,58	1.267,18	2.257,16	2.057,19	91,1%	1,5%
ASSOCIAÇÕES / PUBLICIDADE	1.000,00	1.000,00	1.000,00	800,00	2.000,00	1.800,00	90,0%	1,4%
ASSINATURAS	100,00	100,00	100,00	100,00	200,00	200,00	100,0%	0,2%
INFORMÁTICA	2.000,00	2.000,00	2.000,00	2.000,00	4.000,00	4.000,00	100,0%	3,0%
MATERIAL DE CONSUMO	1.300,00	1.170,00	1.300,00	1.492,67	2.600,00	2.662,67	102,4%	2,0%
MANUTENÇÃO	200,00	-	200,00	100,00	400,00	100,00	25,0%	0,1%
SERVIÇOS DE TERCEIROS	1.500,00	1.500,00	1.500,00	1.500,00	3.000,00	3.000,00	100,0%	2,3%
REPRESENTAÇÕES	200,00	200,00	200,00	-	400,00	200,00	50,0%	0,2%
DESPESAS GERAIS	2.000,00	1.800,00	2.000,00	1.800,00	4.000,00	3.600,00	90,0%	2,7%
IMPOSTOS	1.000,00	1.000,00	1.000,00	1.000,00	2.000,00	2.000,00	100,0%	1,5%
TOTAL GERAL COM IMPOSTOS	**49.428,58**	**66.160,01**	**49.428,58**	**66.859,85**	**98.857,16**	**133.019,86**	**134,6%**	**100,0%**

Modelo de Realizado
de Despesas – Elencando os principais desvios:

Despesas - Orçado x Realizado				
Itens - Planos de Contas	Orçado	Real	% Real x Orçado	Justificativa - Desvios
Cartório	1.000,00	800,00	● 80%	
Correios	1.500,00	1.750,00	● 117%	Remessa de Brindes
Aluguel	10.000,00	10.000,00	◐ 100%	
Condomínio	2.000,00	2.000,00	◐ 100%	
Retirada Sócios	10.000,00	20.000,00	● 200%	Entrada novo sócio
Bolsa-Auxílio	5.000,00	3.000,00	● 60%	desligamento estagiário
Vale-Transporte	2.000,00	2.020,00	◐ 101%	
Material de Escritório	1.000,00	800,00	● 80%	menor gasto com papel
Material de Limpeza e Copa	1.000,00	970,00	● 97%	
Uniformes	500,00	-	● 0%	compra não efetuada
Total Geral	**34.000,00**	**41.340,00**	● **122%**	

> Muita atenção em relação aos reajustes dos contratos fixos: aluguéis, gastos com pessoal (convenção coletiva dos CLTs e reajuste da equipe jurídica), manutenção geral, contratos de *software*, entre outros. Considerar um índice de reajuste projetado para o mês de aniversário do contrato, conforme definido no contrato de prestação de serviços, que precisa ser refletido no orçamento de despesas.

Importante salientar que cabe, mesmo com o acompanhamento mensal do orçado *x* realizado de despesas, com destaque para os principais desvios, revisitar o orçamento após fechamento do 1º semestre, caso tenha que naturalmente fazer algum ajuste, por exemplo, custo com profissionais, se houve crescimento do *headcount* (número de pessoas) na equipe ou mesmo algum investimento urgente, conforme pontuado anteriormente.

Capítulo 3
CAIXA

3.1. FLUXO DE CAIXA

O fluxo de caixa – também conhecido como *Cash Flow* – nada mais é do que ter, de forma simples e resumida, a previsibilidade do período analisado. Nele há a junção das entradas dos valores, como visto no contas a receber, ou seja, o que está faturado para o cliente e com vencimento no período e as saídas de recursos, como abordado no contas a pagar, com os gastos também no período analisado, começando pelo saldo inicial do banco.

Você pode acompanhar seu fluxo de caixa via sistema integrado, para os escritórios que o possuam, ou por planilhas de *Excel*, que o responsável pelo financeiro pode elaborar, como no modelo que será apresentado a seguir.

Esse acompanhamento é fundamental para que o escritório se prepare para algum descasamento entre saída de recursos e saldo em caixa. Você pode fazer uma projeção mensal com as previsões de saídas e de entradas e acompanhar semanalmente. Importante salientar que deve ser considerado um percentual de quebra por inadimplência, se for o seu caso. Como fazer essa métrica? Veja o total previsto de recebimento no mês e o valor efetivamente recebido, por exemplo, previstos R$ 50 mil e recebidos R$ 45 mil, uma quebra de 10%. Essa diferença, monitorada por um período anterior de seis meses para checagem de percentual médio pode ser o percentual que utilizará como quebra de inadimplência no período que será analisado, para que o escritório tenha uma margem de segurança com base na análise de seus números de meses anteriores.

90 | GESTÃO FINANCEIRA E ESTRATÉGICA PARA ESCRITÓRIOS DE ADVOCACIA

O fluxo de caixa deve acompanhar as datas de pagamentos de contas, principalmente os maiores desembolsos, por exemplo, folha de pagamento do dia 5/mês. O ideal é que no caixa tenha saldo suficiente na data para fazer frente aos pagamentos das despesas. Sempre importante considerar a sazonalidade das contas, tais como pagamento de 13.º salário de funcionários em novembro e dezembro de cada ano, pagamento de bonificações, entre outros, ou seja, programar-se antecipadamente para esses desembolsos, por exemplo, guardando recursos mensalmente por meio de aplicações financeiras, cujos montantes serão utilizados para esse fim no final do ano.

Lembre-se de que há vários fatores que devem ser observados pela equipe financeira e serão elencados alguns deles em que o impacto é direto no fluxo de caixa do escritório e, por essa razão, tais políticas e procedimentos precisam ser conhecidos:

– Prazo médio de vencimento (PMV) e o prazo médio de recebimento (PMR). É preciso analisar com cuidado o faturamento de clientes e os prazos concedidos para pagamento. Se o seu cliente, por força de contrato, tem um prazo de 30, 60 ou até mesmo 90 dias de pagamento após o envio da cobrança, você deve respeitar. Caso contrário, você pode trabalhar com vencimentos entre 10 e 15 dias para clientes nacionais e um prazo maior para internacionais – entre 20 e 30 dias de vencimento após a emissão da NF, *invoice* ou fatura de reembolso de despesas. Para saber se essa métrica está adequada, você deve avaliar levando em conta o prazo de vencimento concedido *x* a data efetiva do pagamento, ajustando os parâmetros se os prazos não estiverem apropriados, conforme modelos a seguir, cujo prazo médio, no caso de vencimento, obtém-se subtraindo a data de vencimento pela data de emissão em número de dias, e, no caso de prazo médio de recebimento, utiliza-se a data de recebimento subtraindo a data de emissão em número de dias. Posteriormente, faz-se a média geral para saber o prazo médio em ambos os casos. Observe que no modelo seguinte o prazo médio de vencimento é de 35 dias e o prazo médio de recebimento, de 29 dias:

MODELO – PRAZO MÉDIO DE VENCIMENTO

Nº NF	DATA EMISSÃO	CLIENTE	VALOR BRUTO NF	DATA VENCIMENTO	DATA RECEBIMENTO	PRAZO MÉDIO VENCIMENTO (DIAS) VENCIMENTO X EMISSÃO
870	06/08/21	CLIENTE A	R$ 14.250,00	9/8/2021	9/8/2021	2
871	06/08/21	CLIENTE L	R$ 14.250,00	9/8/2021	9/8/2021	2
872	26/08/21	CLIENTE L	R$ 2.000,00	4/10/2021	4/10/2021	38
873	01/09/21	CLIENTE A	R$ 7.600,00	16/9/2021	16/9/2021	15
874	01/09/21	CLIENTE L	R$ 7.600,00	16/9/2021	16/9/2021	15
875	02/09/21	CLIENTE L	R$ 3.000,00	6/10/2021	6/10/2021	33
876	09/09/21	CLIENTE L	R$ 67.730,00	5/11/2021	5/11/2021	56
877	09/09/21	CLIENTE M	R$ 450,00	5/11/2021	5/11/2021	56
878	10/09/21	CLIENTE C	R$ 650,00	1/10/2021	1/10/2021	20
879	10/09/21	CLIENTE K	R$ 650,00	1/10/2021	1/10/2021	20
880	10/09/21	CLIENTE C	R$ 700,00	1/10/2021	1/10/2021	20
881	10/09/21	CLIENTE C	R$ 4.000,00	1/10/2021	1/10/2021	20
882	10/09/21	CLIENTE C	R$ 1.850,00	1/10/2021	1/10/2021	20
883	10/09/21	CLIENTE C	R$ 1.700,00	1/10/2021	1/10/2021	20
884	10/09/21	CLIENTE C	R$ 650,00	1/10/2021	1/10/2021	20
885	10/09/21	CLIENTE C	R$ 1.850,00	1/10/2021	1/10/2021	20
886	10/09/21	CLIENTE C	R$ 650,00	1/10/2021	1/10/2021	20
887	10/09/21	CLIENTE C	R$ 5.000,00	1/10/2021	1/10/2021	20
888	10/09/21	CLIENTE C	R$ 650,00	1/10/2021	1/10/2021	20

GESTÃO FINANCEIRA E ESTRATÉGICA PARA ESCRITÓRIOS DE ADVOCACIA

Nº NF	DATA EMISSÃO	CLIENTE	VALOR BRUTO NF	DATA VENCIMENTO	DATA RECEBIMENTO	PRAZO MÉDIO VENCIMENTO (DIAS) VENCIMENTO X EMISSÃO
889	16/09/21	CLIENTE M	R$ 10.000,00	15/10/2021	15/10/2021	29
890	16/09/21	CLIENTE M	R$ 2.250,00	6/10/2021	6/10/2021	20
891	16/09/21	CLIENTE H	R$ 8.230,00	30/9/2021	30/9/2021	14
892	27/09/21	CLIENTE M	R$ 1.400,00	6/10/2021	6/10/2021	8
893	01/10/21	CLIENTE M	R$ 3.000,00	8/11/2021	25/10/2021	38
894	01/10/21	CLIENTE M	R$ 7.600,00	18/10/2021	18/10/2021	17
895	01/10/21	CLIENTE A	R$ 7.600,00	18/10/2021	18/10/2021	17
896	01/10/21	CLIENTE B	R$ 50.000,00	30/12/2021	23/12/2021	90
897	05/10/21	CLIENTE M	R$ 1.000,00	4/11/2021	4/11/2021	29
898	06/10/21	CLIENTE H	R$ 8.230,00	29/10/2021	29/10/2021	22
899	06/10/21	CLIENTE M	R$ 2.250,00	29/10/2021	25/10/2021	22
900	07/10/21	CLIENTE M	R$ 450,00	5/12/2021	27/10/2021	59
901	08/10/21	CLIENTE M	R$ 75.000,00	6/12/2021	27/10/2021	59
902	08/10/21	CLIENTE M	R$ 50.000,00	6/12/2021	27/10/2021	59
903	08/10/21	CLIENTE M	R$ 34.000,00	31/10/2021	3/11/2021	22
904	08/10/21	CLIENTE K	R$ 20.000,00	5/11/2021	29/10/2021	27
905	20/10/21	CLIENTE E	R$ 3.033,33	17/1/2022	17/1/2022	89
906	20/10/21	CLIENTE E	R$ 27.000,00	17/1/2022	17/1/2022	89
907	20/10/21	CLIENTE E	R$ 1.640,00	17/1/2022	17/1/2022	89
908	21/10/21	CLIENTE M	R$ 15.658,67	15/12/2021	26/11/2021	55
909	21/10/21	CLIENTE N	R$ 6.300,00	15/12/2021	26/11/2021	55
910	21/10/21	CLIENTE N	R$ 9.300,00	15/12/2021	26/11/2021	55
911	21/10/21	CLIENTE N	R$ 37.900,00	18/2/2022	26/11/2021	120

Nº NF	DATA EMISSÃO	CLIENTE	VALOR BRUTO NF	DATA VENCIMENTO	DATA RECEBIMENTO	PRAZO MÉDIO VENCIMENTO (DIAS) VENCIMENTO X EMISSÃO
912	27/10/21	CLIENTE F	R$ 18.000,00	5/12/2021	6/12/2021	39
913	27/10/21	CLIENTE F	R$ 10.000,00	5/12/2021	6/12/2021	39
914	27/10/21	CLIENTE N	R$ 6.625,00	15/11/2021	16/11/2021	19
915	27/10/21	CLIENTE N	R$ 1.530,00	26/11/2021	26/11/2021	30
916	01/11/21	CLIENTE N	R$ 3.000,00	25/11/2021	25/11/2021	24
917	01/11/21	CLIENTE N	R$ 7.600,00	15/11/2021	16/11/2021	14
918	01/11/21	CLIENTE A	R$ 7.600,00	15/11/2021	16/11/2021	14
TOTAL GERAL			R$ 571.427,00			MÉDIA GERAL - 35 DIAS

MODELO – PRAZO MÉDIO DE RECEBIMENTO

Nº NF	DATA EMISSÃO	CLIENTE	VALOR BRUTO NF	DATA VENCIMENTO	DATA RECEBIMENTO	PRAZO MÉDIO RECEBIMENTO (DIAS) RECEBIMENTO X EMISSÃO
870	06/08/21	CLIENTE A	R$ 14.250,00	9/8/2021	9/8/2021	2
871	06/08/21	CLIENTE L	R$ 14.250,00	9/8/2021	9/8/2021	2
872	26/08/21	CLIENTE L	R$ 2.000,00	4/10/2021	4/10/2021	38
873	01/09/21	CLIENTE A	R$ 7.600,00	16/9/2021	16/9/2021	15
874	01/09/21	CLIENTE L	R$ 7.600,00	16/9/2021	16/9/2021	15
875	02/09/21	CLIENTE L	R$ 3.000,00	6/10/2021	6/10/2021	33
876	09/09/21	CLIENTE L	R$ 67.730,00	5/11/2021	5/11/2021	56
877	09/09/21	CLIENTE M	R$ 450,00	5/11/2021	5/11/2021	56
878	10/09/21	CLIENTE C	R$ 650,00	1/10/2021	1/10/2021	20
879	10/09/21	CLIENTE K	R$ 650,00	1/10/2021	1/10/2021	20

GESTÃO FINANCEIRA E ESTRATÉGICA PARA ESCRITÓRIOS DE ADVOCACIA

Nº NF	DATA EMISSÃO	CLIENTE	VALOR BRUTO NF	DATA VENCIMENTO	DATA RECEBIMENTO	PRAZO MÉDIO RECEBIMENTO (DIAS) RECEBIMENTO X EMISSÃO
880	10/09/21	CLIENTE C	R$ 700,00	1/10/2021	1/10/2021	20
881	10/09/21	CLIENTE C	R$ 4.000,00	1/10/2021	1/10/2021	20
882	10/09/21	CLIENTE C	R$ 1.850,00	1/10/2021	1/10/2021	20
883	10/09/21	CLIENTE C	R$ 1.700,00	1/10/2021	1/10/2021	20
884	10/09/21	CLIENTE C	R$ 650,00	1/10/2021	1/10/2021	20
885	10/09/21	CLIENTE C	R$ 1.850,00	1/10/2021	1/10/2021	20
886	10/09/21	CLIENTE C	R$ 650,00	1/10/2021	1/10/2021	20
887	10/09/21	CLIENTE C	R$ 5.000,00	1/10/2021	1/10/2021	20
888	10/09/21	CLIENTE C	R$ 650,00	1/10/2021	1/10/2021	20
889	16/09/21	CLIENTE M	R$ 10.000,00	15/10/2021	15/10/2021	29
890	16/09/21	CLIENTE M	R$ 2.250,00	6/10/2021	6/10/2021	20
891	16/09/21	CLIENTE H	R$ 8.230,00	30/9/2021	30/9/2021	14
892	27/09/21	CLIENTE M	R$ 1.400,00	6/10/2021	6/10/2021	8
893	01/10/21	CLIENTE M	R$ 3.000,00	8/11/2021	25/10/2021	24
894	01/10/21	CLIENTE M	R$ 7.600,00	18/10/2021	18/10/2021	17
895	01/10/21	CLIENTE A	R$ 7.600,00	18/10/2021	18/10/2021	17
896	01/10/21	CLIENTE B	R$ 50.000,00	30/12/2021	23/12/2021	83
897	05/10/21	CLIENTE M	R$ 1.000,00	4/11/2021	4/11/2021	29
898	06/10/21	CLIENTE H	R$ 8.230,00	29/10/2021	29/10/2021	22
899	06/10/21	CLIENTE M	R$ 2.250,00	29/10/2021	25/10/2021	18
900	07/10/21	CLIENTE M	R$ 450,00	5/12/2021	27/10/2021	20
901	08/10/21	CLIENTE M	R$ 75.000,00	6/12/2021	27/10/2021	19
902	08/10/21	CLIENTE M	R$ 50.000,00	6/12/2021	27/10/2021	19

Nº NF	DATA EMISSÃO	CLIENTE	VALOR BRUTO NF	DATA VENCIMENTO	DATA RECEBIMENTO	PRAZO MÉDIO RECEBIMENTO (DIAS) RECEBIMENTO X EMISSÃO
903	08/10/21	CLIENTE M	R$ 34.000,00	31/10/2021	3/11/2021	25
904	08/10/21	CLIENTE K	R$ 20.000,00	5/11/2021	29/10/2021	20
905	20/10/21	CLIENTE E	R$ 3.033,33	17/1/2022	17/1/2022	89
906	20/10/21	CLIENTE E	R$ 27.000,00	17/1/2022	17/1/2022	89
907	20/10/21	CLIENTE E	R$ 1.640,00	17/1/2022	17/1/2022	89
908	21/10/21	CLIENTE M	R$ 15.658,67	15/12/2021	26/11/2021	36
909	21/10/21	CLIENTE N	R$ 6.300,00	15/12/2021	26/11/2021	36
910	21/10/21	CLIENTE N	R$ 9.300,00	15/12/2021	26/11/2021	36
911	21/10/21	CLIENTE N	R$ 37.900,00	18/2/2022	26/11/2021	36
912	27/10/21	CLIENTE F	R$ 18.000,00	5/12/2021	6/12/2021	40
913	27/10/21	CLIENTE F	R$ 10.000,00	5/12/2021	6/12/2021	40
914	27/10/21	CLIENTE N	R$ 6.625,00	15/11/2021	16/11/2021	20
915	27/10/21	CLIENTE N	R$ 1.530,00	26/11/2021	26/11/2021	30
916	01/11/21	CLIENTE N	R$ 3.000,00	25/11/2021	25/11/2021	24
917	01/11/21	CLIENTE N	R$ 7.600,00	15/11/2021	16/11/2021	15
918	01/11/21	CLIENTE A	R$ 7.600,00	15/11/2021	16/11/2021	15
TOTAL GERAL			R$ 571.427,00			MÉDIA GERAL - 29 DIAS

Há situações em que o cliente fica inadimplente e por essa razão deve-se monitorar diariamente, cobrando para receber os valores devidos. Para esse acompanhamento do *Aging*, você deve separar em períodos de 30, 60, 90, 180 e maior que 180 dias, conforme modelo apresentado no capítulo sobre contas a receber. Quanto mais recente o vencimento, maiores as chances de cobrar e receber os valores devidos. O *Aging* deve receber

96 | GESTÃO FINANCEIRA E ESTRATÉGICA PARA ESCRITÓRIOS DE ADVOCACIA

atenção especial da equipe de cobrança ou do responsável pelo financeiro, bem como do sócio responsável direto pelo relacionamento com o cliente que estiver nessa situação.

Quando se tratar de despesas reembolsáveis adiantadas pelo escritório, esse prazo de vencimento tem que ser menor, em média de dez dias, uma vez que você já fez o desembolso e o cliente precisa reembolsar-lhe os valores para recomposição de caixa.

Muitos escritórios não têm uma política de adiantamento de valores para clientes e os financiam sem considerar o impacto dessa gestão no seu caixa, deixando o escritório descapitalizado para honrar as suas próprias despesas. Às vezes, o escritório antecipa pagamentos de valores que, se houver organização do advogado para avisar o cliente com antecedência do pagamento, este pode adiantar o valor ao escritório ou mesmo pagar a guia e enviar o documento pago para cumprimento do prazo processual.

Algumas despesas como cartório, correio, *motoboy*, que são diárias e corriqueiras, costumam ser arcadas pelo escritório, mas faturadas mensalmente via pedido de reembolso de despesas (fatura de despesas). Caso seja uma despesa de valor mais alto, mesmo com esses fornecedores, trate-a de forma separada e envie o faturamento antecipadamente.

Você precisa ter regras claras, feitas pelo seu financeiro e divulgadas para todos os integrantes do seu escritório, dos valores que o escritório tem como limite de adiantamentos. Tais valores devem constar da política interna de procedimentos do escritório.

Pode-se citar a questão de viagens: passagem aérea e hotel, para o que você pode ter uma regra de que o cliente enviará o *voucher* da viagem e não haverá adiantamento do escritório com tais despesas. Também deve estar na sua política que não serão adiantados valores para clientes devedores contumazes para que a inadimplência não piore.

Fato é que o escritório precisa estar muito atento, pois quando se somam os valores adiantados para os clientes, o que parece pouco, considerando apenas um, pode ser muito expressivo quando analisado no conjunto. Nesse caso, todo cuidado é pouco e esse assunto não deve ser relegado, sob pena de o escritório pagar um preço alto caso não consiga recuperar os valores adiantados. Lembre-se: o escritório não é banco!

Se, mesmo tomando as providências para ajuste de prazos de recebimentos de faturas de clientes para que os montantes sejam recebidos de preferência no próprio mês da emissão, tiver necessidade de caixa, com prévio conhecimento, e é para isso que serve o fluxo, você poderá negociar pontualmente algum prazo de pagamento com fornecedor, evitando inclusive cobranças de multa e juros, se o fizer com antecedência.

Recomendo que o escritório tenha um fundo de capital de giro para utilização no curto prazo para fluxo de caixa, capital esse para descasamento entre receita e saída de despesas, com disponibilidade imediata, evitando assim que o escritório deixe de honrar algum pagamento. Esse fundo específico para capital de giro deve ser de no máximo um mês de despesas recorrentes, conforme o tamanho do escritório, ou seja, suficiente para garantir que se tenha um fundo que dará conforto aos sócios, caso ocorram descasamentos de recebimentos de clientes que impactem o fluxo de caixa.

A seguir, apresenta-se um modelo de fluxo de caixa com os dados separados pelo resumo que consolida todos os dados, desde o saldo inicial bancário até o saldo final após as movimentações do período; as saídas de pagamentos diversos, inclusive se houver pagamentos de clientes; os recebimentos a vencer no período; os recebimentos de valores atrasados com programação de quitação no período analisado:

MODELO DE FLUXO DE CAIXA – RESUMO

FLUXO DE CAIXA / RESUMO					
Data	Saldo inicial	Saídas	Recebimentos a Vencer (% de quebra)	Recebimentos Atrasados Previstos	Saldo Final
01/Jan	R$ 25.000,00	**R$ 2.000,00**	R$ 0,00	R$ 10.000,00	R$ 33.000,00
02/Jan	R$ 33.000,00	**R$ 500,00**	R$ 0,00	R$ 0,00	R$ 32.500,00
03/Jan	R$ 32.500,00	**R$ 50.000,00**	R$ 9.000,00	R$ 0,00	**-R$ 8.500,00**
04/Jan	**-R$ 8.500,00**	**R$ 12.000,00**	R$ 30.000,00	R$ 20.000,00	R$ 29.500,00
05/Jan	R$ 29.500,00	**R$ 20.000,00**	R$ 0,00	R$ 0,00	R$ 9.500,00

GESTÃO FINANCEIRA E ESTRATÉGICA PARA ESCRITÓRIOS DE ADVOCACIA

FLUXO DE CAIXA / RESUMO					
Data	Saldo inicial	Saídas	Recebimentos a Vencer (% de quebra)	Recebimentos Atrasados Previstos	Saldo Final
06/Jan	R$ 9.500,00	R$ 0,00	R$ 50.000,00	R$ 0,00	R$ 59.500,00
07/Jan	R$ 59.500,00	R$ 0,00	R$ 0,00	R$ 0,00	R$ 59.500,00
08/Jan	R$ 59.500,00	R$ 5.000,00	R$ 25.000,00	R$ 22.000,00	R$ 101.500,00
09/Jan	R$ 101.500,00	R$ 0,00	R$ 0,00	R$ 0,00	R$ 101.500,00
10/Jan	R$ 101.500,00	R$ 0,00	R$ 0,00	R$ 0,00	R$ 101.500,00
11/Jan	R$ 101.500,00	R$ 0,00	R$ 30.000,00	R$ 0,00	R$ 131.500,00
12/Jan	R$ 131.500,00	R$ 0,00	R$ 0,00	R$ 0,00	R$ 131.500,00
13/Jan	R$ 131.500,00	R$ 0,00	R$ 0,00	R$ 0,00	R$ 131.500,00
14/Jan	R$ 131.500,00	R$ 0,00	R$ 0,00	R$ 0,00	R$ 131.500,00
15/Jan	R$ 131.500,00	R$ 12.000,00	R$ 40.000,00	R$ 0,00	R$ 159.500,00
16/Jan	R$ 159.500,00	R$ 0,00	R$ 0,00	R$ 0,00	R$ 159.500,00
17/Jan	R$ 159.500,00	R$ 0,00	R$ 0,00	R$ 0,00	R$ 159.500,00
18/Jan	R$ 159.500,00	R$ 0,00	R$ 5.000,00	R$ 0,00	R$ 164.500,00
19/Jan	R$ 164.500,00	R$ 0,00	R$ 0,00	R$ 10.000,00	R$ 174.500,00
20/Jan	R$ 174.500,00	R$ 30.000,00	R$ 0,00	R$ 0,00	R$ 144.500,00
21/Jan	R$ 144.500,00	R$ 0,00	R$ 7.000,00	R$ 0,00	R$ 151.500,00
22/Jan	R$ 151.500,00	R$ 0,00	R$ 0,00	R$ 0,00	R$ 151.500,00
23/Jan	R$ 151.500,00	R$ 0,00	R$ 0,00	R$ 0,00	R$ 151.500,00
24/Jan	R$ 151.500,00	R$ 0,00	R$ 0,00	R$ 0,00	R$ 151.500,00
25/Jan	R$ 151.500,00	R$ 0,00	R$ 5.000,00	R$ 0,00	R$ 156.500,00
26/Jan	R$ 156.500,00	R$ 500,00	R$ 0,00	R$ 18.000,00	R$ 174.000,00
27/Jan	R$ 174.000,00	R$ 0,00	R$ 0,00	R$ 0,00	R$ 174.000,00
28/Jan	R$ 174.000,00	R$ 0,00	R$ 0,00	R$ 0,00	R$ 174.000,00
29/Jan	R$ 174.000,00	R$ 0,00	R$ 0,00	R$ 0,00	R$ 174.000,00
30/Jan	R$ 174.000,00	R$ 20.000,00	R$ 0,00	R$ 0,00	R$ 154.000,00
31/Jan	R$ 174.000,00	R$ 0,00	R$ 0,00	R$ 0,00	R$ 174.000,00
Total		R$ 152.000,00	R$ 201.000,00	R$ 80.000,00	

MODELO DE FLUXO DE CAIXA – SAÍDAS

FLUXO DE CAIXA / SAÍDAS		
Data	Saídas	Informações
01/Jan	R$ 2.000,00	Curso
02/Jan	R$ 500,00	material de escritório
03/Jan	R$ 50.000,00	Aluguel + IPTU + seguro
04/Jan	R$ 12.000,00	Condomínio
05/Jan	R$ 20.000,00	Folha de Pagamento
06/Jan		
07/Jan		
08/Jan	R$ 5.000,00	Benefícios
09/Jan		
10/Jan		
11/Jan		
12/Jan		
13/Jan		
14/Jan		
15/Jan	R$ 12.000,00	Remunerações
16/Jan		
17/Jan		
18/Jan		
19/Jan		
20/Jan	R$ 30.000,00	Retirada de Sócios
21/Jan		
22/Jan		
23/Jan		
24/Jan		
25/Jan		
26/Jan	R$ 500,00	material de copa
27/Jan		
28/Jan		
29/Jan		
30/Jan	R$ 20.000,00	Impostos
31/Jan		
Total	R$ 152.000,00	

MODELO DE FLUXO DE CAIXA – RECEBIMENTOS A VENCER

FLUXO DE CAIXA / RECEBIMENTOS A VENCER		
Data	Recebimentos a Vencer (% de quebra)	Informações
01/Jan		
02/Jan		
03/Jan	R$ 9.000,00	Cliente B
04/Jan	R$ 30.000,00	Cliente X, Y, Z
05/Jan		
06/Jan	R$ 50.000,00	Cliente A, C
07/Jan		
08/Jan	R$ 25.000,00	Cliente D
09/Jan		
10/Jan		
11/Jan	R$ 30.000,00	Cliente L
12/Jan		
13/Jan		
14/Jan		
15/Jan	R$ 40.000,00	Cliente H
16/Jan		
17/Jan		
18/Jan	R$ 5.000,00	Cliente J
19/Jan		
20/Jan		
21/Jan	R$ 7.000,00	Cliente M
22/Jan		
23/Jan		
24/Jan		
25/Jan	R$ 5.000,00	Cliente K
26/Jan		
27/Jan		
28/Jan		
29/Jan		
30/Jan		
31/Jan		
1/Feb	R$ 201.000,00	

MODELO DE FLUXO DE CAIXA – RECEBIMENTOS ATRASADOS PREVISTOS

FLUXO DE CAIXA / RECEBIMENTOS ATRASADOS PREVISTOS		
Data	Recebimentos Atrasados Previstos	Informações
01/Jan	R$ 10.000,00	Cliente X, Y, Z
2/Jan		
3/Jan		
4/Jan	R$ 20.000,00	Cliente F
5/Jan		
6/Jan		
7/Jan		
8/Jan	R$ 22.000,00	Cliente A, C
9/Jan		
10/Jan		
11/Jan		
12/Jan		
13/Jan		
14/Jan		
15/Jan		
16/Jan		
17/Jan		
18/Jan		
19/Jan	R$ 10.000,00	Cliente B
20/Jan		
21/Jan		
22/Jan		
23/Jan		
24/Jan		
25/Jan		
26/Jan	R$ 18.000,00	Cliente H
27/Jan		
28/Jan		
29/Jan		
30/Jan		
31/Jan		
1/Feb	R$ 80.000,00	

3.2. REDUÇÃO DE CUSTOS

Organizando os gastos, conforme se tratou no capítulo sobre contas a pagar e, também, no de plano de contas, usando a sugestão de estrutura para montagem do orçamento de despesas, agora será analisada cada linha de gastos para checagem de como e onde se gasta (ou investe) o dinheiro do escritório.

Reduzir custo é como cortar as unhas: é preciso fazer sempre. No entanto, são necessários bom senso e muito cuidado com atitudes extremistas, uma vez que cortar o cafezinho dos colaboradores não é o que vai fazer ter mais rentabilidade. Mais do que redução de custos, é importante pensar na otimização da utilização dos recursos disponíveis.

Esse olhar acurado, sobre onde está gastando os recursos do escritório, deve existir e ser diário.

A sugestão é que se adotem políticas mais austeras quando houver alguma necessidade e uma condução mais flexível (não significa solta) em tempos de bonança.

> Fixe metas audaciosas, porém factíveis, e sempre avalie a condução das ações para correções de curso.
>
> Contextualize a redução das despesas dentro da estratégia, nos programas internos do escritório. Dessa forma, haverá mais engajamento e você alcançará seus objetivos.

Seguem alguns exemplos de onde focar o olhar e monitorar os gastos:

- Energia Elétrica: monitore mensalmente as contas e promova políticas de conscientização, tais como: apagar as luzes quando sair do ambiente; desligar monitores no horário do almoço e ao final do expediente; utilização do ar-condicionado em horários predefinidos; aquisição de sensores de presença que desligam as luzes automaticamente. Dê preferência às luzes de LED que são mais econômicas;

- Tarifas Bancárias: analise o melhor pacote mensal e periodicamente – a cada três meses pelo menos – monitore a utilização. Isso vale para tarifa de utilização, negociação de tarifas, tais como TED, PIX, emissão de boletos bancários, ou seja, sempre tente reduzir os gastos com taxas fixas com seu banco de relacionamento;
- Bancos: verifique qual o melhor para realizar suas operações diárias. Importante manter um bom relacionamento com o gerente, pois regularmente há operações, ajustes de tarifas, oportunidades diversas que esse contato agilizará e lhe dará apoio nesses processos;
- Se possível, abra conta para os integrantes no banco do principal relacionamento do escritório, pois isso reduzirá custos com tarifas, pois que não há custos em transferências para pagamentos no próprio banco;
- Impressões e cópias: tenha política interna para evitar o desperdício. Coloque senhas nas impressoras, visto que tal medida ajuda no controle, pois a impressão somente vai se concretizar se o integrante realmente buscá-la no equipamento. Caso um integrante mande um documento errado para impressão, este poderá cancelá-lo antes de gastar papel e *toner*. Uma alternativa é a possibilidade de impressão frente e verso, gastando menos papel. Outra medida supervaliosa e que deve ser amplamente difundida: leia o documento no próprio monitor, sem a necessidade de impressão deste. Lembre-se de que a medida ideal é sempre conscientizar o time sobre a real necessidade da impressão;
- Evite trabalho redobrado e desnecessário, por exemplo, mantenha planilhas de controles paralelos, quando tem a possibilidade de alimentar o sistema integrado correta e plenamente, extraindo de lá os relatórios e informações necessárias;
- Não reduza custos que agreguem valor ao seu produto, ou seja, a qualidade do trabalho entregue ao cliente. Pagamentos de cursos de atualização, contratação de pe-

riódicos com leis atualizadas, formação de profissionais são significativos e devem ser mantidos e subsidiados pelo escritório;

- Dê preferência às bonificações por resultados a manter altos salários e retiradas. Assim, todos participam do resultado e se esforçam para que isso aconteça e seu escritório diminui o custo mensal fixo;

- Mantenha controle de todos os contratos com seus fornecedores. Quando da renovação, você pode negociar uma melhor condição com ele ou mesmo fazer a troca de fornecedores, se necessário. Lembre-se que você deve fazer isso, mas deve manter e melhorar a qualidade dos serviços prestados;

- Faça um plano de Assinatura Digital: faça um plano mensal com um fornecedor – existem várias plataformas no mercado de assinaturas digitais –, assim você faz a troca dos documentos por *e-mail*, sem a necessidade de impressão, gastos com envelope, correio ou *motoboy*, com acesso sempre que necessário à versão final – com a assinatura de todos os envolvidos no documento –, que tem validade reconhecida;

- Gastos com telefonia: antes de contratar, faça um estudo para definir a melhor alternativa com comparação de custos, inclusive de investimentos, no curto e longo prazo. Nesse caso, não deixe de verificar e testar a qualidade, pois a comunicação do escritório precisa ser clara, por meio de um bom serviço, mas também rápida. Cabe, também, um *benchmarking* com outros escritórios que utilizam o serviço que pretende escolher antes de concluir a negociação;

- Internet: você pode contratar um *link* dedicado para garantir a *performance* no tráfego de dados, mas leve em consideração ter um *link* de redundância para evitar falta de conexão, ficando todos sem internet. Estude a melhor contratação de banda, que também pode ser um

IP fixo, a depender do tamanho e quantidade do tráfego de dados do escritório, o que é uma boa alternativa;

- Para qualquer compra, tenha o hábito de realizar três cotações. Parece óbvio, mas nem sempre é colocado em prática, pois a pessoa responsável pela compra pode achar mais fácil e conveniente comprar do primeiro fornecedor da pesquisa e com isso o escritório pode gastar mais do que precisa;

- Procure utilizar como indexador de contrato os melhores índices de inflação. IGPM/FGV, por exemplo, tem em sua cesta uma parte considerável em moeda estrangeira. Tenha cuidado ao utilizá-lo para reajustes de seus contratos com fornecedores. Dê preferência a outros índices de inflação, tais como IPCA/IBGE, IPC/FIPE, entre outros;

- Fique atento às horas extras da equipe. Você pode identificar se há necessidade de contratar mais um integrante com um custo muito menor ou se é uma questão pontual ou se precisam de treinamento para ter foco no trabalho, evitando retrabalhos;

- Avalie a real necessidade de impressão em gráfica de materiais institucionais. Podem valer a pena, ser mais dinâmicos e mais baratos gastos com desenvolvimento de materiais em multimídia, que serão amplamente divulgados sem custos extras;

- Terceirização de serviços:
  - Boa saída para terceirizar serviços mais técnicos – no caso de informática, ou mesmo de recepção, limpeza e segurança;
  - Cuidado e atenção na questão de qualidade: nem sempre o contrato mais barato é o melhor. Análise com equilíbrio e bom senso;
  - Redigir cuidadosamente o contrato de prestação de serviços em razão, principalmente, de questões trabalhistas, de confidencialidade e de LGPD;

- Substituição rápida de profissionais em caso de necessidade e, também, em cobertura de férias. Essas são boas vantagens dos serviços terceirizados;
- Busque opções no mercado de materiais mais baratos e que mantenham a qualidade desejada, pois a economia será vantajosa;
- Negocie prazos mais amplos de vencimento com fornecedores sem incidência de encargos financeiros;
- Mantenha em estoque o mínimo necessário, principalmente se o material for de fácil e rápida reposição;
- Caso seja um material de grande utilização, você pode negociar bons descontos comprando em maior quantidade para manter um pequeno estoque;
- Tenha controle dos estoques de materiais para não efetuar compras desnecessárias e utilize requisição de materiais para controle de consumo principalmente em escritórios com grande número de integrantes;
- Não faça estoques de materiais por área: mantenha o estoque sob o acompanhamento do responsável pela distribuição para que este faça o controle de entrada e saídas de materiais;
- Renegocie seguros quando da renovação. Às vezes, descontos/bônus podem ser obtidos em virtude do último período sem sinistro. Também é preciso cotar com outras seguradoras para comparativo e obtenção de vantagens na negociação;
- Não parta do pressuposto de que todos têm bom senso. As pessoas pensam de forma diferente e, para que não tenham dúvidas, as políticas devem estar escritas e ser de conhecimento geral.

Tenha políticas claras e amplamente divulgadas com o intuito de evitar desperdícios, incutindo nos integrantes que a redução de custos beneficia a todos.

Cabe destacar que a pandemia trouxe um ponto importante, visto que, em março de 2020, a maioria dos colaboradores dos escritórios foram "forçados" a trabalhar no modelo de *home office*, independentemente do tamanho da banca. Muitos investimentos urgentes em tecnologia da informação foram necessários para garantir que o acesso, de maneira remota, aos documentos do escritório fosse mantido e disponibilizado da mesma forma quando o trabalho era presencial.

Portanto, com muitos escritórios adaptados à nova realidade, ficou claro que o conceito do *home office* e, também, da modalidade de trabalho híbrido alterou a forma conceitual dos escritórios físicos, onde cada colaborador tinha sua baia fixa, ou mesmo uma sala individual. Havia também disponibilidade de salas de reuniões para os encontros presenciais com clientes ou mesmo para eventos promovidos pelo escritório, o que também mudou e, atualmente, são realizados os encontros, as reuniões *on-line* e grandes eventos em salas virtuais, tais como *Teams, Meet, Zoom*, entre outras plataformas disponíveis no mercado.

Cabe destacar que não apenas os escritórios de advocacia e seus clientes, mas também o Poder Judiciário se adaptou à nova realidade, como por exemplo com audiências *on-line*.

Como se pode tirar proveito dessa situação? Refletindo sobre o tamanho da estrutura física; se há necessidade de várias salas de reuniões e de salas individuais ou mesmo de baias fixas para os colaboradores.

Valha-se do momento para repensar o tamanho do seu escritório e como pode reduzir o custo fixo de ocupação, que é uma das maiores rubricas do orçamento de despesas. A seguir, destaco alguns pontos a serem considerados nessa avaliação, tendo em vista a flexibilização proporcionada pelos modelos híbridos de trabalho e *home office*:

– Diminuição da disponibilidade dos metros quadrados do escritório, inclusive com devolução de conjuntos ao locador após uma readequação dos ambientes internos;

108 | GESTÃO FINANCEIRA E ESTRATÉGICA PARA ESCRITÓRIOS DE ADVOCACIA

- Diminuição da quantidade de salas de reuniões, principalmente se o prédio onde seu escritório está situado houver auditório para eventos ou mesmo sala de reuniões para uso dos condôminos, que pode ser reservada previamente para utilização;

- Os clientes têm preferido reuniões virtuais. Por isso, invista em uma plataforma – algumas inclusive são gratuitas (observe a limitação de tempo de uso) – em que poderá realizar seus encontros *on-line* sem gastos com deslocamentos, o que gera economia financeira e de tempo do seu colaborador;

- Tenha baias disponíveis para os profissionais que trabalharão presencialmente. Não faz sentido um lugar demarcado como antigamente, uma vez que o profissional pode se acomodar facilmente, bastando que os espaços disponibilizados tenham acesso total à infraestrutura de tecnologia e telefonia do escritório;

- Existem no mercado empresas que se especializaram na prestação de serviços de consultoria para readequação, de maneira eficiente, de ambientes a essa nova realidade. Você pode optar por esse serviço para avaliação do seu escritório.

Quanto mais controle sobre os gastos, maior o valor que ficará no escritório, remunerará os sócios e comporá o numerário para bonificações da equipe, o que também é muito positivo para qualquer tipo de engajamento interno com relação às políticas de redução de custos.

Parte II
GESTÃO ESTRATÉGICA

GESTÃO ESTRATÉGICA

"Eu não sonhei com o sucesso. Eu trabalhei para ele."

Estée Lauder

Na primeira parte do livro, falei sobre a importância da gestão financeira em um escritório de advocacia, tratando desde os controles mais básicos do dia a dia até os mais aprimorados, assinalando que sem essa gestão bem-feita não seria possível, de forma alguma, vislumbrar a saúde financeira da banca.

Nesta segunda parte, tratarei da importância da Gestão Estratégica, abordando diversas práticas, tais como gestão de negócios, administrativa, tecnologia da informação, de pessoas, de conhecimento e *marketing*, que são imprescindíveis para o desenvolvimento dessa gestão, sob vários aspectos de crescimento que envolvem o financeiro, porém avançando e indo além dele com uma visão mais holística – de todo – de um escritório.

O planejamento estratégico contém as diretrizes gerais do escritório, focando o horizonte aonde queremos chegar, o futuro. Ele é a definição do seu negócio, que não é apenas ser um escritório de advocacia. É no planejamento estratégico que os sócios devem definir sua visão, missão e valores, que são os fundamentos que darão as diretrizes, ou seja, o rumo e a direção a seguir. O planejamento estratégico aponta para o lugar onde queremos estar e qual o posicionamento do escritório.

Por sua vez, a gestão estratégica tem o objetivo de traduzir os objetivos estratégicos em ações, nos níveis táticos e operacionais, de curto, médio e longo prazos, sempre de olho no destino, garantindo que as ações do dia a dia estejam na direção do alcance dessas metas definidas pelo planejamento, analisando o passado não apenas como retrovisor, mas também com o intuito de ver o que deu certo e o que precisa ser melhorado. Entender as lições aprendidas para aperfeiçoar o que foi realizado e aprimorar ou eliminar o que deu errado. A gestão estratégica diz como fazer para chegar lá. O quadro a seguir ajuda a entender como deve ser, na prática, essa tradução, desde o nível operacional, passando pelo tático e chegando ao nível estratégico:

Fonte: https://www.treasy.com.br/blog/planejamento-estrategico-tatico-e-operacional/. Acesso em: 17 maio 2022

Importante ressaltar que os resultados pretendidos somente serão alcançados com **pessoas**. São elas que farão acontecer interna (colaboradores) e externamente (clientes), que propiciarão atingir os objetivos propostos no planejamento estratégico do escritório. Portanto, esta frase de Simon Sinek é tão significativa: "100% dos clientes são pessoas. 100% dos funcionários são pessoas. Se você não entende de pessoas, você não entende de negócios".[1]

---

[1] Disponível em: https://br.pinterest.com/pin/685462005762701648/. Acesso em: 21 maio 2022.

Para ilustrar, segue um exemplo, considerando a atuação conforme a pirâmide, ou seja, escalada por nível de responsabilidade:

Planejamento Estratégico: os sócios colocaram a meta de crescimento da lucratividade em 15% no ano.

Gestão Estratégica:

- **Estratégico – Sócios/Diretoria:** reuniões mensais de acompanhamento do orçamento x realizado de meta de receitas, análise da curva ABC de clientes, análise de rentabilidade de clientes x precificação de propostas, acompanhamento das despesas realizadas x orçadas e cobrança mais acirrada dos devedores contumazes para reverter o *Aging;*

- **Tática – Gerência Coordenação:** reuniões semanais com a equipe, análise do *Aging*, análise do fluxo de caixa, análise do *time sheet* da equipe para orientação dos trabalhos para melhoria de *performance* dos integrantes;

- **Operacional – Supervisores e Analistas:** cobrança de faturas em atraso e reunião com sócios para alinhamento; faturamento até o 5.º dia útil para que o recebimento aconteça dentro do mês de emissão; acompanhamento dos valores adiantados para clientes, com orientação à equipe do jurídico para solicitação ao cliente do pagamento da despesa.

Meu objetivo é provocá-lo, colocando os temas para que você entenda a importância da gestão e a desenvolva no seu escritório, a fim de obter um crescimento consolidado, adaptando-se às mudanças do mercado jurídico que é tão competitivo, com o intuito de atingir suas metas de crescimento e consolidação.

Para tanto, você pode, inclusive, lançar mão de uma consultoria especializada que lhe dará todo o apoio, tanto na gestão financeira quanto na definição e implementação da estratégia, contribuindo com a sua gestão agora, mas visando o crescimento futuro e sustentável da sua banca, além dos colaboradores que estão hoje no seu escritório.

Capítulo 4
GESTÃO DE NEGÓCIOS

4.1. A ARTE DE PRECIFICAR

Linhas atrás, foi abordado o orçamento de receitas e, neste capítulo, apresentarei a forma como você precificará seus honorários para auferir a receita futura o que é muito significativo e está intrinsecamente ligado ao assunto já estudado.

A precificação começa muito antes, quando se está conversando com o cliente ou *prospective* sobre os serviços que estão sendo demandados e confiados ao seu escritório. Ele expõe sua necessidade e faz a seguinte pergunta: quando você me envia a proposta de honorários?

Reflita um pouco sobre esta situação: O que você vende para o seu cliente? Serviço jurídico por meio do conhecimento, da experiência e que acarretará os resultados esperados. Como faz? Realiza por meio das suas horas de trabalho – seu tempo dedicado ao assunto. Por isso, você deve mostrar o valor agregado que traz para o negócio do cliente, para que possa cobrar os melhores honorários. O cliente precisa entender o seu valor e lhe ver como investimento, tanto para mitigar risco quanto como parceiro para desenvolvimento de um negócio novo, ou para alguma demanda contenciosa.

Faça a seguinte reflexão: Eu me contrataria? Eu contrataria o meu escritório? Sua meta é a entrega, e não só o fechamento da proposta – assinatura do contrato de honorários. O cliente percebe isso – **meu valor, não meu custo** – e fechar a proposta é consequência.

O seu cliente lhe enxerga como parceiro do negócio? Você entende do negócio dele como se fosse do departamento jurídico

116 | GESTÃO FINANCEIRA E ESTRATÉGICA PARA ESCRITÓRIOS DE ADVOCACIA

interno? Às vezes, uma questão que pode ser simples torna-se complexa quando se olha para o todo.

Cliente precisa lhe ver como investimento, e não como custo. Por isso, é crucial conhecer muito bem do negócio e contribuir não só na parte contenciosa, mas também pensar no consultivo, na questão demandada em sua origem, para fazer uma advocacia de prevenção, quando necessário, mitigando novos riscos para o cliente para evitar outras demandas e litígios.

Use sua comunicação para mostrar os diferenciais de negócio e de pessoas – liste esses diferenciais e entenda isso internamente quando analisar o negócio e o que se vende.

Warren Buffett diz frequentemente em seus pronunciamentos: "preço é o que se paga e valor é o que se leva". Essa será a visão do seu cliente também e, por isso mesmo, é tão importante entender qual valor você entregará. Quando fizer a proposta, você tem que englobar seu conhecimento, qualidade do seu trabalho, sua disponibilidade, marca/nome, experiências e sucessos, isso é a entrega de valor!

O preço que se cobra está diretamente ligado ao "valor" que se entrega ao cliente. Você deve ter muito cuidado e levar vários pontos em consideração antes de enviar a proposta ao seu cliente, entre eles:

- Custo variável envolvido: custo com equipe que trabalhará diretamente no caso, prevendo a quantidade de horas que serão empenhadas na demanda;
- Custo variável envolvido com a gestão do projeto: Quem acompanhará? Quantas horas gastará? Isso é muito importante de ser considerado, principalmente se o caso demandar muitas reuniões de alinhamento e definições, tanto internas quanto com o cliente;
- Haverá necessidade de relatórios customizados e qual a periodicidade da apresentação: Isso pode demandar muito tempo da equipe preparando e o cliente pode, a

todo momento, requerer relatórios diferentes e com informações distintas;

- Impostos totais, sempre levando em conta o regime de tributação do escritório, independentemente de ser lucro real, lucro presumido ou simples nacional;
- Ver o *breakeven* (vide modelo no capítulo Análise de Rentabilidade) e colocar a margem que deseja – construir cenários para negociação com o cliente, o qual, geralmente, pede um desconto na negociação;
- Colocar na sua margem – traduzido em números – o que será entregue ao cliente e a chance de sucesso, afinal, ele está contratando você, e não o concorrente;
- Atenção quando o cliente pede desconto: você deve ter argumentos para negociar. Ver o mercado na sua região, sua *expertise*, quem dos seus integrantes vai participar do projeto (senioridade), entrega com qualidade diferenciada etc. A depender dos valores envolvidos, pode ser que a resposta seja não para o pedido, mas sempre deve ser embasado para entendimento da outra parte;
- Lembrar que, se hoje você passou um preço para o cliente, ele sempre o utilizará como balizador para negociações futuras. Por isso, é necessário cuidado no momento da construção da proposta, pois essa comparação vai existir e você precisa ter subsídios de informações para rebater tais contestações: complexidade da demanda, pessoas envolvidas, chances de sucesso, discussões em instâncias superiores, entre outros pontos;
- Sua especialidade agrega muito valor? Caso sim, isso deve ser considerado quando fizer a proposta de honorários, que precisa refletir o peso do nome da banca e o reconhecimento do advogado;
- Não ser oportunista e querer "enfiar a faca" no cliente que está desesperado. Ele pode nunca mais voltar e

118 | GESTÃO FINANCEIRA E ESTRATÉGICA PARA ESCRITÓRIOS DE ADVOCACIA

você só terá receita com esse caso e ainda poderá ter sua reputação abalada;

- O cliente pode lhe procurar por conta de uma demanda urgente, para cumprimento de algum prazo, por exemplo. Isso tem que ser repassado no preço – para tudo e atende ao cliente (diferente do "enfiar a faca" como citado). Considere a urgência, pois você deixará de atender outra demanda ou compromisso naquele momento para priorizá-lo;

- Tratar o nicho do seu cliente como especialização – para atrair novos clientes – se esse for seu diferencial, pois isso traz valor ao seu negócio;

- Considerar, se for um contrato por preço fechado, se há possibilidade de ultrapassar as horas contratadas pois, caso sim, isso deve ser considerado na sua proposta para não comprometer a sua margem de lucro. Ainda nessa hipótese, você pode colocar na sua proposta um item dizendo que o contrato será renegociado para ajuste se houver alguma distorção ou mesmo demandas extraordinárias não previstas no contrato;

- Levar em conta a complexidade do processo, caso tome mais tempo de estudo e exija a atuação de profissionais mais capacitados;

- Considerar desembolsos com despesas não reembolsáveis que podem ocorrer: advogados correspondentes, viagens, cópias do processo, por exemplo. Isso tem que ser previsto como custo indireto porque seus pagamentos serão abatidos da sua margem de lucro e, acredite, esse item faz muita diferença;

- Tomar em conta – abatendo como despesa não reembolsável – os custos com pagamento de *client fee* (participação na indicação de cliente) ou indicações de terceiros. Alguns escritórios têm como política pagar um percentual – por exemplo, 10% do valor líquido depois dos impostos – quando um integrante indica um cliente para o escritório;

– Mensurar o custo por hora levando em consideração o *overhead* do escritório, somando todas as despesas fixas e dividindo pelo total de horas úteis do escritório (todo time jurídico). Assim, ter-se-á o *overhead* por hora para colocar na conta da precificação (vide capítulo *Overhead*). Por que isso é tão importante? Independentemente do tamanho do escritório, para que possa atender um cliente, você precisa de uma estrutura física, de um computador, de acesso à internet etc. Essa despesa precisa ser considerada, de forma proporcional ao total de horas, para que o cliente pague de maneira equivalente por essa despesa;

– Um fator importante: assim que receber a aprovação da proposta, providencie o contrato e colha a assinatura do cliente, de forma física ou via assinatura eletrônica, com alguma plataforma de mercado. Já presenciei situações em contratos de anos, e, no momento do pagamento do êxito, houve discussão por parte do cliente, principalmente informando que o contrato não estava assinado. Esse cliente começa a querer renegociar algo que foi aceito e acordado há muitos tempo. Não deixe isso acontecer; a forma de se precaver é com a assinatura do contrato e a proposta aceita como anexo;

– Se for precificar o valor por processo, deve-se levar em conta o pior cenário de prazo de duração desse contencioso e considerar um índice de inflação (IPCA/IBGE, IGPM/FGV, outros) para correção anual do caso pelo prazo previsto de duração. Imagine que hoje você cobre R$ 200,00 mensais pelo acompanhamento de um processo. Em cinco anos esse valor deverá ser de R$ 256,00, se considerarmos uma inflação de 5% a.a.;

– Reajuste: o ideal é adotar um índice de inflação e que ele seja realmente aplicado anualmente. Também avaliar se cabe prever uma multa por rescisão antecipada, uma vez que você faz um preço menor, tendo em vista que este seria diluído ao longo dos anos. Se o cliente sair antes do prazo, você poderá ter prejuízos financeiros e, por isso, uma multa rescisória é muito importante; dependendo da instância do processo e do estágio da demanda, deve-se, inclusive, negociar uma parte do êxito aprovado;

– Cuidado com o escopo da proposta para não dar margem para que sejam introduzidos novos itens que não foram previamente acordados. Se necessário, insira uma cláusula do que não foi incluído para não haver dúvidas;

– Se precificar a alocação de profissionais – *secondment* –, você pode acrescentar uma cláusula impedindo seu cliente de contratar o seu profissional; caso isso ocorra, prever o pagamento de uma multa, por exemplo, uma remuneração. Por que isso é importante? Você teve custos na contratação desse profissional e, caso ele seja absorvido pelo jurídico interno de seu cliente, você precisará gastar com *headhunter*, empresas de contratação ou mesmo tempo da equipe interna para repor o profissional e essa multa diminuirá o impacto financeiro. Caso tenha um custo de contratação de um profissional externo, isso pode ser negociado com o cliente para que ele absorva esse custo extra;

Uma condicionante que você não pode deixar – nunca – de considerar é a concorrência: seu cliente pode ter orçamentos de outros escritórios em mãos e, às vezes, você pode perder esse contrato pontual porque fica impossível cobrir a baixa oferta do outro escritório. Lembre-se sempre: seu cliente vai comparar o seu orçamento com os demais e cabe a você agregar outros valores e convencê-lo a fechar o contrato com você.

Seja como for, lembre-se sempre que você deve propor na sua precificação sua entrega de valor, e não quanto o seu cliente gastará com o seu escritório. Valorize seu trabalho e sua entrega.

Cap. 4 · GESTÃO DE NEGÓCIOS | **121**

Só essa mudança de pensamento, de como vende seus serviços, já lhe trará bons frutos.

4.2. ANÁLISE DE *TIME SHEET*

O *time sheet* é a ferramenta principal para qualquer tipo de análise no seu escritório. Ele é a matéria-prima para a precificação de honorários, como visto no capítulo anterior; a base para montagem do orçamento de receitas, conforme dito anteriormente, e só com ele é possível realizar análises mais precisas de rentabilidade do escritório, como será visto ao longo deste capítulo sobre Gestão de Negócios.

Você tem em seu escritório, quando se considera o corpo jurídico, os estagiários, advogados, coordenadores e sócios, com uma disponibilidade de horas úteis para atendimento dos clientes e de participação em questões internas do escritório.

De forma quantitativa, é importante que você tenha uma ideia de horas trabalhadas por pessoa – horas úteis – para saber quanto tem de disponibilidade para mensurar se estão com o time ocioso, se as pessoas estão com muito trabalho, se precisará aumentar a equipe ou mesmo fazer algum tipo de remanejamento interno para cobrir uma demanda pontual de trabalho para cliente. Também deve analisar a quantidade de horas que as pessoas utilizam em trabalhos para o escritório, seja *pro bono*, em participação em reuniões, participação em eventos representando a Banca, entre outras atividades institucionais.

A forma mais correta de calcular é: para advogados, coordenadores e sócios em torno de 6h/úteis trabalhadas para clientes por dia e para estagiários 5h úteis/dia. Lembre-se de que têm que ser deduzidos ao longo de um ano os 30 dias de recesso que o profissional estará fora do escritório em descanso.

O cálculo é simples, como apresentado a seguir:

– Sócios, coordenadores e advogados: 6h/ dia x 20 dias úteis = 120/mês x 11 meses = 1.320 horas por ano

- Estagiários: 5h/ dia x 20 dias úteis = 100/mês x 11 meses = 1100 horas por ano

Você levanta a quantidade de integrantes por categoria e basta multiplicar para saber qual sua disponibilidade total ao longo do ano. Com o número por nível de integrante é possível definir os trabalhos por equipes e se elas estão com tempo ocioso ou não, inclusive para mensurar novas contratações ou dividir os trabalhos em outras equipes, mesmo que pontualmente.

O *time sheet* tem que ser um **hábito diário de todos os integrantes do jurídico**, seja ele sócio, coordenador, advogado, estagiário ou paralegal: assim que chegar ao escritório, abra a planilha de *time sheet* ou acesse-o no sistema, se o tiver, e coloque com detalhes as tarefas realizadas – no cliente e caso corretos –, inserindo a data e o tempo despendidos naquele trabalho.

De forma qualitativa, tem que analisar – e aí cabe ao gestor de cada área, sócio ou coordenador – o trabalho de sua equipe: se está realizando uma boa gestão do tempo, o tempo despendido para os tipos de atividades, desde as mais simples até as mais complexas e que requerem muito investimento em tempo de pesquisa do tema, complexidade do caso, de levantamento/ estudo de jurisprudência etc.

Destaco que essa análise qualitativa do *time sheet* feita pelo gestor é muito importante em razão do desenvolvimento do integrante, para entender a dificuldade ou desenvoltura dele na elaboração de peças mais simples e o tempo gasto em estudos e desenvolvimento de casos mais complexos e que demandam mais estudo e pesquisa.

Além da questão quantitativa e qualitativa dos lançamentos, que devem ser observados **mensalmente** pelos gestores diretos – o sócio ou um coordenador –, tendo em vista o faturamento do escritório e os relatórios que serão enviados aos clientes, deve--se considerar que o *time sheet* é sua matéria-prima principal de apreciação, quando precisa analisar a rentabilidade de um integrante, de um caso, de um cliente, de uma área ou de todo o escritório. Sem o *time sheet*, correto no tempo, com qualidade de informações, nada feito! Por isso, ressalto que, mesmo nos casos em que a cobrança e faturamento sejam de valores fixos, cada gestor deve avaliar o tempo debitado por sua equipe, para possíveis correções e ajustes, uma vez que essa informação é a principal para alocação de receitas dos casos, dos custos dos integrantes e das despesas do escritório. Para melhor entendimento, dou um exemplo de um advogado sênior que informa no *time sheet* ter despendido cinco horas para elaboração de um contrato de prestação de serviços bem simples. Isso chamaria a sua atenção? Quanto tempo acha que seria razoável, pela senioridade do integrante, que fosse empenhado neste trabalho?

Caso você ainda não tenha se convencido da importância do *time sheet* – e a necessidade do hábito diário de anotação –, vou apresentar mais um motivo que o fará mudar de ideia. Há casos em que os clientes nos pagam honorários fixos para contratarem o trabalho de uma área específica do escritório ou mesmo um valor mensal – partido fixo – para atendimento a todas as necessidades do cliente que porventura surjam ao longo do mês. Por diversas vezes, ao longo de minha carreira nos escritórios por onde passei, o relatório de *time sheet* foi fundamental, fornecendo subsídios para renegociação de honorários contratuais: contra a comprovação dos dados não há argumentos. Seu cliente, quando identifica o tempo que seu time despendeu no atendimento de suas demandas e o quanto esse contrato está defasado, este abrirá as portas ao diálogo e você terá argumentos para discutir a adequação financeira, chegando a um denominador comum e satisfatório para todos, trazendo equilíbrio financeiro à relação cliente/escritório.

Faça, desde o início do seu escritório, a exigência do *time sheet* diário – correto, com qualidade e no prazo – uma rotina, um hábito importante, independentemente do nível do integrante, quer sócio majoritário ou o mais novo estagiário da equipe.

Para escritórios pequenos e que não possuem sistema integrado, apresento a seguir um modelo de planilha de lançamento de *time sheet,* tanto individualizado quanto do resumo do mês por cliente e total do escritório, com as informações necessárias à prestação de contas ao cliente e para análise interna:

GESTÃO FINANCEIRA E ESTRATÉGICA PARA ESCRITÓRIOS DE ADVOCACIA

Data	Nome do Integrante	Tempo (em horas)	Nome do Cliente	Título do Caso	Descrição do Trabalho
4/4/2022	Fátima Batista	5:00:00	XXX Indústria e Comércio Ltda.	Contrato Filial	Elaboração de contrato da filial XXXX
4/4/2022	Fátima Batista	0:20:00	XXX Indústria e Comércio Ltda.	Processo xxxxxxxxxx	Agendamento de prazo e análise de publicação do caso xxxxxxxxx
5/4/2022	Fátima Batista	2:00:00	XXX Investimento Ltda.	Processo xxxxxxxxxx	Elaboração da defesa do processo nº xxxxxxxxxxx
6/4/2022	Fátima Batista	0:30:00	XXX Comércio Ltda.	Locação do Imóvel em xxxxxxxx	Telefonema com cliente para entendimento da questão da locação do imóvel
7/4/2022	Fátima Batista	2:30:00	XXX Participações Ltda.	Aquisição de imóvel em xxxxxxxxxxx	Reunião com cliente para discussão da melhor forma de condução da compra do imóvel
8/4/2022	Fátima Batista	1:00:00	XXX Comércio Ltda.	Processo xxxxxxxxxx	Audiência do processo nº xxxxxxxxxxx
11/4/2022	Fátima Batista	5:00:00	XXX Participações Ltda.	Aquisição de imóvel em xxxxxxxxxxx	Acompanhamento do cliente em viagem para reunião de negociação da compra do imóvel
12/4/2022	Fátima Batista	1:00:00	XXX Investimento Ltda.	Processo trabalhista xxxxxxxxxxxxxx	Reunião interna para discutir a questão trabalhista do cliente e qual melhor condução do caso
13/4/2022	Fátima Batista	3:00:00	XXX Comércio Ltda.	Locação do Imóvel em xxxxxxxx	Elaboração do contrato de locação do imóvel
Fátima Batista		**20:20:00**	**Total Geral**		

Cap. 4 · GESTÃO DE NEGÓCIOS | 125

Data	Nome do Integrante	Tempo (em horas)	Nome do Cliente	título do Caso	Descrição do Trabalho
4/4/2022	Silvia Lima	1:00:00	XXX Indústria e Comércio Ltda.	Contrato Filial	Revisão da Elaboração de contrato da filial XXXX
4/4/2022	Silvia Lima	1:00:00	XXX Indústria e Comércio Ltda.	Contrato Filial	Reunião com cliente para tratar do assunto xxxx
5/4/2022	Silvia Lima	0:30:00	XXX Investimento Ltda.	Processo xxxxxxxxxx	Revisão da elaboração da defesa do processo nº xxxxxxxxxx
6/4/2022	Silvia Lima	0:30:00	XXX Comércio Ltda.	Locação do Imóvel em xxxxxxxx	Participação no telefonema com cliente para entendimento da questão da locação do imóvel juntamente com Fátima
7/4/2022	Silvia Lima	2:30:00	XXX Participações Ltda.	Aquisição de imóvel em xxxxxxxxxx	Reunião com cliente para discussão da melhor forma de condução da compra do imóvel juntamente com Fátima
12/4/2022	Silvia Lima	1:00:00	XXX Investimento Ltda.	Processo trabalhista xxxxxxxxxxxxxx	Reunião interna com Fátima para discutir a questão trabalhista do cliente e qual melhor condução do caso
Silvia Lima		**6:30:00**	**Total Geral**		

Mês	Nome do Integrante	Total (em horas)	Nome do Cliente
abr-22	Aparecida da Silva	4:30:00	XXX Comércio Ltda.
abr-22	Aparecida da Silva	5:20:00	XXX Indústria e Comércio Ltda.
abr-22	Aparecida da Silva	3:00:00	XXX Investimento Ltda.
abr-22	Aparecida da Silva	7:30:00	XXX Participações Ltda.
	Aparecida da Silva	**20:20:00**	**Total Geral**

Mês	Nome do Integrante	Total (em horas)	Nome do Cliente
abr-22	Silvia Lima	0:30:00	XXX Comércio Ltda.
abr-22	Silvia Lima	2:00:00	XXX Indústria e Comércio Ltda.
abr-22	Silvia Lima	1:30:00	XXX Investimento Ltda.
abr-22	Silvia Lima	2:30:00	XXX Participações Ltda.
	Silvia Lima	6:30:00	Total Geral

Mês	Total (em horas)	Nome do Cliente
abr-22	5:00:00	XXX Comércio Ltda.
abr-22	7:20:00	XXX Indústria e Comércio Ltda.
abr-22	4:30:00	XXX Investimento Ltda.
abr-22	10:00:00	XXX Participações Ltda.
abr-22	26:50:00	Total Geral Escritório XXXXXX

Os exemplos apresentados são de um mês de trabalho e, para análise de um período específico – seis meses ou um ano –, você deve somar os totais das planilhas. Você pode resumir os dados conforme segue:

- por integrante: para saber a produtividade do profissional no período;
- por caso: para saber a quantidade de horas despendidas por cada um dos profissionais que trabalharam no caso;
- por cliente: para saber, no total de casos, a quantidade de horas despendidas para o cliente;
- por área: para saber, por área (cível, trabalhista, contratos etc.), quantas horas de trabalho foram despendidas no total de casos trabalhados;
- escritório: soma de todas as áreas de trabalho de todos os clientes, inclusive as horas empenhadas para o escritório em reuniões internas ou em *pro bono*, por exemplo. Assim saberá o total geral.

Como se disse anteriormente: o *time sheet* é a matéria-prima básica para avaliação de integrantes, equipes, clientes e casos, em qualquer tamanho de escritório, seja ele de duas ou mesmo cem pessoas. Você utilizará essa informação para desenvolvimento de relatórios gerenciais dos mais diversos, que o apoiarão em decisões estratégicas, conforme se verá ao longo deste capítulo.

4.3. OVERHEAD

Com seu orçamento de despesas estruturado e o contas a pagar organizando as informações dos pagamentos diariamente, alocando as saídas de caixa por tipo de conta, você conseguirá analisar separadamente todos os tipos de gastos do seu escritório: custos, despesas, impostos etc.

Por que essa separação – organização – é tão necessária?

Quando você recebe o pedido de um cliente para envio de uma proposta de honorários, você faz um cálculo aproximado de quantas horas gastará e quantos profissionais estarão envolvidos e por quanto tempo, definindo assim o quanto vai cobrar, adicionando apenas a sua margem? Você considera que o gasto com a equipe é o único custo envolvido na sua prestação de serviços e leva apenas isso em conta quando precifica um contrato? Se positivo, seu entendimento está errado e você pode estar tendo prejuízo em vários contratos com seus clientes.

Neste capítulo, vou lhe mostrar a importância de considerar o *overhead* – gastos com a estrutura – para precificação de contratos e, também, para avaliação da rentabilidade do seu escritório.

Despesas administrativas, ou o chamado *overhead*, é a classificação de todas as despesas que não participam do custo direto do escritório (gastos com a equipe jurídica). Portanto, são os gastos necessários à manutenção da banca (aluguel, *link* de internet, entre outros), mas que devem ser analisados separadamente e com atenção, pois elas farão parte da conta do escritório para analisar a rentabilidade e quanto sobra no caixa do escritório no fim do mês.

128 | GESTÃO FINANCEIRA E ESTRATÉGICA PARA ESCRITÓRIOS DE ADVOCACIA

Para exemplificar, cito as despesas administrativas que compõem o *overhead:*

- **Despesas com ocupação:** aluguel, água, luz, IPTU, condomínio, manutenção predial, entre outros;
- **Despesas administrativas:** folha de pagamento do pessoal administrativo e benefícios;
- **Marketing:** assessoria de imprensa, hospedagem de *site*;
- **Tecnologia da Informação:** aluguel de computadores, *link* de internet, sistema jurídico integrado, sistema de gestão de documentos, o GED;
- **Materiais de consumo:** materiais de escritório, materiais de copa e de cozinha, materiais de limpeza;
- **Despesas diversas:** tarifas bancárias, cartório, correio, *motoboy* do escritório;
- **Gestão do conhecimento:** jornais, revistas, periódicos.

Existem algumas formas de calcular o *overhead.* Você pode fazer o rateio do *overhead*, conforme a seguir, levando em consideração que a despesa deve ser igualmente rateada, independentemente do nível do integrante, ou entender que um sócio, que é o maior custo da sua folha de pagamento, deve receber um percentual maior na composição de custo do que um estagiário ou mesmo observar o espaço ocupado pelo colaborador para aí definir qual será esse custo indireto. Apresento, na sequência, alguns modelos para que você identifique aquele que deseja aplicar na sua banca para entender seu custo indireto:

- ***Per capita*:** Verifique o total gasto com as despesas administrativas, dividindo pelo número de integrantes do departamento jurídico: sócios, coordenadores, advogados e estagiários. Considere, por exemplo, que seu escritório tem o total de 20 integrantes no jurídico e teve R$ 100 mil de despesas administrativas no período, a conta será: **R\$ 100 mil / 20 pessoas = R\$ 5 mil por pessoa**. Esse será o seu *overhead per capita*;

- **Por metro quadrado:** Considere o total gasto com as despesas administrativas e divida pelo número de metros quadrados (média de ocupação de cada um) para encontrar o valor por pessoa. Você pode colocar, por exemplo, um peso maior para sócios, visto que suas salas são maiores que o espaço ocupado por um advogado ou mesmo estagiário. Esse será o seu *overhead* por metro quadrado;

- **Por pesos (representatividade):** Podem ser designados pesos diferentes para fazer o rateio, conforme o custo. Exemplo: peso 1,5 para sócios, peso 1,1 para coordenadores, peso 1 para advogado e peso 0,5 para estagiários. Desa forma, o valor fica mais equilibrado e proporcional ao peso de cada integrante (seu custo). Esse será o seu *overhead* considerando o peso por nível do integrante;

- ***Secondment:*** Se quiser considerar na conta o advogado que fica alocado *full time* no cliente que, embora não tenha uma ocupação de espaço físico, tem o apoio da equipe administrativa, o acesso aos periódicos que o escritório assina etc. Nesse caso, se realmente considerar um peso para esse profissional, o ideal é colocar algo em torno de 0,2/0,3 para não ocorrerem distorções quando se analisar a rentabilidade do cliente. Faça as contas e veja se vale a pena essa alocação de despesas ou se não deve adicionar nenhum valor de *overhead* e diluir os custos apenas para os profissionais que ficam no escritório.

> Lembre-se de que você, ou seu colaborador que cuida do financeiro, ou a sua área de controladoria financeira, precisará fazer o cálculo mensalmente, tendo em vista que os números podem mudar, ou seja, o cálculo de *overhead* deve acompanhar os ajustes nos gastos, caso estes ocorram.

GESTÃO FINANCEIRA E ESTRATÉGICA PARA ESCRITÓRIOS DE ADVOCACIA

Veja a seguir um modelo simples de construção de cálculo de *overhead* e seu uso em uma precificação, para entendimento da diferença dos valores quando se utilizam ou não os gastos indiretos no seu cálculo:

OVERHEAD MENSAL	
Tipo de Despesa	**Abril**
Despesas com ocupação	R$ 8.000,00
Despesas administrativas	R$ 2.000,00
Marketing	R$ 500,00
Tecnologia da Informação	R$ 800,00
Materiais de Consumo	R$ 500,00
Total Mensal	**R$ 11.800,00**

CUSTO DIRETO MENSAL (retirada, seguro de vida e estacionamento)		
Integrante	**Abril**	**Custo por hora**
Silvia Lima - Sócia (120h)	R$ 20.000,00	R$ 166,67
Aparecida da Silvia - Advogada (120h)	R$ 5.000,00	R$ 41,67
Sandro Souza - Estagiário (100h)	R$ 1.500,00	R$ 15,00
Total Mensal	**R$ 26.500,00**	

CUSTO TOTAL MENSAL - ABRIL				
Integrante	**Custo Direto**	**Overhead Per Capita**	**Custo Total**	**Custo Total por hora**
Silvia Lima - Sócia	R$ 20.000,00	R$ 3.933,33	R$ 23.933,33	R$ 199,44
Aparecida da Silvia - Advogada	R$ 5.000,00	R$ 3.933,33	R$ 8.933,33	R$ 74,44
Sandro Souza - Estagiário	R$ 1.500,00	R$ 3.933,33	R$ 5.433,33	R$ 54,33
Total Mensal	**R$ 26.500,00**	**R$ 11.800,00**	**R$ 38.300,00**	

Cap. 4 · GESTÃO DE NEGÓCIOS | 131

Veja a diferença: se considerar, no caso da sócia, apenas o custo direto na precificação do caso, o valor dela, por hora, seria de R$ 166,67, quando na verdade o custo total correto – soma do custo direto com o indireto (*overhead*) – seria de R$ 199,44 por hora no mês de abril. A diferença é de R$ 32,77 ou 20%, o quer dizer que o impacto é, sim, muito considerável.

Não se esqueça de considerar o *overhead*, proporcionalmente ao tempo, que será empregado no caso, nas propostas de honorários para cliente a serem feitas.

Para o escritório, a análise é importante para se ter uma ideia do quanto está gastando mensalmente de custo indireto e se esse valor está estável ou não. Se não estiver, entenda o que está acontecendo para tomar as medidas necessárias para redução de custos, se for o caso.

4.4. ANÁLISE DE RENTABILIDADE

Conforme falei da importância do *time sheet*, não se pode realizar uma análise de rentabilidade – caso, cliente, profissional, equipe, área e escritório – sem essa informação diária.

Quando você tem os lançamentos de tempo de todos os integrantes, para é possível fazer a gestão da equipe e diversas análises de rentabilidade, como se verá a seguir.

Existem várias formas de avaliar a rentabilidade. É claro que sempre começa com uma análise da proposta e seu *breakeven,* ou seja, seu ponto de equilíbrio, para que sejam mensurados a quantidade de horas de trabalho e supervisão, o *overhead* proporcional e o quanto se quer de rentabilidade antes de apresentar qualquer proposta para seu cliente, conforme se viu na precificação de honorários.

Antes do envio de qualquer proposta de honorários, é necessário fazer os cálculos com atenção, tendo em vista os custos envolvidos com o trabalho dos profissionais, supervisão do coordenador ou sócio, horas em reuniões e de revisão, pesquisas diversas, *overhead* etc. Também nessa conta você tem que mensurar o desembolso do escritório com o governo, via pagamento de impostos. Esse número, que é expressivo, também precisa ser considerado nessa conta.

Com os números em mãos e a projeção de horas que serão gastas ao longo do projeto, do processo, o financeiro fará o cálculo

132 | GESTÃO FINANCEIRA E ESTRATÉGICA PARA ESCRITÓRIOS DE ADVOCACIA

do *breakeven*, ou seja, ponto de equilíbrio ou o conhecido zero a zero. Agora, sim, consegue-se calcular a rentabilidade que se quer. Lembre-se que é imprescindível para essa conta a sua proposta de valor – seu intangível –, o que o escritório entrega, e isso tem uma importância que faz parte desta conta. Somente assim você terá o número para negociação com seu cliente.

Veja a seguir um modelo de cálculo de *breakeven*, levando em consideração os números obtidos no modelo apresentado no capítulo sobre *overhead:*

- Pedido do Cliente: Proposta de honorários para análise e desenvolvimento de um contrato-padrão de prestação de serviços, com cláusulas trabalhistas e de LGPD
- Premissas do Escritório: 7 horas de trabalho do advogado, com 3 horas do sócio para revisão da minuta e reunião com cliente, totalizando 10 horas de trabalho

Tendo em vista a demanda do cliente e as premissas do escritório, o cálculo ficaria assim:

				BREAKEVEN - PROPOSTA CLIENTE			
Integrante	Custo Direto por hora	Overhead por hora	Custo Total por hora	Horas de Trabalho	Custo Total Proposta	Impostos totais - 14,53% (Lucro Presumido)	Custo Total Final
Sócia	R$ 166,67	R$ 32,78	R$ 199,44	3	R$ 598,33	R$ 86,94	R$ 685,27
Advogada	R$ 41,67	R$ 32,78	R$ 74,44	7	R$ 521,11	R$ 75,72	R$ 596,83
Total Mensal		R$ 65,56	R$ 273,89	10	R$ 1.119,44	R$ 162,66	R$ 1.282,10

O *breakeven*, ou ponto de equilíbrio, é o valor de R$ 1.282,10. É a partir desse valor que deverá ser considerada sua margem de rentabilidade – 30%, 40% etc. – para calcular o valor de honorários a ser proposto.

Para mensurar a rentabilidade de um caso que está no escritório há algum tempo, é necessário levantar os números desde o início do processo ou da consultoria no escritório.

Se você não tem sistema integrado, que por meio de relatórios gerenciais extraiam-se os valores do passado, você precisará organizar os números no mês a mês para que inicie a montagem do histórico do caso, cliente, área e do escritório e você consiga fazer a análise proposta. Infelizmente, não se trata de uma tarefa tão simples, pensando na organização dos dados, toda a sua segregação ao longo do tempo e no tempo, cliente a cliente e caso a caso. Por isso é imprescindível, aos que realmente queiram obter tais informações sobre a rentabilidade, que providenciem a contratação de um sistema jurídico que emita os relatórios gerenciais. A seguir, apresento os dados necessários, no mês a mês, para montagem da análise:

- Total bruto faturado no caso no mês;
- Total de impostos, independentemente se retidos na fonte ou não;
- Tempo total trabalhado no caso, separado por integrante (uma vez que cada um tem um custo específico), no mês;
- Custo direto: no mesmo exemplo anterior, analisar o custo total do integrante, dividindo pelo total de horas trabalhadas no mês e multiplicar pelo tempo que trabalhou, nesse mês, para esse caso;
- Checar se existem despesas no caso que não são reembolsáveis pelo cliente, ou seja, que deve ser somada, pois fará parte do seu custo. Como exemplo, o pagamento de *cliente fee* (indicação de cliente) ou mesmo despesas com correspondentes não reembolsáveis;
- *Overhead* proporcional ao número de horas debitadas no caso: para fazer essa conta você precisa saber o total de horas despendidas de cada um dos integrantes que trabalharam naquele mês, conforme informado anteriormente. Se um integrante trabalhou 100 horas e outro 80 horas, você deve fazer a divisão do valor total do *overhead* para cada um proporcionalmente a fim de alocar o valor unitário x horas trabalhadas no caso específico.

Nos números, você terá o tempo gasto por cada integrante no decorrer desse processo, levando em conta seu custo de acordo com sua categoria ao longo do tempo e no tempo, por exemplo, um estagiário que se tornou advogado júnior e depois advogado

134 | GESTÃO FINANCEIRA E ESTRATÉGICA PARA ESCRITÓRIOS DE ADVOCACIA

pleno, um advogado sênior que se tornou sócio etc., cada um com seu peso de forma equivalente ao valor total gasto em horas no processo, sempre no decurso do tempo e, conforme o pagamento dos honorários, estes são diluídos e alocados proporcionalmente. Se há um caso com 100 horas trabalhadas até o momento, ele precisa considerar o custo – na sua proporção em horas – de cada um dos profissionais envolvidos e computados nas 100 horas, a receita bruta e proporcionalmente o *overhead* (se tiver dúvidas de como calcular, reveja o exemplo no capítulo que trata do assunto) ou custo administrativo.

A conta é: **(+) receita bruta (–) impostos totais (–) custo fixo (-) despesas não reembolsáveis/bonificação por captação (–)** *overhead* **(=) margem do caso/lucro líquido/ resultado** – em valor e em percentual (dividir o resultado pelo honorário bruto recebido). Lembre-se de que o valor não é corrigido ao longo do tempo, assim como os custos envolvidos – igual a um retrato – do período. O referido modelo de cálculo está baseado no regime tributário do lucro presumido.

Os casos precisam ser observados ao longo do tempo e de sua existência: você pode receber uma parcela de honorários expressiva na assunção do caso, mas, no decorrer do tempo, a equipe trabalha mais do que planejado inicialmente. Tal situação vai custar parte da sua rentabilidade.

Outro exemplo: você mensurou que a maior parte do trabalho seria realizada por profissionais mais juniores, porém o que de fato aconteceu foi um grande envolvimento de advogados mais seniores e sócios, o que acarretou um custo muito maior, prejudicando sua rentabilidade.

Outra questão a ser considerada é o reembolso de despesas, que devem ser todas custeadas pelo cliente, sempre.

Se, na sua situação, determinado caso não tenha o reembolso de despesas, estas devem ser consideradas como custo do processo e deduzidas também de sua rentabilidade. Por isso, é necessário muito cuidado e todas as situações potencialmente envolvidas devem ser observadas antes de preparar uma proposta de honorários e aceitar a condição do cliente.

A gestão dos casos e equipes é fundamental. Sempre verificar os números de forma recorrente para realizar os ajustes de curso durante o acompanhamento da ação ou da consultoria, principalmente tratando-se de valores fixos contratados e que você já sabe exatamente quanto receberá ao longo do processo.

Não existe uma rentabilidade ideal, um número mágico. Deve-se ter em mente que: quanto maior a rentabilidade, melhor. Tenha muito cuidado com o discurso: vou manter minha margem baixa para entrar no cliente. Isso pode custar muito caro para sua banca na contratação atual e, certamente, prejudicará negociações futuras.

> Lembre-se de que você tem que pensar em todas as condicionantes e no que seu escritório entregará, sua taxa de sucesso pelo ganho de causa ou mesmo uma alternativa para um problema com uma boa solução. Você tem que vender valor para o seu cliente e ele lhe pagará satisfeito sabendo da qualidade do que você oferecerá.

Você pode, também, utilizar a análise de rentabilidade para bonificar o corpo técnico e administrativo com um percentual dos lucros obtidos. Tais valores podem ser fixos ou variáveis, com métricas distintas que podem ser individuais ou por equipe, que pode ser definido em política interna da área de recursos humanos.

Cabe ressaltar que há bancas com filiais e, nesses casos, existe mais um nível de avaliação – por filial – antes de analisar o escritório como um todo. Cada filial deve ser tratada como um escritório apartado, com as métricas válidas em todos os seus processos, conforme se tratou ao longo deste capítulo.

Lembre-se de que, para análise do escritório, o critério assemelha-se a uma pirâmide, ou seja:

- 1.º: Soma-se o cálculo de todos os casos trabalhados;
- 2.º: Soma-se o cálculo de todas as áreas de trabalho;
- 3.º: Soma-se o cálculo de todas as filiais do escritório;
- 4.º: Você terá o resultado do escritório no período de análise.

136 | GESTÃO FINANCEIRA E ESTRATÉGICA PARA ESCRITÓRIOS DE ADVOCACIA

A análise de rentabilidade é muito importante para que você entenda qual profissional, processo, cliente ou área estão lhe trazendo lucro ou prejuízo. Você, sócio, precisa se debruçar sobre os números e fazer uma análise rigorosa a fim de verificar se vale a pena manter um cliente com uma rentabilidade tão baixa ou que lhe traz prejuízo, ou mesmo se cabe renegociar o valor que pagam mensalmente para que o escritório cuide de todos os processos. Lembre-se de que a análise de rentabilidade ocorre ao longo do tempo e você pode ter negociado um percentual de êxito que cobrirá todos os custos de um caso que hoje está dando prejuízo. Por isso, na análise é preciso considerar todos os dados para que ela seja correta.

4.5. BUSINESS INTELLIGENCE

Vive-se em uma era em que, cada vez mais, faz-se uso da informação – apresentadas e disponibilizadas nas mais diversas formas – para apoio à gestão do escritório.

Desde 1990, com o avanço da internet, o processamento, a armazenagem e a distribuição de dados, assim como a comunicação, mudaram a forma de trabalho e a interação entre as pessoas nas empresas e no mundo.

Business Intelligence (BI), ou inteligência de negócios, faz parte desse universo de interação e seu suporte se dá por meio do processo de coleta de dados e seu tratamento, organização, análise, compartilhamento e monitoramento de informações, cujo propósito é oferecer suporte na tomada de decisões, tendo como principal objetivo permitir uma fácil interpretação de grandes volumes de dados, visto que o sistema os trata para transformá--los em conhecimento, em informações.

Entre as funções do BI estão processos de análise, mineração de dados (encontrar padrões para prever resultados) e de textos, processamentos diversos, relatórios, cujas metas são o entendimento do passado, a apreciação do presente e a projeção de cenários futuros. Traduzindo: o BI processa os dados trazendo resultados que servirão de base para análises diversas baseadas em evidências, tanto do escritório quanto dos clientes. Os dados podem ser apresentados em planilhas, em forma de gráficos e de *dashboards* (personalização de painel para exibir informações), gerando resumos de dados de fácil interpretação, que darão suporte à gestão financeira, gestão jurídica, gestão de clientes e relacionamentos com eles, a fim de apoiar o planejamento e a tomada de decisões

Além dos *softwares* jurídicos – sistemas integrados (os ERP) que podem fornecer dados coletados e organizados nos escritórios – veja se o seu sistema jurídico integrado fornece tal serviço – existem também empresas que se conectam aos principais sistemas integrados (ERPs) de mercado e com uso de BI, extraem dados para disponibilizar as informações. A seguir, elenco apenas alguns exemplos, mais simples, de dados que podem ser compilados pelo BI do seu sistema, com comparativos, e apresentados como *dashboard*:

- Meta de Receita *x* Faturamento;
- Meta de Receita *x* Recebimento;
- Faturamento por escritório, abrindo os números por filial, por cliente e por caso;
- Recebimento por escritório, abrindo os números por filial, por cliente e por caso;
- Evolução diária do faturamento;
- Evolução diária do recebimento;
- Orçamento de Despesas *x* Realizado de Despesas, abrindo os números por conta e despesa;
- Quantidade de casos abertos por mês, separados por área de atuação;
- Quantidade de casos encerrados por mês, separados por área de atuação.

Monitoramento de receitas, análise para redução de custos, gestão e análise de clientes, de processos são algumas das apreciações possíveis com o seu uso, ou seja, ter uma ferramenta de BI, no seu escritório, é um grande diferencial estratégico.

Cabe salientar que, com o advento da Lei Geral de Proteção de Dados – LGPD (Lei n.º 13.709/2018), tanto os escritórios quanto demais entes privados (inclusive pessoas) e públicos, tiveram que se adaptar às formas de tratamentos de dados, quer

138 | GESTÃO FINANCEIRA E ESTRATÉGICA PARA ESCRITÓRIOS DE ADVOCACIA

de armazenamento físico ou em meios digitais, desde a obtenção, autorização de uso, utilização e segurança das informações até o descarte correto desses dados.

4.6. *KEY PERFORMANCE INDICATORS – KPIs*

> *"O que não pode ser medido não pode ser gerenciado."*
>
> Peter Drucker

Como você pode avaliar o crescimento da sua banca? Os resultados alcançados estão na direção certa, rumo à expansão? Como fazer a apuração desses resultados? Quais indicadores de desempenho são imprescindíveis na análise de dados dessa evolução? Você olha para sua meta e quer identificar os indicadores adequados que mostrarão se o escritório está no caminho certo?

Os *Key Performance Indicators* (KPIs) são indicadores que podem ser medidos, comparados e acompanhados, de forma a expor o desempenho do trabalho nas estratégias. Eles são a representação numérica da realização do planejamento estratégico e as métricas que nos dão um norte para onde o escritório caminha. Eles são imprescindíveis para a gestão de qualquer tamanho de escritório, para análise da rentabilidade da banca e se o que está planejado para acontecer foi realizado a contento e com resultados positivos e crescentes. Esses KPIs serão utilizados pelo seu escritório com o intuito de implementar mudanças ou ajustes nas metas, no rumo da estratégia.

Mais do que apenas métricas, os KPIs ajudam a medir, comparar e acompanhar a evolução do negócio sob os vários aspectos, aferindo o desempenho, fazendo comparativos e gerando *insights* que visam o aprimoramento e a melhoria contínua. Existem diversos tipos de KPIs, em que são utilizados os dados extraídos e consolidados, com base nas informações financeiras e das atividades do escritório. Eles quantificam a *performance* levando em conta os objetivos estratégicos definidos – e suas respectivas metas – a cada início de ano ou novo ciclo de planejamento.

Na sequência, abordarei alguns KPIs imprescindíveis para a gestão no seu escritório. Lembre-se de que, para qualquer tipo de indicador, é fundamental que você tenha um histórico para comparação, e é aí que entra a extração dos dados e números do *software* integrado do escritório, das mais diversas formas, para análise e acompanhamento do desempenho.

No caso de escritórios pequenos, que ainda não possuem o sistema integrado, alguns desses controles, monitoramentos e comparativos podem ser elaborados – e alimentados mensalmente – em planilhas eletrônicas, com muita organização na inclusão de dados. Contudo, conforme está mais detalhadamente pontuado no capítulo sobre tecnologia da informação, saliento que há vários sistemas no mercado que podem lhe atender, e, com a economia de tempo com o uso do sistema que integrará todo o escritório, você terá mais tempo para se dedicar ao seu cliente, cujas horas serão faturadas e cobrirão esse custo. Avalie essa possibilidade considerando todos os benefícios que ela traz, pois fará muita diferença no seu dia a dia e na sua gestão integrada do escritório entre o jurídico e o administrativo e financeiro.

A seguir, destaco alguns KPIs, inclusive exemplificando em alguns casos com modelos para melhor entendimento e montagem:

1) Taxa de crescimento do cliente: comparar, de um ano para o outro, o crescimento do faturamento de cada um dos clientes;

Taxa de Crescimento de Clientes			
Cliente	Faturamento 2020	Faturamento 2021	Comparativo 2021 / 2020
A	R$ 1.600.000,00	R$ 1.800.000,00	12,5%
B	R$ 1.200.000,00	R$ 1.300.000,00	8,3%
C	R$ 700.000,00	R$ 780.000,00	11,4%
D	R$ 535.500,00	R$ 535.500,00	0,0%
E	R$ 400.000,00	R$ 420.000,00	5,0%
F	R$ 77.000,00	R$ 291.000,00	277,9%
G	R$ 250.000,00	R$ 400.000,00	60,0%
H	R$ 81.000,00	R$ 81.000,00	0,0%

Taxa de Crescimento de Clientes			
Cliente	Faturamento 2020	Faturamento 2021	Comparativo 2021 / 2020
I	R$ 100.000,00	R$ 132.700,00	32,7%
J	R$ 50.000,00	R$ 80.000,00	60,0%
K	R$ 36.000,00	R$ 36.000,00	0,0%
L	R$ 17.000,00	R$ 22.000,00	29,4%
M	R$ 20.000,00	R$ 17.000,00	-15,0%
N	R$ 10.000,00	R$ 12.750,00	27,5%
O	R$ 10.000,00	R$ 8.500,00	-15,0%
Total Geral	R$ 5.086.500,00	R$ 5.916.450,00	16,3%

2) *Cross Selling*: comparar as áreas atendidas e se foi trabalhado em outras áreas não atendidas anteriormente;

3) Quantidade de propostas enviadas: verificar a evolução de um ano para o outro;

Evolução Anual - Quantidade de Propostas Enviadas				
Mês	2018	2019	2020	2021
Janeiro	2	3	1	2
Fevereiro	1	1	2	3
Março	2	1	1	2
Abril	1	1	1	2
Maio	2	1	2	3
Junho	1	1	3	3
Julho	1	1	1	2
Agosto	2	2	2	2
Setembro	2	3	3	4
Outubro	1	2	2	3
Novembro	1	2	2	3
Dezembro	1	2	1	2
Total Geral	17	20	21	31
Média	1	2	2	3

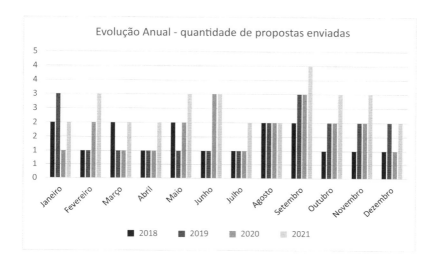

4) Quantidade de propostas aprovadas: verificar a evolução de um ano para o outro;

Evolução Anual - Quantidade de Propostas Aprovadas				
Mês	2018	2019	2020	2021
Janeiro	1	2	2	1
Fevereiro	1	1	2	3
Março	1	2	2	3
Abril	1	1	1	1
Maio	2	1	2	2
Junho	1	2	2	3
Julho	1	2	2	2
Agosto	1	1	1	1
Setembro	1	2	2	2
Outubro	1	1	2	3
Novembro	1	1	1	2
Dezembro	1	2	1	3
Total Geral	13	18	20	26
Média	1	2	2	2

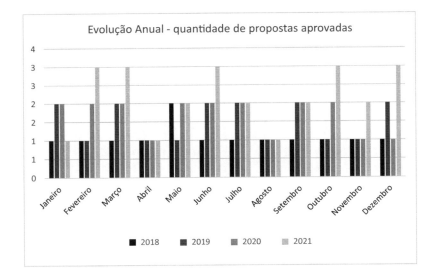

5) Quantidade de propostas aprovadas por área: verificar a evolução de um ano para o outro;
6) Número de propostas de serviços enviadas x aprovadas (taxa de conversão de vendas): analisar as propostas não aprovadas para entender se é uma questão de valores (precificação), de prazo, entre outras situações;

Cap. 4 · GESTÃO DE NEGÓCIOS | 143

TAXA DE CONVERSÃO DE VENDAS

Ano	2018			2019			2020			2021		
Indicador	Aprovadas	Enviadas	% Conversão	Aprovadas	Enviadas	% Conversão	Aprovadas	Enviadas	% Conversão	Aprovadas	Enviadas	% Conversão
Janeiro	1	2	50%	2	3	67%	2	1	200%	1	2	50%
Fevereiro	1	1	100%	1	1	100%	2	2	100%	3	3	100%
Março	1	2	50%	2	1	200%	2	1	200%	3	2	150%
Abril	1	1	100%	1	1	100%	1	1	100%	1	2	50%
Maio	2	2	100%	1	1	100%	2	2	100%	2	3	67%
Junho	1	1	100%	2	1	200%	2	3	67%	3	3	100%
Julho	1	1	100%	2	1	200%	2	1	200%	2	2	100%
Agosto	1	2	50%	1	2	50%	1	2	50%	1	2	50%
Setembro	1	2	50%	2	3	67%	2	3	67%	2	4	50%
Outubro	1	1	100%	1	2	50%	2	2	100%	3	3	100%
Novembro	1	1	100%	1	2	50%	1	2	50%	2	3	67%
Dezembro	1	1	100%	2	2	100%	1	1	100%	3	2	150%
Total Geral	13	17	76%	18	20	90%	20	21	95%	26	31	84%
Média Mensal	1	1	76%	2	2	90%	2	2	95%	2	3	84%

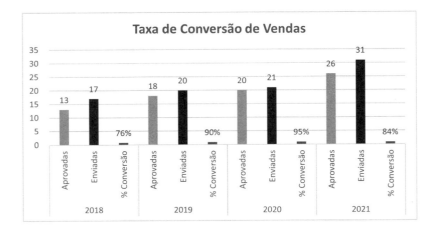

7) Inadimplência da área: comparar o crescimento ou diminuição de um ano para o outro, cotejando também com o total faturado de um ano para o outro, ou seja, a base de cálculo para saber o valor de comparação;

8) Curva ABC: análise da representatividade do cliente no escritório. Essa informação é crucial para saber se o faturamento/recebimento está concentrado em um cliente específico ou em poucos clientes. Quanto mais pulverizado seu faturamento, melhor e mais saudável seu escritório;

Cliente	Faturamento ou Recebimento	% Representação	
CURVA ABC Participação de Clientes			
A	R$ 1.600.000,00	29,0%	
B	R$ 1.250.000,00	22,6%	51,6%
C	R$ 700.000,00	12,7%	
D	R$ 595.000,00	10,8%	75,1%
E	R$ 400.000,00	7,2%	
F	R$ 300.000,00	5,4%	

CURVA ABC Participação de Clientes			
Cliente	Faturamento ou Recebimento	% Representação	
G	R$ 250.000,00	4,5%	
H	R$ 180.000,00	3,3%	
I	R$ 100.000,00	1,8%	
J	R$ 50.000,00	0,9%	
K	R$ 30.000,00	0,5%	
L	R$ 20.000,00	0,4%	
M	R$ 20.000,00	0,4%	
N	R$ 15.000,00	0,3%	
O	R$ 10.000,00	0,2%	100,0%
Total Geral	R$ 5.520.000,00	100,0%	

9) Faturamento por equipe: analisar o crescimento em comparação com o ano anterior;

10) Clientes novos: analisar anualmente o crescimento de novos clientes, *vis-à-vis* a atuação na política de desenvolvimento e atração destes;

11) Quantidade de horas gastas com prospecção de novos clientes: análise da evolução da entrada de novos clientes no período *x* número de horas empenhadas nessa atividade;

12) Elaboração e participação em eventos internos (café da manhã, *live*, outros) e eventos externos (eventos em associações, palestras, outros): mensurar o retorno que esses eventos trazem para identificar se aumentaram sua participação e se essas participações surtiram efeito;

13) Análise da rentabilidade dos clientes e casos: evolução dos números periodicamente. Para essa análise, é fundamental o uso dos relatórios do sistema tendo

em vista a complexidade e o histórico necessários à aferição dos números;

14) *Churn Rate*: clientes que deixaram o escritório – taxa de rotatividade, de evasão.

Além dos KPIs supraindicados, adicionalmente na área financeira sugiro os seguintes, em alguns casos inclusive com modelos para melhor entendimento e montagem, indispensáveis para a análise da evolução mensal e anual para comparativo:

1) Faturamento: faturamento realizado em comparação com o orçamento de receitas do período;

META DE RECEITAS - XXXXXXXXXX ADVOGADOS					
META 2022		FATURAMENTO BRUTO		RECEBIMENTO BRUTO	
2022	Meta	Faturamento	% Fat x Meta	Recebimento	% Rec x Meta
JAN	500.000,00	500.000,00	100,00%	450.000,00	90,00%
FEV	480.000,00	490.000,00	102,08%	500.000,00	104,17%
MAR	500.000,00	420.000,00	84,00%	470.000,00	94,00%
ABR	400.000,00	420.000,00	105,00%	400.000,00	100,00%
MAI	350.000,00	500.000,00	142,86%	470.000,00	134,29%
JUN	600.000,00	470.000,00	78,33%	480.000,00	80,00%
1º SEM	2.830.000,00	2.800.000,00	98,94%	2.770.000,00	97,88%
JUL	420.000,00		0,00%		0,00%
AGO	450.000,00		0,00%		0,00%
SET	450.000,00		0,00%		0,00%
OUT	550.000,00		0,00%		0,00%
NOV	580.000,00		0,00%		0,00%
DEZ	630.000,00		0,00%		0,00%

META DE RECEITAS - XXXXXXXXXX ADVOGADOS					
META 2022		FATURAMENTO BRUTO		RECEBIMENTO BRUTO	
2022	Meta	Faturamento	% Fat x Meta	Recebimento	% Rec x Meta
2º SEM	3.080.000,00	–	0,00%	–	0,00%
TOTAL 2022	5.910.000,00	2.800.000,00	47,38%	2.770.000,00	46,87%

2) Recebimento: recebimento efetivo em comparação com o orçamento de receitas do período;

META DE RECEITAS - XXXXXXXXXX ADVOGADOS					
META 2022		FATURAMENTO BRUTO		RECEBIMENTO BRUTO	
2022	Meta	Faturamento	% Fat x Meta	Recebimento	% Rec x Meta
JAN	500.000,00	500.000,00	100,00%	450.000,00	90,00%
FEV	480.000,00	490.000,00	102,08%	500.000,00	104,17%
MAR	500.000,00	420.000,00	84,00%	470.000,00	94,00%
ABR	400.000,00	420.000,00	105,00%	400.000,00	100,00%
MAI	350.000,00	500.000,00	142,86%	470.000,00	134,29%
JUN	600.000,00	470.000,00	78,33%	480.000,00	80,00%
1º SEM	2.830.000,00	2.800.000,00	98,94%	2.770.000,00	97,88%
JUL	420.000,00		0,00%		0,00%
AGO	450.000,00		0,00%		0,00%
SET	450.000,00		0,00%		0,00%
OUT	550.000,00		0,00%		0,00%
NOV	580.000,00		0,00%		0,00%
DEZ	630.000,00		0,00%		0,00%
2º SEM	3.080.000,00	–	0,00%	–	0,00%
TOTAL 2022	5.910.000,00	2.800.000,00	47,38%	2.770.000,00	46,87%

148 | GESTÃO FINANCEIRA E ESTRATÉGICA PARA ESCRITÓRIOS DE ADVOCACIA

3) *Ticket* médio: análise da quantidade de faturas emitidas e média dos valores faturados para saber se houve incremento nos valores cobrados;

Nº NF	DATA EMISSÃO	CLIENTE	VALOR BRUTO NF	DATA VENCIMENTO	DATA RECEBIMENTO
873	01/09/21	CLIENTE A	R$ 7.600,00	16/9/2021	16/9/2021
874	01/09/21	CLIENTE L	R$ 7.600,00	16/9/2021	16/9/2021
875	02/09/21	CLIENTE L	R$ 3.000,00	6/10/2021	6/10/2021
876	09/09/21	CLIENTE L	R$ 67.730,00	5/11/2021	5/11/2021
877	09/09/21	CLIENTE M	R$ 450,00	5/11/2021	5/11/2021
878	10/09/21	CLIENTE C	R$ 650,00	1/10/2021	1/10/2021
879	10/09/21	CLIENTE K	R$ 650,00	1/10/2021	1/10/2021
880	10/09/21	CLIENTE C	R$ 700,00	1/10/2021	1/10/2021
881	10/09/21	CLIENTE C	R$ 4.000,00	1/10/2021	1/10/2021
882	10/09/21	CLIENTE C	R$ 1.850,00	1/10/2021	1/10/2021
883	10/09/21	CLIENTE C	R$ 1.700,00	1/10/2021	1/10/2021
884	10/09/21	CLIENTE C	R$ 650,00	1/10/2021	1/10/2021
885	10/09/21	CLIENTE C	R$ 1.850,00	1/10/2021	1/10/2021
886	10/09/21	CLIENTE C	R$ 650,00	1/10/2021	1/10/2021
887	10/09/21	CLIENTE C	R$ 5.000,00	1/10/2021	1/10/2021
888	10/09/21	CLIENTE C	R$ 650,00	1/10/2021	1/10/2021
889	16/09/21	CLIENTE M	R$ 10.000,00	15/10/2021	15/10/2021
890	16/09/21	CLIENTE M	R$ 2.250,00	6/10/2021	6/10/2021
891	16/09/21	CLIENTE H	R$ 8.230,00	30/9/2021	30/9/2021
892	27/09/21	CLIENTE M	R$ 1.400,00	6/10/2021	6/10/2021
TICKET MÉDIO - 09/2021					R$ 6.330,50
893	01/10/21	CLIENTE M	R$ 3.000,00	8/11/2021	25/10/2021
894	01/10/21	CLIENTE M	R$ 7.600,00	18/10/2021	18/10/2021
895	01/10/21	CLIENTE A	R$ 7.600,00	18/10/2021	18/10/2021
896	01/10/21	CLIENTE B	R$ 50.000,00	30/12/2021	23/12/2021
897	05/10/21	CLIENTE M	R$ 1.000,00	4/11/2021	4/11/2021
898	06/10/21	CLIENTE H	R$ 8.230,00	29/10/2021	29/10/2021
899	06/10/21	CLIENTE M	R$ 2.250,00	29/10/2021	25/10/2021
900	07/10/21	CLIENTE M	R$ 450,00	5/12/2021	27/10/2021
901	08/10/21	CLIENTE M	R$ 75.000,00	6/12/2021	27/10/2021
902	08/10/21	CLIENTE M	R$ 50.000,00	6/12/2021	27/10/2021
903	08/10/21	CLIENTE M	R$ 34.000,00	31/10/2021	3/11/2021
904	08/10/21	CLIENTE K	R$ 20.000,00	5/11/2021	29/10/2021

Nº NF	DATA EMISSÃO	CLIENTE	VALOR BRUTO NF	DATA VENCIMENTO	DATA RECEBIMENTO
905	20/10/21	CLIENTE E	R$ 3.033,33	17/1/2022	17/1/2022
906	20/10/21	CLIENTE E	R$ 27.000,00	17/1/2022	17/1/2022
907	20/10/21	CLIENTE E	R$ 1.640,00	17/1/2022	17/1/2022
TICKET MÉDIO - 10/2021					R$ 11.770,66
908	01/11/21	CLIENTE N	R$ 3.000,00	25/11/2021	25/11/2021
909	01/11/21	CLIENTE N	R$ 7.600,00	15/11/2021	16/11/2021
910	01/11/21	CLIENTE A	R$ 7.600,00	15/11/2021	16/11/2021
911	15/11/21	CLIENTE N	R$ 37.900,00	18/2/2022	26/11/2021
912	16/11/21	CLIENTE F	R$ 18.000,00	5/12/2021	6/12/2021
913	17/11/21	CLIENTE F	R$ 10.000,00	5/12/2021	6/12/2021
914	18/11/21	CLIENTE N	R$ 6.625,00	15/11/2021	16/11/2021
915	19/11/21	CLIENTE N	R$ 1.530,00	26/11/2021	26/11/2021
916	20/11/21	CLIENTE N	R$ 3.000,00	25/11/2021	25/11/2021
917	21/11/21	CLIENTE N	R$ 7.600,00	15/11/2021	16/11/2021
918	22/11/21	CLIENTE A	R$ 7.600,00	15/11/2021	16/11/2021
TICKET MÉDIO - 11/2021					R$ 10.041,36

4) Prazo médio de vencimento (PMV) e prazo médio de recebimento (PMR): acompanhamento para ajuste e diminuição de prazos, que, se extensos, impactam o fluxo de caixa;

Nº NF	DATA EMISSÃO	CLIENTE	VALOR BRUTO NF	DATA VENCIMENTO	DATA RECEBIMENTO	PRAZO MÉDIO VENCIMENTO (DIAS) VENCIMENTO X EMISSÃO
870	06/08/21	CLIENTE A	R$ 14.250,00	9/8/2021	9/8/2021	2
871	06/08/21	CLIENTE L	R$ 14.250,00	9/8/2021	9/8/2021	2
872	26/08/21	CLIENTE L	R$ 2.000,00	4/10/2021	4/10/2021	38
873	01/09/21	CLIENTE A	R$ 7.600,00	16/9/2021	16/9/2021	15
874	01/09/21	CLIENTE L	R$ 7.600,00	16/9/2021	16/9/2021	15
875	02/09/21	CLIENTE L	R$ 3.000,00	6/10/2021	6/10/2021	33
876	09/09/21	CLIENTE L	R$ 67.730,00	5/11/2021	5/11/2021	56
877	09/09/21	CLIENTE M	R$ 450,00	5/11/2021	5/11/2021	56
878	10/09/21	CLIENTE C	R$ 650,00	1/10/2021	1/10/2021	20
879	10/09/21	CLIENTE K	R$ 650,00	1/10/2021	1/10/2021	20

150 GESTÃO FINANCEIRA E ESTRATÉGICA PARA ESCRITÓRIOS DE ADVOCACIA

Nº NF	DATA EMISSÃO	CLIENTE	VALOR BRUTO NF	DATA VENCIMENTO	DATA RECEBI-MENTO	PRAZO MÉDIO VENCIMENTO (DIAS) VENCIMENTO X EMISSÃO
880	10/09/21	CLIENTE C	R$ 700,00	1/10/2021	1/10/2021	20
881	10/09/21	CLIENTE C	R$ 4.000,00	1/10/2021	1/10/2021	20
882	10/09/21	CLIENTE C	R$ 1.850,00	1/10/2021	1/10/2021	20
883	10/09/21	CLIENTE C	R$ 1.700,00	1/10/2021	1/10/2021	20
884	10/09/21	CLIENTE C	R$ 650,00	1/10/2021	1/10/2021	20
885	10/09/21	CLIENTE C	R$ 1.850,00	1/10/2021	1/10/2021	20
886	10/09/21	CLIENTE C	R$ 650,00	1/10/2021	1/10/2021	20
887	10/09/21	CLIENTE C	R$ 5.000,00	1/10/2021	1/10/2021	20
888	10/09/21	CLIENTE C	R$ 650,00	1/10/2021	1/10/2021	20
889	16/09/21	CLIENTE M	R$ 10.000,00	15/10/2021	15/10/2021	29
890	16/09/21	CLIENTE M	R$ 2.250,00	6/10/2021	6/10/2021	20
891	16/09/21	CLIENTE H	R$ 8.230,00	30/9/2021	30/9/2021	14
892	27/09/21	CLIENTE M	R$ 1.400,00	6/10/2021	6/10/2021	8
893	01/10/21	CLIENTE M	R$ 3.000,00	8/11/2021	25/10/2021	38
894	01/10/21	CLIENTE M	R$ 7.600,00	18/10/2021	18/10/2021	17
895	01/10/21	CLIENTE A	R$ 7.600,00	18/10/2021	18/10/2021	17
896	01/10/21	CLIENTE B	R$ 50.000,00	30/12/2021	23/12/2021	90
897	05/10/21	CLIENTE M	R$ 1.000,00	4/11/2021	4/11/2021	29
898	06/10/21	CLIENTE H	R$ 8.230,00	29/10/2021	29/10/2021	22
899	06/10/21	CLIENTE M	R$ 2.250,00	29/10/2021	25/10/2021	22
900	07/10/21	CLIENTE M	R$ 450,00	5/12/2021	27/10/2021	59
901	08/10/21	CLIENTE M	R$ 75.000,00	6/12/2021	27/10/2021	59
902	08/10/21	CLIENTE M	R$ 50.000,00	6/12/2021	27/10/2021	59
903	08/10/21	CLIENTE M	R$ 34.000,00	31/10/2021	3/11/2021	22
904	08/10/21	CLIENTE K	R$ 20.000,00	5/11/2021	29/10/2021	27
905	20/10/21	CLIENTE E	R$ 3.033,33	17/1/2022	17/1/2022	89
906	20/10/21	CLIENTE E	R$ 27.000,00	17/1/2022	17/1/2022	89
907	20/10/21	CLIENTE E	R$ 1.640,00	17/1/2022	17/1/2022	89
908	21/10/21	CLIENTE M	R$ 15.658,67	15/12/2021	26/11/2021	55
909	21/10/21	CLIENTE N	R$ 6.300,00	15/12/2021	26/11/2021	55
910	21/10/21	CLIENTE N	R$ 9.300,00	15/12/2021	26/11/2021	55
911	21/10/21	CLIENTE N	R$ 37.900,00	18/2/2022	26/11/2021	120
912	27/10/21	CLIENTE F	R$ 18.000,00	5/12/2021	6/12/2021	39
913	27/10/21	CLIENTE F	R$ 10.000,00	5/12/2021	6/12/2021	39
914	27/10/21	CLIENTE N	R$ 6.625,00	15/11/2021	16/11/2021	19

Cap. 4 · GESTÃO DE NEGÓCIOS | **151**

Nº NF	DATA EMISSÃO	CLIENTE	VALOR BRUTO NF	DATA VENCIMENTO	DATA RECEBI-MENTO	PRAZO MÉDIO VENCIMENTO (DIAS) VENCIMENTO X EMISSÃO
915	27/10/21	CLIENTE N	R$ 1.530,00	26/11/2021	26/11/2021	30
916	01/11/21	CLIENTE N	R$ 3.000,00	25/11/2021	25/11/2021	24
917	01/11/21	CLIENTE N	R$ 7.600,00	15/11/2021	16/11/2021	14
918	01/11/21	CLIENTE A	R$ 7.600,00	15/11/2021	16/11/2021	14
TOTAL GERAL			**R$ 571.427,00**			**MÉDIA GERAL - 35 DIAS**

Nº NF	DATA EMISSÃO	CLIENTE	VALOR BRUTO NF	DATA VENCI-MENTO	DATA RECEBIMENTO	PRAZO MÉDIO RECEBIMENTO (DIAS) RECEBIMENTO X EMISSÃO
870	06/08/21	CLIENTE A	R$ 14.250,00	9/8/2021	9/8/2021	2
871	06/08/21	CLIENTE L	R$ 14.250,00	9/8/2021	9/8/2021	2
872	26/08/21	CLIENTE L	R$ 2.000,00	4/10/2021	4/10/2021	38
873	01/09/21	CLIENTE A	R$ 7.600,00	16/9/2021	16/9/2021	15
874	01/09/21	CLIENTE L	R$ 7.600,00	16/9/2021	16/9/2021	15
875	02/09/21	CLIENTE L	R$ 3.000,00	6/10/2021	6/10/2021	33
876	09/09/21	CLIENTE L	R$ 67.730,00	5/11/2021	5/11/2021	56
877	09/09/21	CLIENTE M	R$ 450,00	5/11/2021	5/11/2021	56
878	10/09/21	CLIENTE C	R$ 650,00	1/10/2021	1/10/2021	20
879	10/09/21	CLIENTE K	R$ 650,00	1/10/2021	1/10/2021	20
880	10/09/21	CLIENTE C	R$ 700,00	1/10/2021	1/10/2021	20
881	10/09/21	CLIENTE C	R$ 4.000,00	1/10/2021	1/10/2021	20
882	10/09/21	CLIENTE C	R$ 1.850,00	1/10/2021	1/10/2021	20
883	10/09/21	CLIENTE C	R$ 1.700,00	1/10/2021	1/10/2021	20
884	10/09/21	CLIENTE C	R$ 650,00	1/10/2021	1/10/2021	20
885	10/09/21	CLIENTE C	R$ 1.850,00	1/10/2021	1/10/2021	20
886	10/09/21	CLIENTE C	R$ 650,00	1/10/2021	1/10/2021	20
887	10/09/21	CLIENTE C	R$ 5.000,00	1/10/2021	1/10/2021	20
888	10/09/21	CLIENTE C	R$ 650,00	1/10/2021	1/10/2021	20
889	16/09/21	CLIENTE M	R$ 10.000,00	15/10/2021	15/10/2021	29
890	16/09/21	CLIENTE M	R$ 2.250,00	6/10/2021	6/10/2021	20
891	16/09/21	CLIENTE H	R$ 8.230,00	30/9/2021	30/9/2021	14
892	27/09/21	CLIENTE M	R$ 1.400,00	6/10/2021	6/10/2021	8

Nº NF	DATA EMISSÃO	CLIENTE	VALOR BRUTO NF	DATA VENCI-MENTO	DATA RECEBIMENTO	PRAZO MÉDIO RECEBIMENTO (DIAS) RECEBIMENTO X EMISSÃO
893	01/10/21	CLIENTE M	R$ 3.000,00	8/11/2021	25/10/2021	24
894	01/10/21	CLIENTE M	R$ 7.600,00	18/10/2021	18/10/2021	17
895	01/10/21	CLIENTE A	R$ 7.600,00	18/10/2021	18/10/2021	17
896	01/10/21	CLIENTE B	R$ 50.000,00	30/12/2021	23/12/2021	83
897	05/10/21	CLIENTE M	R$ 1.000,00	4/11/2021	4/11/2021	29
898	06/10/21	CLIENTE H	R$ 8.230,00	29/10/2021	29/10/2021	22
899	06/10/21	CLIENTE M	R$ 2.250,00	29/10/2021	25/10/2021	18
900	07/10/21	CLIENTE M	R$ 450,00	5/12/2021	27/10/2021	20
901	08/10/21	CLIENTE M	R$ 75.000,00	6/12/2021	27/10/2021	19
902	08/10/21	CLIENTE M	R$ 50.000,00	6/12/2021	27/10/2021	19
903	08/10/21	CLIENTE M	R$ 34.000,00	31/10/2021	3/11/2021	25
904	08/10/21	CLIENTE K	R$ 20.000,00	5/11/2021	29/10/2021	20
905	20/10/21	CLIENTE E	R$ 3.033,33	17/1/2022	17/1/2022	89
906	20/10/21	CLIENTE E	R$ 27.000,00	17/1/2022	17/1/2022	89
907	20/10/21	CLIENTE E	R$ 1.640,00	17/1/2022	17/1/2022	89
908	21/10/21	CLIENTE M	R$ 15.658,67	15/12/2021	26/11/2021	36
909	21/10/21	CLIENTE N	R$ 6.300,00	15/12/2021	26/11/2021	36
910	21/10/21	CLIENTE N	R$ 9.300,00	15/12/2021	26/11/2021	36
911	21/10/21	CLIENTE N	R$ 37.900,00	18/2/2022	26/11/2021	36
912	27/10/21	CLIENTE F	R$ 18.000,00	5/12/2021	6/12/2021	40
913	27/10/21	CLIENTE F	R$ 10.000,00	5/12/2021	6/12/2021	40
914	27/10/21	CLIENTE N	R$ 6.625,00	15/11/2021	16/11/2021	20
915	27/10/21	CLIENTE N	R$ 1.530,00	26/11/2021	26/11/2021	30
916	01/11/21	CLIENTE N	R$ 3.000,00	25/11/2021	25/11/2021	24
917	01/11/21	CLIENTE N	R$ 7.600,00	15/11/2021	16/11/2021	15
918	01/11/21	CLIENTE A	R$ 7.600,00	15/11/2021	16/11/2021	15
TOTAL GERAL			R$ 571.427,00			MÉDIA GERAL - 29 DIAS

5) Inadimplência (*Aging*): crescimento ou decréscimo da inadimplência comparado com os valores e períodos do ano anterior;

6) Gastos: comparativo dos gastos do período perante o orçamento de despesas, pontuando os principais desvios;

Cap. 4 · GESTÃO DE NEGÓCIOS | 153

ORÇAMENTO X REALIZADO - DESPESAS 2022

Título	Janeiro		Fevereiro		Total Orçado	Total Realizado	Real x Orçado	Análise Vertical Resentação do Total
	Orçado	Realizado	Orçado	Realizado				
PESSOAL JURÍDICO	20.000,00	38.000,00	20.000,00	38.000,00	40.000,00	76.000,00	190,0%	57,1%
PESSOAL ADMINISTRATIVO	8.000,00	7.600,00	8.000,00	7.800,00	16.000,00	15.400,00	96,3%	11,6%
SEGUROS	1.000,00	1.000,00	1.000,00	1.000,00	2.000,00	2.000,00	100,0%	1,5%
DESPESAS OCUPACIONAIS	10.000,00	10.000,00	10.000,00	10.000,00	20.000,00	20.000,00	100,0%	15,0%
CRÉDITO EDUCATIVO	1.128,58	790,01	1.128,58	1.267,18	2.257,16	2.057,19	91,1%	1,5%
ASSOCIAÇÕES / PUBLICIDADE	1.000,00	1.000,00	1.000,00	800,00	2.000,00	1.800,00	90,0%	1,4%
ASSINATURAS	100,00	100,00	100,00	100,00	200,00	200,00	100,0%	0,2%
INFORMÁTICA	2.000,00	2.000,00	2.000,00	2.000,00	4.000,00	4.000,00	100,0%	3,0%
MATERIAL DE CONSUMO	1.300,00	1.170,00	1.300,00	1.492,67	2.600,00	2.662,67	102,4%	2,0%
MANUTENÇÃO	200,00	-	200,00	100,00	400,00	100,00	25,0%	0,1%
SERVIÇOS DE TERCEIROS	1.500,00	1.500,00	1.500,00	1.500,00	3.000,00	3.000,00	100,0%	2,3%
REPRESENTAÇÕES	200,00	200,00	200,00	-	400,00	200,00	50,0%	0,2%
DESPESAS GERAIS	2.000,00	1.800,00	2.000,00	1.800,00	4.000,00	3.600,00	90,0%	2,7%
IMPOSTOS	1.000,00	1.000,00	1.000,00	1.000,00	2.000,00	2.000,00	100,0%	1,5%
TOTAL GERAL COM IMPOSTOS	49.428,58	66.160,01	49.428,58	66.859,85	98.857,16	133.019,86	134,6%	100,0%

Despesas - Orçado x Realizado				
Itens - Planos de Contas	Orçado	Real	% Real x Orçado	Justificativa - Desvios
Cartório	1.000,00	800,00	● 80%	
Correios	1.500,00	1.750,00	● 117%	Remessa de Brindes
Aluguel	10.000,00	10.000,00	● 100%	
Condomínio	2.000,00	2.000,00	● 100%	
Retirada Sócios	10.000,00	20.000,00	● 200%	Entrada novo sócio
Bolsa-Auxílio	5.000,00	3.000,00	● 60%	desligamento estagiário
Vale-Transporte	2.000,00	2.020,00	● 101%	
Material de Escritório	1.000,00	800,00	● 80%	menor gasto com papel
Material de Limpeza e Copa	1.000,00	970,00	● 97%	
Uniformes	500,00	-	● 0%	compra não efetuada
Total Geral	34.000,00	41.340,00	● 122%	

7) Rentabilidade: análise de profissional, caso, cliente, área e escritório em um determinado período (elaborado via sistema por meio de relatórios gerenciais).

Dos KPIs da área de gestão de pessoas sugiro os seguintes para apoiá-los em seus processos, inclusive os comportamentais:

1) Índice de *Turnover* ou rotatividade: equipe jurídica e do *backoffice*. Em posse dos números, você deve, qualitativamente, analisar a qualidade do recrutamento e seleção e das políticas internas para retenção de talentos, quando necessário (exceção aumento de quadro);

Evolução Anual - Turn Over								
Time	Jurídico	BackOffice	Jurídico	BackOffice	Jurídico	BackOffice	Jurídico	BackOffice
Mês	2018		2019		2020		2021	
Janeiro - Início Ano	10	2	12	2	13	3	14	3
Fevereiro								
Março							-1	
Abril			1		-2			
Maio					-1	-2		
Junho	2		1					
Julho		-1					1	2
Agosto			-1	1	-1			
Setembro	-1	1			2		1	
Outubro	-1		-1		1			
Novembro	-1				1			
Dezembro	3		1				1	
Fechamento	**12**	**2**	**13**	**3**	**14**	**3**	**15**	**3**

2) *Headcount*: crescimento do número de integrantes;

HEADCOUNT								
Equipe	Jurídico	BackOffice	Jurídico	BackOffice	Jurídico	BackOffice	Jurídico	BackOffice
Mês	2018		2019		2020		2021	
Janeiro	10	2	12	2	13	3	14	3
Dezembro	12	2	13	3	14	3	15	3
Comparativo	20%	0%	8%	50%	8%	0%	7%	0%

3) Indicador de produtividade: tempo dedicado aos clientes e casos – *time sheet* – e o quanto se reverte em faturamento (elaborado via sistema por meio de relatórios gerenciais). Esse indicador mostra se há necessidade de treinamento ou outras questões relacionadas ao ambiente;

4) Clima organizacional: mensurável por meio da avaliação interna. Ideal é que seja contratada uma consultoria especializada no tema, inclusive por ser "neutra", já que fazer a avaliação utilizando a sua área de recursos humanos pode gerar ruídos, principalmente se houver críticas.

Você pode aplicar a metodologia SMART,[1] acrônimo em inglês para *Specific* (Específico), *Measurable* (Mensurável), *Achievable* (Alcançável), *Realistic* (Realista) e *Time Based* (Temporal), criada por Peter Drucker, que consiste em orientar e dar mais clareza na utilização dos indicadores – KPIs – mais adequados ao que se deseja medir. Ela traz cinco fatores de checagem para implementação dos indicadores:

– S (específico): o propósito do KPI está claro ou abre margem para dúvidas?

– M (mensurável): é possível mensurar de forma objetiva e se o que desejo atrelado ao KPI foi alcançado?

– A (atingível): a meta atrelada ao KPI é atingível?

– R (relevante): o KPI é relevante para o momento e a estratégia do escritório?

– T (temporal): qual o intervalo de tempo – prazo – para que a meta seja alcançada?

---

[1] Disponível em: https://administradores.com.br/artigos/metodo--smart-como-utilizar-esta-poderosa-ferramenta-nos-seus-objetivos. Acesso em: 28 maio 2022.

Não dá para avaliar seu escritório apenas de maneira empírica ou no "achismo". São as métricas anteriormente apresentadas que lhe ditarão a tendência para onde o escritório está caminhando, com base na análise dos números extraídos da sua banca. Os KPIs não devem ser considerados uma ameaça ao seu negócio, mas sim ser utilizados a seu favor, para correção de curso ou melhoria de *performance*, uma vez definido o que se quer e como corrigir para alcançar esse objetivo.

Os KPIs servirão para lhe dar um norte, indicando que está no caminho certo ou mesmo para ajustes ou correções de curso, o que deve ser feito periodicamente. Os números mostrarão se sua estratégia está correta ou se precisa de algum ajuste para mitigar problemas maiores no futuro. Você terá mais propriedade para analisar e tomar uma providência mais certeira rumo ao objetivo do escritório e ao crescimento almejado.

> *"As metas permitem que você controle a direção da mudança a seu favor."*
>
> Brian Tracy

4.7. REGIME TRIBUTÁRIO PARA ESCRITÓRIOS DE ADVOCACIA

Tão logo tenha a ideia de montar o seu escritório, precisará definir qual o regime de tributação da sua banca, levando em consideração sua previsão de faturamento ao longo do ano. No caso de escritórios já consolidados, o regime de tributação deverá ser ratificado anualmente.

Atualmente, na legislação brasileira existe a opção de três regimes tributários distintos, em que seu escritório pode se enquadrar levando em conta o planejamento mais adequado à questão de faturamento e recolhimento de impostos.

Importante destacar que todos os escritórios de advocacia, independentemente do tamanho, devem ter um contador, em geral, um escritório externo, que é o responsável

158 | GESTÃO FINANCEIRA E ESTRATÉGICA PARA ESCRITÓRIOS DE ADVOCACIA

> por orientar os sócios e integrantes do departamento financeiro com relação a todos os itens que serão aqui pontuados, desde a opção pelo regime tributário, a folha de pagamento (pró-labore de sócios, folha de funcionários CLTs, estagiários), até a entrega de todas as obrigações fiscais e emissão de guias para pagamento de impostos, entre outras rotinas legais.

A opção pelo regime é feita anualmente no início do ano fiscal, com duração de 12 meses. Lembre-se de que a apuração pode ser pelo regime de caixa ou de competência, conforme a seguir:

- Regime de Competência: todas as notas fiscais de serviços emitidas ao longo do mês. Esta será a base para cálculo dos impostos devidos pelo escritório;
- Regime de Caixa: todas as notas fiscais de serviços recebidas ao longo do mês, independentemente da sua data de emissão, que serão a base de cálculo dos impostos devidos pelo escritório.

Os regimes são: Lucro Real, Lucro Presumido e Simples Nacional. A seguir, explicarei como funciona, atualmente, cada um deles.

Lucro Real

Esse regime de tributação é obrigatório para determinadas empresas, mas, no caso de escritórios de advocacia, estes só estão obrigados ao regime quando a receita bruta ultrapassar R$ 78 milhões no ano. Também é obrigatório para os escritórios que tenham investimentos e/ou participações em companhias no exterior.

A apuração de impostos pode ser anual com estimativa mensal ou trimestral.

No Lucro Real, a base para cálculo do Imposto de Renda Pessoa Jurídica (IRPJ) e da Contribuição sobre o Lucro Líquido

Cap. 4 · GESTÃO DE NEGÓCIOS | 159

(CSLL) é o resultado acumulado, ou seja, as receitas menos as despesas, com ajustes fiscais de despesas ou receitas não dedutíveis.

Há o caso de despesas indedutíveis, cuja dedução não é permitida para os impostos em questão, àquelas despesas decorrentes de transações não necessárias à atividade da empresa, por exemplo: brindes, doações, refeições de dirigentes, entre outros. Também existem as receitas ajustadas na apuração do Lucro Real, tais como variações cambiais, juros por competência e equivalência patrimonial positiva.

Assim como no Lucro Presumido, o Imposto de Renda Retido na Fonte (IRRF) sobre os resgates de aplicações financeiras pode ser utilizado para compensar o IRRF na apuração final.

No Lucro Real, existe um limite em que se podem compensar os impostos devidos com 30% do prejuízo em estoque.

Lucro Presumido

As empresas com faturamento inferior a R$ 78 milhões por ano podem optar pelo regime de apuração do Lucro Presumido.

O Lucro Presumido é verificado trimestralmente para apuração dos impostos, quais sejam IRPJ e a CSLL.

O escritório, no início do ano fiscal, deve optar pela tributação com base no regime de caixa ou no regime de competência.

No regime de caixa, as receitas recebidas trimestralmente serão base para a apuração do IRPJ e CSLL.

Por sua vez, no caso do regime de competência, a base de cálculo para apuração serão todas as notas fiscais emitidas, excluindo-se as canceladas no respectivo período.

A base de cálculo para o IRRF e o CSLL, tanto no regime de caixa quanto no regime de competência, dar-se-á pela aplicação do percentual de presunção, por isso o nome Lucro Presumido.

Segundo a tabela atual da Receita Federal do Brasil (RFB), existe uma separação para determinadas situações, por exemplo, para as receitas de serviços, de locações, e esse percentual é de 32% tanto para o IRPJ como para a CSLL. Para as vendas, o percentual é de 12% para a CSLL e 8% para o IRPJ.

As receitas financeiras e outras receitas também são base para o IRPJ e CSLL, porém não entram na base de cálculo da presunção, pois referidas receitas são 100% tributadas, por exemplo, descontos, rendimentos de aplicação, ganho de capital na venda de imobilizado, variações positivas, entre outros.

As empresas tributadas pelo lucro presumido não podem ter investimentos no exterior, por exemplo, participação em sociedades e aplicações financeiras em bancos estrangeiros, uma vez que tais investimentos levam ao desenquadramento automático do regime de tributação do Lucro Presumido.

O IRRF e CSLL retidos na fonte e o IRRF de aplicações financeiras devem ser utilizados para compensar o IRPJ e a CSLL da apuração trimestral. Contudo, podem ser usados apenas os créditos fiscais gerados no trimestre de apuração. Se restar saldos de apurações anteriores, eles podem ser adotados somente para compensação mediante pedido na RFB em declaração própria, que é o Pedido Eletrônico de Restituição, Ressarcimento ou Reembolso e Declaração de Compensação (PER/DCOMP), o que só pode acontecer após a transmissão do SPED ECF, cuja entrega é no mês de julho do ano-calendário seguinte. Podemos empregar tal crédito para compensar futuros impostos ou solicitar a restituição e, neste último caso, a Receita Federal tem até cinco anos para devolução dos montantes pagos na conta bancária do escritório.

Um fator de suma importância é, para os casos em que o escritório opta pelo regime de lucro presumido e está situado no município de São Paulo, solicitar o enquadramento de Sociedade Uniprofissional (SUP), quando for o caso, visto que as sociedades de advogados têm em seus quadros societários profissionais que exercem a mesma atividade e prestam serviço pessoal. Nessa hipótese, o escritório estará no regime especial de recolhimento do Imposto Sobre Serviço (ISS) sobre a quantidade de profissionais no contrato social, e não sobre o faturamento do escritório que, geralmente, é menos vantajoso financeiramente.

Simples Nacional

Trata-se de um regime facultativo de tributação e obrigações acessórias para micro e pequenas empresas previsto em Lei. Esse

Cap. 4 · GESTÃO DE NEGÓCIOS | 161

regime vem da reunião de diversos tributos cobrados por meio de uma única guia conforme a faixa na tabela do Simples, ou seja, a ideia é facilitar o dia a dia do escritório com menos burocracia, sendo uma opção – para os escritórios que se enquadram no volume de faturamento anual estabelecido na Lei – mais vantajosa, visto que a carga tributária é bem menor. Também, como o próprio nome diz, a forma de apuração e recolhimento desses impostos é muito simples e feita por meio de uma única guia de pagamento, que é o Documento de Arrecadação do Simples Nacional (DAS).

O limite de faturamento vigente para esse regime de tributação é:

– Microempresa (ME) – receita bruta anual igual ou inferior a R$ 360 mil reais;

– Empresa de Pequeno Porte (EPP) – receita bruta anual superior a R$ 360 mil reais e inferior a R$ 4,8 milhões de reais.

Existem cinco tabelas para calcular a apuração do imposto, em que cada faixa é identificada por um grupo de atividade econômica: comércio, serviço, outros.

A apuração do Simples Nacional pode ocorrer tanto pelo regime de caixa quanto por competência. Essa definição se dá no início do ano fiscal, renovando-a anualmente.

É importante fazer o controle das receitas acumuladas dos últimos 12 meses, a fim de acompanhar a faixa e percentual dos impostos a serem recolhidos.

Anualmente, o escritório é obrigado a apresentar a Declaração de Informações Socioeconômicas e Fiscais (DEFIS) até o mês de março do ano-calendário seguinte, cujo objetivo é comunicar ao órgão fiscal competente, nesse caso, à RFB, os dados econômicos e fiscais da empresa que está ou esteve enquadrada nesse regime no período analisado.

Uma observação importante é quanto à participação societária: se o sócio participa de várias empresas do Simples Nacional (A, B e C, por exemplo), para efeito de adesão e exclusão do regime

GESTÃO FINANCEIRA E ESTRATÉGICA PARA ESCRITÓRIOS DE ADVOCACIA

do Simples Nacional para o escritório, será somado o valor da receita bruta anual de todas as empresas (A, B e C com o escritório). Se o sócio participa de outras empresas não optantes pelo Simples Nacional, será somada a receita bruta, quando a participação no capital social for maior que 10%. O contador deverá orientá-lo acerca dessa questão e dos limites de faturamento envolvidos.

Declarações Acessórias

Os escritórios que optarem pelo regime tributário de Lucro Real ou de Lucro Presumido precisam observar os prazos para entrega de declarações acessórias que são feitas pelo contador, sendo as duas principais:

– SPED ECD: A Escrituração Contábil Digital (ECD) é o livro Diário e Razão Digital, transmitido à Receita Federal até o último dia útil do mês de maio do ano seguinte;

– SPED ECF: A Escrituração Contábil Fiscal (ECF) substituiu a Declaração de Informações Econômico-Fiscais da Pessoa Jurídica (DIPJ) a partir do ano-calendário 2014, com entrega prevista para o último dia útil do mês de julho do ano seguinte. Nessa declaração, são informados a apuração fiscal do Imposto de Renda Pessoa Jurídica (IRPJ) e a Contribuição sobre o Lucro Líquido (CSLL) das pessoas jurídicas, assim como quadro societário, imposto de renda retido na fonte (IRRF) por CNPJ, movimentações com exterior, entre outros. Essa declaração é bem completa e abrange diversas informações, inclusive societárias, sendo o prazo para envio dessa obrigação até o último dia útil do mês de julho do ano seguinte.

Lembre-se que é importante, sempre, contar na área fiscal com o apoio do seu contador para acompanhamento e alteração do regime do escritório, quando for o caso, até porque, no Brasil, as leis sofrem alterações frequentes, ainda mais na área tributária.

4.8. INVESTIMENTOS

Cabe aos sócios, com a equipe subsidiando-os com informações e análises, cuidar do desempenho do escritório, como já pontuado aqui. Contudo, a ideia não é apenas manter a banca, mas sim crescer, desenvolvê-la inclusive em outras áreas, ou seja, investir na sua perenidade, ascender e cuidar do futuro. Para que seu escritório tenha saúde financeira e tranquilidade, principalmente em momentos de incertezas ou necessidades, você precisa de investimentos financeiros para se resguardar em situações que porventura aconteçam: necessidade de capital de giro, reservas de emergência, entre outros.

É essencial que seu escritório tenha o planejamento estratégico definido, em que os sócios devem pensar e colocar em um documento como será o seu escritório em dois anos, cinco anos, com plano de ação de onde está e aonde quer chegar.

Isso posto, atrelado ao planejamento estratégico, você deve fazer a gestão dos investimentos financeiros para que o seu objetivo estratégico seja alcançado.

Posso citar, entre tantas possibilidades de estratégia, a de investir na entrada de um novo sócio, expandindo os serviços do escritório para alguma área de atuação nova. Pode acontecer de o sócio ter a *expertise* necessária para assumir a área, porém se filiando ao escritório para desenvolver a carteira de clientes que hoje é inexistente nessa demanda. Bem provável que, por um período, a área fique negativa, ou seja, tenha mais gastos do que receitas, mas esse contexto faz parte quando se trata de desenvolvimento de uma área. Lembre-se de que cabe, nesse caso, avaliar e planejar por quanto tempo o escritório fará o investimento, ou seja, financiará a área até que o investimento dê o retorno esperado.

Como investimento, você pode considerar a expansão do seu espaço físico para um local que seja mais adequado ao tamanho da sua equipe e ao atendimento aos clientes, a previsão de crescimento no curto prazo por conta do aumento do número de integrantes ou em um endereço mais estratégico para o seu

164 | GESTÃO FINANCEIRA E ESTRATÉGICA PARA ESCRITÓRIOS DE ADVOCACIA

negócio. Nesse caso, deverá ser feito um levantamento dos custos atuais *versus* os custos projetados no novo espaço para entendimento do aumento de custos mensal com aluguel, condomínio, IPTU, energia elétrica e água, por exemplo, além dos gastos com reforma do novo espaço. Você deve analisar os custos por m^2, ou seja, veja quanto gasta hoje de aluguel, condomínio e IPTU dividindo pelo tamanho atual em m^2 (exemplo R$ 20.000,00 / 250 m^2 = R$ 80,00 por m^2) e quanto prevê gastar no novo espaço fazendo o mesmo comparativo. Se a sua questão for redução de custos, procure um local com melhor custo-benefício. Se a sua intenção é ter um local no endereço mais "nobre", esse valor será maior. O que vale é sua análise do que tem e o que pretenderá ter para pontuar os ganhos, as vantagens.

Pensando em escritórios menores, vale a pena verificar os custos de locação de um espaço físico individual (com todo o investimento necessário) *versus* a locação de um espaço de escritório ou um *coworking*, onde terá toda a comodidade pelos serviços oferecidos e com os custos divididos com outras empresas; salas de reuniões com infraestrutura, serviços de telefonia personalizada, entre outros, do tamanho de sua necessidade, inclusive com um endereço formal e pagando um custo fixo mensal. Faça as contas para analisar o que faz sentido, inclusive financeiramente, para o seu momento.

Você também pode planejar investimentos em tecnologia da informação, tais como aquisição de computadores ou *notebooks*, servidores, troca de servidores internos para serviço de armazenagem em nuvem, aquisição de sistema jurídico integrado, entre outros investimentos de tecnologia da informação que precisam ser muito bem planejados, uma vez que os custos envolvidos costumam ser vultosos. Independentemente do tamanho do escritório, quando você se organiza para fazer um investimento em tecnologia, leve em consideração a questão do diferencial estratégico, visto que sua equipe, por exemplo, no caso de um sistema jurídico que integre a parte de acompanhamento processual e área financeira, gastará menos tempo atualizando relatórios, fazendo controles paralelos para emissão de faturamento, entre outras vantagens, algo que um sistema jurídico – até os mais simples e baratos do mercado – podem lhe ajudar. Reforço que mesmo os escritórios com três ou cinco pessoas podem adquirir um sistema integrado por um valor bem acessível. Faça uma pesquisa e verá que há vários no mercado. Comece com um mais simples e barato e que lhe atenda e, à medida que o escritório cresce, planeje o investimento em um *software* jurídico que acompanhe esse crescimento.

Seu escritório pode planejar, na área de *marketing* por exemplo, um *roadshow* nacional ou internacional para divulgação dos trabalhos de sua firma e para prospecção de clientes, com a participação de alguns sócios, com investimento em passagem aérea, hotel, deslocamentos e inscrições em eventos específicos que costumam ter um custo considerável envolvido e que precisa ser computado. Veja se é o seu caso, a depender da sua área de atuação, e pontue se fará sentido o investimento que terá *versus* retorno vislumbrado.

Como estratégia, você pode entender que a divulgação do escritório em *rankings* jurídicos nacionais e internacionais, que geralmente geram um importante investimento também na área de *marketing*, podem lhe trazer uma projeção desejada. Organize-se, inclusive, contando com consultorias especializadas em *rankings* para lhe apoiar nesse projeto.

Você pode se deparar com situações que, infelizmente, acontecem mais do que se gostaria, tais como a necessidade de contratação de pessoal que também demande aumento de espaço físico; você pode passar por um problema estrutural que demandará investimento com reforma ou mesmo um problema técnico com um equipamento que deve ser trocado com celeridade. Por isso, é importante se preparar e ter um fundo de reserva para esse tipo de emergência.

Outra situação é a que vivemos principalmente desde março de 2020 por conta da pandemia da Covid-19. Muitos escritórios – infelizmente – que não estavam preparados financeiramente, sem qualquer tipo de reserva para emergências, tiveram que demitir colaboradores, deixar de pagar fornecedores ou mesmo renegociar prazos, entre outras medidas e, lamentavelmente, ainda sem saber como será o futuro próximo.

166 | GESTÃO FINANCEIRA E ESTRATÉGICA PARA ESCRITÓRIOS DE ADVOCACIA

Há situações como pagamento de bonificações de integrantes, tais como 13.º dos funcionários CLTs ou mesmo uma remuneração adicional para equipe jurídica no final do ano que, se não forem programadas, as saídas de caixa podem desfalcar seu escritório no período.

> Pense e se organize para que o escritório consiga fazer o investimento planejado, que é tão importante para a expansão e crescimento da banca, assim como para, no curto prazo, garantir a saúde financeira.

Por isso, tendo em vista os pontos elencados, indico fortemente que você se programe para que, no mês a mês, consiga fazer provisões para:

- Manter uma aplicação financeira de baixo risco e de liquidez imediata, visto que são recursos que precisam estar disponíveis em caso de necessidade de capital de giro, tais como: inadimplência pontual de um cliente e que a receita estava sendo considerada, quebra de equipamentos, pagamento de uma guia urgente, rescisão de um colaborador antigo e que não estaria com a saída de caixa prevista, entre outras intercorrências. Aqui não existe uma regra, mas seria importante dispor de um valor equivalente à despesa mais alta do escritório, por exemplo, folha de pagamento no dia 30/mês. Lembre-se de que é um recurso para utilização pontualmente e, tão logo o caixa esteja positivo, o valor da aplicação precisa ser refeito;

- Fazer uma aplicação com prazo mais longo para que seu escritório tenha uma reserva de, pelo menos, seis meses de operação, que é o equivalente a seis vezes sua despesa mensal fixa – exemplo: R$ 50 mil por mês, a aplicação deve ser de R$ 300 mil – se tiver queda brusca de receitas com a saída de algum cliente, por exemplo, ou mesmo se o escritório encerrar as operações e você precise cumprir os contratos e pagar multas rescisórias. Neste último caso, você pode, inclusive, verificar todos os contratos e suas multas para entender o valor necessário para encerramento do escritório e cumprimento dos compromissos e multas contratuais.

Se você ainda não fez essa "poupança", deve, a partir de hoje, programar-se e colocar no fluxo de caixa um percentual ou mesmo valor que será perseguido mensalmente, até que a reserva proposta seja atingida, o que trará tranquilidade em casos de emergências. Você pode, inclusive, organizar-se para, quando receber um êxito, destinar uma parte para esse fim. Você define como fazer, como se planejar, mas o crucial é que esse item seja levado muito a sério. Questões financeiras, se não estiverem bem equacionadas, podem tirar o seu sono. Lembre-se de que seu sossego não tem preço. Organize-se.

A seguir, deixo algumas dicas para que você, tomando a decisão de fazer os investimentos que decidir para o seu escritório, analise a melhor forma de aplicação dos recursos já citados:

– Aplicação financeira com o seu banco de relacionamento: negociar melhores taxas, lembrando que a Selic em 06/2022 está em 13,25% aa. Veja disponibilidade e as ofertas do profissional com a *expertise* no seu banco, podendo diversificar em outras instituições;
– Procurar um *player* no mercado que possa estudar as melhores formas de aplicação do recurso do seu escritório, tendo em vista a necessidade de disponibilidade – curto, médio e longo prazos –, melhores taxas e melhor opção com o tipo de perfil do escritório, que pode ser conservador ou moderado.

Lembre-se de que é o recurso do escritório – pessoa jurídica – e não da pessoa física do sócio, ok? Por isso, quando pensar no perfil de investidor – conservador, moderado ou agressivo – tenha parcimônia e cuidado de como e onde aplicará os recursos de seu escritório, que é uma empresa.

4.9. CONTROLADORIA FINANCEIRA

Ao longo deste capítulo sobre Gestão de Negócios, falarei sobre a importância da administração do escritório, independentemente do seu tamanho, e as várias formas de análise que podem ser feitas para ter um escritório de sucesso, utilizando a gestão administrativa e financeira a seu favor, com um olhar muito mais empresarial para seu negócio.

Houve, ao longo dos temas desenvolvidos no capítulo Gestão Financeira, uma forma de estrutura e organização das informações que permitem que a controladoria financeira possa atuar na análise dos resultados financeiros, e é sobre ela que vamos tratar neste capítulo.

A controladoria financeira tem um papel fundamental, uma vez que ela analisa o bem-estar financeiro da empresa, pois reúne os dados de cada transação, investimento, receitas, custos e despesas. Ela colabora com uma gestão administrativa e financeira mais eficiente, cooperando para que o escritório seja saudável e, de preferência, muito lucrativo.

Para escritórios pequenos e que não comportam em sua estrutura o custo desse profissional especializado, que faz o desenvolvimento de relatórios mais sofisticados, a contratação de consultoria externa é a opção mais indicada, inclusive financeiramente, a fim de lhe fornecer os números para análise, pois ela e o apoio do seu financeiro interno produzirão os controles com informações úteis para análise gerencial, tais como: meta de receita e realizado de faturamento, meta de receita e realizado de recebimento, orçado e realizado de despesas, desenvolvimento de KPIs (vide item neste capítulo dedicado ao assunto) e outros. Lembre-se de que, se no seu caso nenhuma das duas opções for viável – contratação de consultoria externa ou a controladoria interna –, você poderá desenvolver vários relatórios no seu escritório, bastando utilizar os modelos propostos ao longo deste livro e que, obviamente, dependerão da organização diária dos dados para que possa ser desenvolvido.

Cabem à controladoria financeira o planejamento, o controle, a interpretação de relatórios, a gestão fiscal, entre outros. Seus controles, produção e organização dos números ajudam a identificar tanto a redução de custos quanto o aumento de receitas.

Na área, realizam-se os fechamentos e os acompanhamentos de todos os números produzidos pelo escritório, com disponibilidade de várias métricas para avaliação de diversos quesitos no intuito de verificar a saúde financeira do escritório e apoio na tomada de decisões estratégicas.

O departamento é como um controle de qualidade: ele monitora os dados inseridos pelas outras áreas, tais como lançamentos de gastos alocados na conta de custos e de despesas, controle de pagamentos conforme orçamento de despesas do escritório e identifica se um investimento está lançado na conta correta para que seja avaliado corretamente.

A área de controladoria financeira é a que faz a integração com a contabilidade, quer interna ou externa. Você precisa sempre acompanhar os resultados, tanto com o olhar da gestão financeira quanto da gestão contábil, pontuando as inconsistências e as melhorias. No caso de pequenos escritórios, como já pontuado, é importante o acompanhamento pelo sócio, que pode ser realizado por meio reuniões periódicas com o contador que explicará os números dos balancetes mensais e do balanço patrimonial no fechamento do ano fiscal.

Na área de controladoria financeira, são elaborados os KPIs, indicadores produzidos para análise de vários aspectos do escritório, os quais são tão importantes que destaco o assunto com exclusividade. Neles que as informações advindas do financeiro e alimentadas no sistema do escritório são coletadas pelo *Business Intelligence* – BI (vide item neste capítulo dedicado ao assunto). Com base nos diferentes tipos de dados que se quer levantar, podem-se extrair as informações para apresentação aos sócios conforme periodicidade de acompanhamento. Se se trata de acompanhamento de orçamento de despesas x realizado ou mesmo de orçamento de receitas x realizado de faturamento e recebimento, estes terão que ser apresentados mensalmente, pois o seu acompanhamento é dos mais básicos e necessários entre tantos outros que o financeiro, por meio da controladoria financeira, produz como informações e análise.

4.10. ADMINISTRADOR LEGAL

"Concentre-se naquilo que você é bom. Delegue todo o resto."

Steve Jobs

Anualmente, formam-se mais de 88 mil bacharéis em direito no Brasil. Contudo, os cursos de direito, muito embora sejam para formação de profissionais liberais, não habilitam o futuro advogado para administrar seu escritório como uma empresa, conforme pontuei anteriormente. Há que se considerar, também, que haveria um abismo entre a teoria e a efetiva prática e a administração do escritório que começa muito antes, com planejamentos de números, contratações de pessoal, entre outros, inclusive de abrir as portas do escritório e todas as questões que essa decisão engloba. Segundo a OAB, hoje existem mais de 1.272.222 advogados espalhados pelo País,[2] ou seja, um universo gigante de profissionais que não foram preparados no banco da faculdade com matérias sobre gestão e organização de seus escritórios.

Sócios: essa frase do Steve Jobs sobre delegar é muito verdadeira. Concentre-se no seu cliente, no atendimento e compreensão de seu negócio e de suas causas, no seu nicho de mercado e, também, na sua equipe que trabalhará nas demandas desse cliente. Deixe a administração geral do seu escritório, ou seja, todo o *backoffice*, para quem entende, foi preparado e está apto para cuidar dessa gestão.

Para o escritório que quer se profissionalizar e que tenha condições de investir em um profissional qualificado para administrar todo o *backoffice* da banca, deve contratar um administrador legal, que pode ser o diretor-geral, um gerente administrativo e financeiro ou até mesmo um consultor, que se reporte aos sócios, ao comitê de sócios ou outra comissão administrativa constituída. É fundamental que esse profissional goze da confiança dos

---

[2] Disponível em: https://www.oab.org.br/institucionalconselhofederal/quadroadvogados. Acesso em: 18 abr. 2022.

sócios para que consiga desempenhar bem o seu papel, ou seja, administrar o *backoffice* do escritório, participando de reuniões estratégicas e dando sua opinião técnica, participando de processos de investimento: entrada de novos sócios, mudança de sede, entre outros, sempre com suporte e fundamentado em dados e números para corroborar seu posicionamento.

Entre as diversas atribuições e responsabilidades estão o apoio na consecução dos objetivos estratégicos do escritório, gestão dos integrantes das equipes administrativa (*marketing*, tecnologia da informação, administrativa etc.) e financeira, elaboração e análise das informações gerenciais financeiras para *report* aos sócios, gestão de *facilites* que é tão importante – tanto internamente quanto para experiência do cliente com seu escritório –, entre outras tantas atribuições.

O ideal é que esse administrador tenha formação financeira e um excelente embasamento teórico e prático para tocar o dia a dia do coração do escritório. Antigamente, existiam alguns tabus quanto à contratação de um "não advogado" para administrar um escritório de advocacia. Contudo, tal receio foi demovido há muito tempo, principalmente nas grandes bancas, e hoje há inclusive escritórios de pequeno porte com a figura de um administrador, que em muitos casos é um consultor externo especializado em gestão de escritórios de advocacia. Observando-se os maiores escritórios do País, verifica-se que eles, inclusive, têm diretorias específicas para cuidar de cada tema: Diretoria Financeira, Diretoria de Tecnologia da Informação, Diretoria de *Marketing*, Diretoria Administrativa, entre outras, tamanha a importância que cada uma tem dentro da banca.

Por que um administrador legal é tão importante? Primeiramente, por ser a pessoa preparada para tocar a gestão administrativa e financeira do escritório e, assim, liberar os sócios para investirem seu tempo – bem mais precioso – no atendimento ao cliente e aos seus casos, na gestão da equipe jurídica, ou seja, praticando a advocacia e cuidando do cliente, como pontuei anteriormente.

Parte das atribuições do administrador é criar procedimentos para organizar o dia a dia do escritório, observar a gestão

GESTÃO FINANCEIRA E ESTRATÉGICA PARA ESCRITÓRIOS DE ADVOCACIA

financeira diariamente para melhor *performance* na redução de custos, na cobrança e prazos, investimentos dos recursos e gestão do fluxo de caixa, entre outros.

Entendido o papel e a figura do administrador legal, elenco abaixo quais são as principais atribuições e responsabilidades que devem estar à cargo deste profissional:

- Gestão Financeira: gestão de equipe, planejamento e acompanhamento financeiro, análises diversas, participação em reuniões de gestão com acompanhamento dos números, elaboração de orçamentos de receitas e despesas com acompanhamento mensal do realizado, relação com bancos, gestão da contabilidade, gestão das áreas internas de contas a pagar, contas a receber e faturamento, evolução dos KPIs, entre outras;

- Gestão Administrativa e *Facilities*: gestão de equipe, cuidando da operação diária: compras, limpeza e copa, recepção, telefonia, administração, secretaria, gestão do conhecimento e da informação, entre outros;

- Gestão de Recursos Humanos: responsável pelo departamento pessoal e área de recursos humanos com suas diversas políticas e subsistemas;

- Gestão de Tecnologia da Informação: acompanhamento da utilização dos sistemas contratados, análise de investimentos, funcionamento das ferramentas e melhores práticas, segurança da informação, gestão de terceiros, entre outras atividades;

- Gestão de *Marketing*: acompanhamento das mídias sociais e publicações, divulgação de materiais, visibilidade do escritório, CRM, entre outras.

O escritório muito se beneficia quando tem esse profissional na banca. Como citei anteriormente, ele é um investimento importante porque libera o sócio para o atendimento ao cliente e o escritório tem um profissional qualificado trazendo o olhar profissional e os resultados esperados da boa gestão.

Sócio será sempre sócio, independentemente de ter ou não a figura de um administrador. O sócio é quem dá a última palavra, contudo sempre ouvindo e considerando as ponderações do administrador, participando-o das tomadas de decisões. Imagine um escritório onde o sócio responde pela administração e finanças e, também, cuide da gestão da banca, tendo que dividir seu tempo entre a prospecção, atendimento de clientes e suas demandas e gestão da equipe jurídica? Complicado, não?! Complicado, contraproducente, inclusive com impactos financeiros, porque o sócio deixa de trabalhar para o cliente e receber honorários por isso.

4.11. QUANDO CONTRATAR UMA CONSULTORIA EXTERNA

Segundo a *Thomson Reuters Institute*, no seu relatório anual *State of US Small Law Firms*, divulgado no último trimestre de 2021,[3] realizado com escritórios americanos, os sócios de escritórios de advocacia com até 100 advogados têm como um dos principais desafios a quantidade de tempo despendida no gerenciamento dos negócios administrativos e na tentativa de recrutar negócios de clientes, o que foi reportado como uma dificuldade por 74% dos entrevistados. Esses sócios informaram que, do montante de 100% de suas horas disponíveis, apenas 56% foram faturáveis – leiam-se trabalhos para clientes que trazem os recursos financeiros para o escritório – e os outros 44% do seu tempo são gastos com as tarefas administrativas informadas.

Imagine só o tamanho desse universo: 44% das suas horas potencialmente faturáveis por dia, por mês e por ano são utilizadas em tarefas administrativas, que não trazem recursos financeiros para o escritório! Calcule a quantidade de horas úteis e verá que se trata de números espantosos. Claro que não estou dizendo que esse número tem que ser zero. Longe disso. No entanto, o sócio deve focar sua energia na área estratégica, aprovando os números e os resultados. A gestão diária destes, dos

---

[3] Disponível em: https://www.lawyermarketing.com/white-papers/state-of-small-law-firms-report/. Acesso em: 23 maio 2022.

174 | GESTÃO FINANCEIRA E ESTRATÉGICA PARA ESCRITÓRIOS DE ADVOCACIA

departamentos internos e das equipes deve ficar a cargo de um administrador (gerente, consultor, entre outros) que reportará aos sócios sua gestão em reuniões periódicas e pontuais.

Você pode ponderar: gostaria de ter um profissional interno – em tempo integral – dedicado à minha administração. Entretanto, pensando bem, esse profissional – financeiramente falando, cabe no "bolso" do escritório? Vale a pena arcar com o custo de ter um gerente ou um administrador? Caso sim, como mencionei inúmeras vezes neste livro, vá em frente e contrate esse profissional, pois esse gestor, preparado e com conhecimento, trará grandes benefícios.

Todavia, a depender do tamanho de seu escritório, principalmente no caso dos pequenos, pode valer a pena ter profissionais operacionais que cuidarão das tarefas do dia a dia (financeiro, administrativo, entre outras) e optar pela contratação de uma consultoria externa, que desenvolva esse acompanhamento periódico e participe desde o planejamento estratégico até a apresentação dos números de fechamento mensal, ou seja, que externamente cumpra esse papel de gestão tão importante, sem a necessidade de que a consultoria esteja diariamente no escritório.

Então, quais as vantagens de contratar uma consultoria externa?

Contratando-se uma consultoria especializada, focada no nicho de escritórios de advocacia, o escritório ganha na curva de aprendizagem, pois o profissional já vem preparado e conhece seu negócio, desenvolvendo-se a equipe interna. Também tem a valiosa experiência acumulada de aprendizados de mercado em outros escritórios – *benchmarking* –, cujas melhores práticas ele trará para sua banca, pensando sempre na melhor escolha de alternativas adequadas ao seu tamanho, entre outros pontos de avaliação, alinhando teoria e prática.

Adicionalmente, o consultor externo tem um custo menor se comparado com um administrador legal contratado pelo seu escritório, uma vez que não existem gastos com folha de pagamento e impostos, benefícios, equipamentos individuais, entre outros tantos.

Em resumo: pense estrategicamente e faça os cálculos para definir a melhor opção – inclusive no aspecto financeiro – para sua banca. Contudo, sempre leve em consideração que, independentemente do tamanho do escritório ou da forma de contratação desse gestor, ele é peça fundamental para que você, sócio, use seu tempo – bem mais precioso – para atendimento ao cliente, atenção com as causas que estão sob os seus cuidados e gestão da equipe jurídica.

4.12. GESTÃO DE PROJETOS

Por Francisco Zuccato Junior, PMP

"Não podemos prever o futuro, mas podemos criá-lo"

Peter Drucker

O escritório de advocacia é uma empresa e, como tal, deve ser gerenciado de forma estruturada, bem planejada e fundamentada em processos definidos. Esse gerenciamento é um desafio para os profissionais que o compõem, pois envolve conceitos que transcendem a sua formação jurídica que, em geral, não aborda conhecimentos de empreendedorismo, administração geral, gestão de pessoas e gerenciamento de projetos.

Um escritório que possua boas práticas de gestão certamente terá reconhecimento do meio em que atua. Esse aspecto ganha mais importância ainda à medida que o escritório evolua, ganhando volume no mercado, pois esse crescimento acarretará uma maior carga de trabalho e complexidade que poderão ter impacto negativo na sua produtividade. Esse crescimento, portanto, deve ser conduzido com eficiência, foco em um planejamento definido e contando com a participação dos seus colaboradores.

A referência que adotaremos para as práticas de gestão será o Project Management Institute – PMI.

A principal publicação do PMI que trata do gerenciamento de projetos é o "Um Guia do Conhecimento em Gerenciamento de Projetos" [4], conhecido mundialmente como *PMBoK – Project Manangement Body of Knowledge*.

O guia PMBoK categoriza os processos de gerenciamento segundo dez Áreas de Conhecimento:

- Escopo;
- Cronograma;
- Custo;
- Qualidade;
- Recursos;
- Comunicações;
- Riscos;
- Aquisições;
- Partes Interessadas;
- Integração.

Outro ponto importante apresentado pelo PMBoK é o conceito de Ciclo de Vida, que define onde se inicia e onde termina a responsabilidade do gestor.

Alinhado com o apresentado na Parte II no texto sobre Gestão Estratégica, um escritório de advocacia pode ser gerenciado em três cenários distintos: como projeto autônomo (no nível operacional), dentro de um programa (no nível tático) ou dentro de um portfólio (no nível estratégico). O PMI apresenta esses níveis como Gerenciamento de Projetos, Programas e Portfólios, respectivamente.

Gerenciamento no nível estratégico

Nesse nível se define o conceito de negócio, os valores e visão de longo prazo, considerando o ambiente e o mercado onde o escritório opera.

---

[4] PROJECT MANAGEMENT INSTITUTE (USA). Um Guia dos Conhecimentos em Gerenciamento de Projetos – PMBoK. 6. ed. Newtown Square: Project Management Institute, 2017. 726 p

O Ciclo de Vida de um Escritório de Advocacia no seu nível estratégico pode ser definido conforme a figura abaixo:

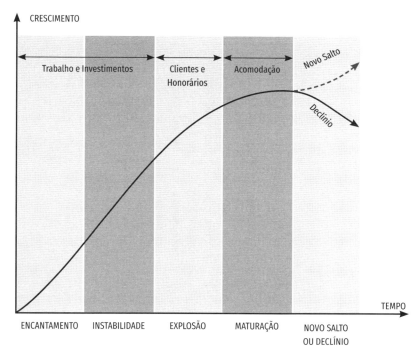

Disponível em:<https://www.youtube.com/watch?v=0izvbSfSfbk>. Acesso em: 20 jun. 2022.

É muito importante definir os objetivos estratégicos, valores e missão da empresa. A partir deles serão definidos os projetos que contribuirão para que essas metas e objetivos sejam atingidos.

Gerenciamento no nível tático

O gerenciamento no nível tático tem foco no médio prazo e é exercido no âmbito dos departamentos e unidades de negócio do escritório. Reúne os projetos e busca sinergia entre as iniciativas de cada departamento.

O Ciclo de Vida nesse nível poderia ser, por exemplo, para o lançamento de um novo produto do escritório:

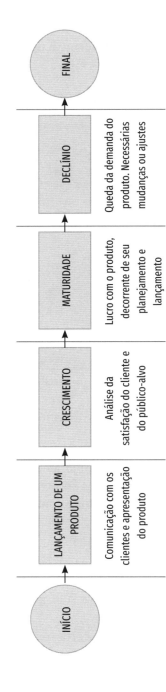

Adaptado de: https://comunikdoutor.com/ciclo-de-vida-do-produto-juridico/. Acesso em: 20 jun 2022.

Cap. 4 • GESTÃO DE NEGÓCIOS | 179

Gerenciamento no nível operacional

No nível operacional, esse Ciclo de vida pode ter um aspecto como o da figura abaixo.

Adaptado de: AGOSTINI, Manuela Rösing. DA ADMINISTRAÇÃO LEGAL AO BUSINESS PROCESS MANAGEMENT: O MAPEAMENTO DE PROCESSOS DE NEGÓCIO EM ESCRITÓRIOS DE ADVOCACIA. 2010. 116 f. Dissertação (Doutorado) - Curso de Administração, Programa de Pós-Graduação em Administração – PPGA, Universidade de Caxias do Sul, Caxias do Sul, 2010.

180 | GESTÃO FINANCEIRA E ESTRATÉGICA PARA ESCRITÓRIOS DE ADVOCACIA

Cada uma dessas fases do ciclo de vida, tanto no cenário estratégico quanto no tático e operacional devem considerar as dez áreas de conhecimento mencionadas anteriormente.

Por exemplo, se pensarmos no gerenciamento dos riscos, no nível estratégico, as ameaças a serem postuladas são aquelas que poderão comprometer a continuidade da empresa, ou prejudicar a realização das metas estratégicas do escritório como um todo.

No nível tático, o cenário a ser considerado seria no nível de departamentos ou área de negócio. As ameaças a serem postuladas, nesse caso, seriam aquelas que poderiam comprometer os resultados desses departamentos ou unidades de negócio.

Já no nível operacional, deve-se considerar as ameaças e oportunidades verificadas no dia a dia e que podem trazer impactos nos resultados dos trabalhos no âmbito da equipe que desenvolve os projetos. O foco, nesse nível, é o de ter êxito nas causas que vem sendo conduzidas, no cumprindo de seus prazos, na qualidade dos resultados e, em suma, conseguir cativar a satisfação do cliente.

Um sistema de gestão só é perene e eficaz quando as três entes essenciais - pessoas, processos e ferramentas - tenham igual grau de desenvolvimento e uma forte integração entre si. Além disso para que a implantação do sistema de governança tenha sucesso, é importante o patrocínio da alta direção da empresa e que ela seja desenvolvida dentro de uma estrutura organizacional adequada.

AMBIENTE CORPORATIVO

Fonte: Autor.

Deve-se dar atenção a cada uma dessas dimensões na implantação dessas competências, sempre procurando manter uma visão ampla e integrada nos três âmbitos de governança – Estratégico, Tático e Operacional.

Pessoas

> "A definição convencional de gestão é ter o trabalho feito pelas pessoas, mas a real definição de gestão é desenvolver as pessoas por meio do trabalho."
>
> Agha Hasan Abedi

O escritório é a soma do que são os seus colaboradores. A equipe de profissionais é o aspecto mais importante do escritório de advocacia. O cenário ideal é ter equipes multifuncionais, com pessoas em todos os níveis, que sejam autossuficientes, empoderadas e comprometidas com a solução dos problemas.

Essas características sugerem um perfil para os profissionais composto por juristas experientes, mas também por advogados mais novos, mais afeitos às novas tecnologias, com conhecimento do mercado digital e de boas práticas de gestão. Isso leva o escritório a utilizar o poder da inteligência coletiva, buscando sempre um entendimento compartilhado, visando desenvolver uma cultura da empresa e definindo o seu verdadeiro valor estratégico.

Processos

"Se você não pode descrever o que está fazendo como um processo, você não sabe o que está fazendo."
William Edwards Deming

Os processos de gestão sistematizam, organizam e definem os passos as serem seguidos nas atividades gerenciais e nas rotinas de trabalho do escritório.

São um fator importante para garantir que o esforço empregado nas atividades seja concentrado na busca de soluções, definem as responsabilidades de cada participante no processo e garantem a repetitividade das ações na execução desses processos.

O PMBoK apresenta 49 processos de gerenciamento, organizados por área de conhecimento e por Grupo de Processos: Iniciação, Planejamento, Execução, Monitoração e Controle e Encerramento.

Cap. 4 · GESTÃO DE NEGÓCIOS | **183**

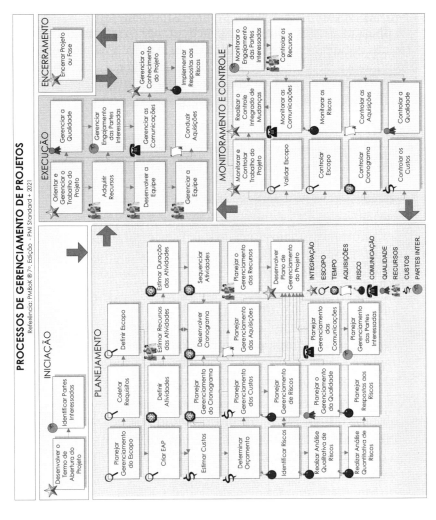

Fonte: Autor

184 | GESTÃO FINANCEIRA E ESTRATÉGICA PARA ESCRITÓRIOS DE ADVOCACIA

Como o próprio nome indica, o PMBoK é um Guia dos Conhecimentos em Gerenciamento de Projetos. Esses processos deverão ser interpretados e adaptados para as características, visão e valores de cada empresa onde são aplicados. Essa prática é conhecida como *tailoring*.

Ilustra-se o desenho de um processo conforme abaixo. Nesse artefato define-se o passo a passo do processo, os documentos produzidos e de referência, a duração esperada para cada passo e a matriz de responsabilidades para cada participante.

Cap. 4 · GESTÃO DE NEGÓCIOS | **185**

FLUXOGRAMA - MAPEAMENTO DAS ATIVIDADES - Acompanhamento de Processo Jurídico

A = Aprova
C = É Consultado
D = Decide (Responsável)
E = Executa
I = É Informado

Item	Fluxograma	Atividade	Documentos e Registros	Prazo para ação (dias)	SECRETARIA	CAPTAÇÃO	PRODUÇÃO	ADMINISTRATIVO	TST	TRT	1o. GRAU	OBSERVAÇÕES
1		Início										
2		Reunião para coleta de dados e definição de estratégias	Documentos pessoais, provas, rol de testemunhas etc.				E/D/A					
3		Pesquisa da legislação, jurisprudência e montagem da peça	Petição e juntada de documentos (procurações, provas, testemunhas)				E/D/A					
4		Distribuir processo ou protocolo de defesa	Protocolo de petição	(*)		I	E	I			E/D	(*) Defesa até a data da 1ª. audiência
5		Acompanhar protocolo e atualizar Sist. de Informação	Petição e Documentos anexados	1	E/D	I	I	I				No diretório disponível no servidor corporativo
6		Audiência (Inicial ou una)	Convocação pelo tribunal	(*)	I	I	E	I			E/D	Levar testemunhas, caso aplicável (*) Prazo pelo Juiz
7		Manifestação sobre contestação e documentos	Corpo do processo	(*)	D	I	E/D	I	I	I	I	(*) Prazo pelo Juiz
8		Análise de quesitos periciais e manifestação sobre perícia	Corpo do processo e demais documentos	(*)	I	I	D/E	I	I	I	C	(*) Prazo pelo Juiz
9		Audiência de Instrução	Convocação pelo tribunal	(*)	I	I	D/E	I	I	I	C	(*) Prazo pelo Juiz
10		Sentença	Intimação das partes	1	I	I	I	I	I	I	E/D	
11		Tomar ciência da sentença e tomar providências	Decisão Protocolada	1	I	I	E/D	I				
12		Impetrar Embargos declaratórios?	Recolher custas e depósito recursal	0	I	I	E/D	I				
13		Apresentar ou impugnar embargos declaratórios	Petição	7			E/D		I		I	
14		Sentença de Embargos Declaratórios	Sentença de embargos declar...	0				I			D	
15		Apresentar recurso ordinário	Petição Recurso Ordinário de custas			I	E/D	I			I	
16		Protocolar recurso	Protocolo de Distribuição	0	E	I	D/E	I		I	I	
17		Tomar Ciência do Acórdão TRT	Decisão do TRT	0	I	I	I	I	E/D			
18		Petição de recurso para o TST Recolher preparo	Petição e guia de custas	5	D	I	E/D	I	E/D	I	I	
19		Ciência do Acórdão TST	Acórdão	0	I	I	I	I	E/D			
20		Retorno do Processo para o TRT	Corpo de processo	0	D	I	I	I	E/D	I	I	
21		Retorno do Processo para o 1°. Grau	Corpo de processo	0	I	I	I	I	I	E/D	I	
22		Encerramento do Processo	Arquivo final do processo	3	E	I	E/D	I				
23		Término										

Fonte: Autor

GESTÃO FINANCEIRA E ESTRATÉGICA PARA ESCRITÓRIOS DE ADVOCACIA

A sequência recomendada na implantação de processos de Gerenciamento de Projetos, em linha gerais é a seguinte:

1. Desenhar, utilizando um método altamente participativo, os macroprocessos ideais, ou seja, como deveriam ser, à luz das disciplinas do PMBoK, para cada uma das fases do ciclo de vida;

2. Identificar os processos prioritários, ou seja, aqueles vitais para que o sistema comece a dar resultados imediatos e de forma mais efetiva;

3. Realizar uma busca interna, ou em boas práticas de outros escritórios, a melhor prática para atender à necessidade de estruturar os processos identificados. Caso não seja encontrada, cria-se uma;

4. Estabelecer um consenso sobre qual e como deverá ser a prática a ser aplicada;

5. Testar e implantar a nova prática. Realizar eventuais ajustes, caso necessário e, após aprovados, implementar operacionalmente.

Ferramentas

"Os computadores com os mais avançados softwares têm Q. I. zero se não existir alguém vivo com duas pernas, braços e massa cinzenta entre as orelhas para dar vida útil a ele."

Alex Periscinoto

A contribuição de ferramentas de tecnologia da informação aparece em diversos momentos do ciclo de vida do processo de mudança e se pereniza pelo resto da vida do Sistema de Gerenciamento de Projetos. Algumas dessas contribuições merecem destaque:

1. Como suporte aos processos de Gerenciamento de Projetos:

Na medida em que processos vão sendo homologados, as ferramentas digitais proverão a agilidade e os instrumentos adequados para sua operacionalização. Os processos poderão ser suportados por uma plataforma corporativa integrada, capaz de consolidar dados e informações de todas as iniciativas em andamento no escritório, em ambiente colaborativo. Destacam-se nesse aspecto as ferramentas de aplicação da abordagem ágil, como a estrutura de trabalho Scrum, o OKR – *"Objective Key Results"* ou "Objetivos e Resultados-Chave", o Kanban, o CRM – *"Costumer Relationship Management"* ou "Gerenciamento das Relações com o Ciente", entre outras.

2. Como suporte à implementação do Sistema de Gerenciamento:

Visto que um conjunto de metas e de indicadores de progresso da implementação será estabelecido e controlado, a tecnologia da informação comparece no sentido de manter informados todos os escalões da empresa.

É importante desenvolver os processos antes de se preocupar com as ferramentas. Caso isso não aconteça você corre o risco de "fazer certo as coisas" em vez de "fazer as coisas certas".

Tipos de abordagens para o sistema de gerenciamento de projetos do escritório de advocacia

O guia PMBOK identifica as boas práticas para o gerenciamento de projetos. Essas práticas são aplicáveis à maioria dos projetos e estabelecem uma padronização para os processos de gerenciamento, definindo uma linguagem comum, lógica de aplicação e artefatos de gestão.

Abordagem Preditiva

Uma das abordagens para realizar esse gerenciamento é a metodologia preditiva, também conhecida como em cascata (*waterfall*).

Nessa abordagem todas as fases são definidas para o projeto como um todo em forma sequencial. Essas fases são usualmente definidas como: iniciação, definição dos requisitos, planejamento, execução e controle, implantação e validação.

Abordagem Ágil

Essa abordagem, também chamada de adaptativa, recebe esse nome pelo fato de apresentar flexibilidade em redirecionar as atividades do projeto em função da necessidade de adaptações dos seus requisitos e do foco em atingir os objetivos do projeto com a participação efetiva do cliente e no menor prazo possível.

Abordagem Híbrida

A abordagem híbrida mescla as práticas preditivas com as adaptativas. De uma forma geral, na abordagem tradicional, não se inicia uma etapa se a anterior não estiver concluída. Já, a abordagem ágil permite um planejamento mais flexível, onde os requisitos podem mudar constantemente e o cliente recebe as entregas do projeto à medida em que ele avança.

A metodologia híbrida aplica as duas abordagens conforme as características da fase ou do subprojeto que está sendo desenvolvido. Por exemplo, um projeto pode ter um planejamento preditivo a longo prazo e uma abordagem ágil para acelerar a busca de soluções específicas em uma determinada fase de seu ciclo de vida.

Pode também contribuir para acelerar a execução do projeto, melhorar a relação escritório-cliente e na entrega de produtos e serviços com maior qualidade.

Fatores para a definição do tipo de abordagem

As características do projeto que levam à escolha entre as diversas abordagens podem ser resumidas no quadro a seguir:

Cap. 4 · GESTÃO DE NEGÓCIOS | 189

Características das abordagens para gerenciamento de projetos		
Característica	Abordagem de gerenciamento de projetos tradicional	Abordagem de gerenciamento ágil de projetos
1. a forma de elaboração do plano do projeto	Há um único plano de projeto, que abrange o tempo total do projeto e contém produtos, entregas, pacotes de trabalho e atividades.	Há dois planos de projeto: 1. um plano geral que considera o tempo total de duração do projeto, mas que contém apenas os produtos principais do projeto; 2. um plano de curto prazo (iteração) que contém apenas as entregas e atividades referentes a uma fração de tempo do projeto.
2. a forma como se descreve o escopo do projeto	Descrição exata do resultado final por meio de texto, com normas do tipo contratuais, números objetivos e indicadores de desempenho.	Descrição do resultado final de maneira abrangente, desafiadora, ambígua e metafórica.
3. O nível de detalhe e padronização com que cada atividade do projeto é definida	As atividades são descritas de maneira padronizada e organizada em listas do tipo WBS. Contém códigos e são classificadas em conjuntos de pacotes de trabalho, entregas e produtos de projeto.	Não há um padrão para a descrição das atividades, que podem ser escritas na forma de histórias, problemas, ações ou entregas, e não há uma tentativa de organização, apenas a priorização do que deve ser executado no momento.
4. o horizonte de planejamento das atividades da equipe de projeto	As listas de atividades são válidas para o horizonte total do projeto.	As listas de atividades são válidas para uma iteração, que é definida como uma fração do tempo total do projeto
5. a estratégia utilizada para o controle do tempo do projeto	Empregam-se relatórios com indicares de desempenho, documentos escritos, auditorias e análises de transições de fase. As reuniões da equipe não são frequentes.	Empregam-se dispositivos visuais que indicam entregas físicas do resultado final (cartazes, autoadesivos, etc.). As reuniões são curtas e frequentes.
6. a estratégia utilizada para a garantia do atingimento do escopo do projeto	O gerente de projeto avalia, prioriza, adiciona ou altera as atividades do projeto para que os resultados estejam em conformidade com o escopo do projeto assinado com o cliente.	O cliente avalia, prioriza, adiciona ou altera o produto final do projeto, conforme a experiência com os resultados alcançados. A equipe altera as atividades para obter os resultados propostos pelo cliente.

Fonte: EDER, S.; CONFORTO, E. C.; AMARAL, D. C.; SILVA, S. L. Diferenciando as abordagens tradicional e ágil de gerenciamento de projetos. Production, v. 25, n. 3, p. 494, 2015

190 | GESTÃO FINANCEIRA E ESTRATÉGICA PARA ESCRITÓRIOS DE ADVOCACIA

Como implantar um sistema de gerenciamento de projetos

Geralmente um sistema estruturado de gerenciamento de projetos é implantado por um profissional especializado nessa área, responsável por essa implantação, que formará um Escritório de Projetos. Outra possibilidade é o escritório contratar uma consultoria específica para essa finalidade. Nesse caso é importante que esse trabalho seja realizado com a participação intensa de uma equipe do escritório, envolvendo todos os seus departamentos, de forma a trazer para o trabalho de desenvolvimento do sistema de gestão as necessidades, peculiaridades e interesses de seus respectivos departamentos.

Essa implantação poderia, por exemplo, ser realizada segundo as seguintes etapas:

Iniciação

- Definição das equipes que participarão do desenvolvimento do sistema de gestão;
- Preparação das equipes, nivelamento dos conhecimentos em gerenciamento de projeto;
- Diagnóstico das principais dificuldades e problemas atuais do escritório;
- Levantamento das principais práticas atualmente aplicadas ao gerenciamento de projetos;
- Definir o Ciclo de Vida típico dos projetos do escritório nos vários âmbitos: estratégico, tático e operacional;
- Definir a abordagem a ser adotada para o sistema: preditiva, ágil ou híbrida.

Planejamento

- Definir metas e objetivos do programa de implantação do sistema de gestão;
- Identificar as Partes Interessadas no programa e analisar os seus interesses e influência;

- Definir a abrangência da implantação;
- Definir os processos a serem desenvolvidos e quais as suas prioridades;
- Determinar a Matriz de Responsabilidades;
- Determinar o cronograma de implantação;
- Elaborar o Plano de comunicação.

Execução

- Desenvolver os processos para cada fase desses ciclos de vida;
- Identificar ferramentas de gerenciamento a serem utilizadas;
- Implantar os processos e ferramentas, treinar os usuários e acompanhar a aplicação da metodologia.

Controle

- Definir indicadores de controle dos projetos (*KPI - Key Performance Indicators*)

Encerramento

- Levantar as lições aprendidas;
- Realimentar o sistema;
- Planejar novo salto.

Conclusão

"O planejamento não é uma tentativa de predizer o que vai acontecer. O planejamento é um instrumento para raciocinar agora, sobre que trabalhos e ações serão necessários hoje, para merecermos um futuro. O produto final do planejamento não é a informação: é sempre o trabalho."

Peter Drucker.

O Gerenciamento de Projetos é uma prática que contribui decisivamente para o sucesso das atividades do profissional ou do seu escritório de advocacia.

Os conceitos apresentados e as recomendações para a condução das iniciativas em qualquer âmbito da organização, podem ser resumidos nos seguintes itens:

1. Defina Metas;
2. Faça um panejamento considerando todas as áreas de conhecimento, com ênfase no que irá ser feito, em que tempo, a qual custo, com que qualidade, quais os riscos e ameaças previstos e qual a equipe a ser mobilizada, incluindo eventuais consultores;
3. Use esse plano como um guia para a execução e, à medida que for desenvolvendo as atividades, avalie o quanto elas estão aderentes ao que foi planejado, por meio dos indicadores de desempenho (KPI). Use ferramentas informatizadas para auxiliar e agilizar essa tarefa;
4. Corrija rumos e replaneje as suas atividades caso necessário;
5. Finalize o seu projeto, registrando as entregas, os sucessos e insucessos, através das Lições Aprendidas;
6. Documente todos esses passos através de registros organizados;
7. Aprimore essas medidas através de um processo de melhoria contínua.

Seguindo essas recomendações, certamente o seu escritório de advocacia terá um excelente desempenho.

Capítulo 5
GESTÃO DE PESSOAS

5.1. NOVOS DESAFIOS EM GESTÃO DE PESSOAS

Por Corinna Schabbel (PhD) – Convidada

"Será que existe milagre maior do que poder olhar a realidade, por um pequeno instante, a partir do olhar de outro?"

H. D. Thoreau

Com pouco mais de quarenta anos de vida profissional, pensei que estava atualizada para sugerir inovações como consultora em gestão do desenvolvimento humano e organizacional. Ledo engano. Crises e traumas fizeram parte de minha vida desde muito cedo e jamais pensei que passaria por tudo o que vi e senti desde março de 2020.

Poucos de nós vão se esquecer do momento em que foram informados de que: "a partir de amanhã, você vai trabalhar de sua casa, estaremos fechando os escritórios". A pandemia do coronavírus tornou-se uma questão complexa e dinâmica em todos os sistemas que constituem a vida humana: saúde, economia, família, social, técnico, temporal, emocional, ambiental. Foram tempos perturbadores que, felizmente, arrefeceram, mas ainda não se pode dizer que terminaram. A evidência da interconexão sistêmica nunca foi tão fortemente experimentada e as pessoas que trabalham mostraram o quanto foram e continuam sendo resilientes para lidar com incertezas, inseguranças e o desconhecido.

Para as lideranças e para os gestores da área de pessoas e talentos, qualquer que seja a indústria ou negócio de que se queira falar a respeito, estarão diante de problemas complexos em face da costumeira decisão "ou/ou", priorizando um aspecto sobre outro, gerando prejuízo sobre uma ou outra parte do sistema que enfraquecerá e provocará a resiliência de longo prazo para todos os elos direta ou indiretamente envolvidos.

Como analisar com certa segurança a dimensão do legado deixado pela pandemia e como será o novo ambiente de trabalho considerando que grande parte dos escritórios de advogados possui entre 5 e 150 pessoas?

Será importante para os escritórios ou empresas de advocacia contarem com profissionais com certa experiência em gestão de crises e mudanças e que entendam a importância de estarem em contato com as principais tendências da área, especialmente durante o "novo normal" provocado pela pandemia da Covid-19.

Muitas são as prioridades para os gestores de pessoas, visando a uma organização de sucesso para além de 2022. Sem sombra de dúvida, a saúde mental e o fenômeno que ficou conhecido com *a grande resignação* constituem pontos importantes a serem considerados no planejamento estratégico e na execução tática dos profissionais de recursos humanos (RH).

Quando os trabalhadores (aqueles que puderam fazê-lo) foram para casa, aquilo que já era difícil tornou-se mais complicado. Os empregadores, em um primeiro momento, não se preocuparam com o bem-estar mental de seus funcionários nem levaram em consideração se estes tinham condições de criar um "cantinho" de trabalho em suas casas. As primeiras experiências, salvo raras exceções, somadas à novidade e, posteriormente, à chuva de reuniões infindáveis em um elo sem fim, foram responsáveis pelo adoecimento emocional – uma doença provocada pelas reuniões encadeadas, onde ninguém sabe quem jogou a primeira pedra. Os organizadores se esqueceram da pirâmide de Maslow. Com a pandemia, as necessidades básicas, como as fisiológicas, não desapareceram. Simplesmente foram ignoradas para criar angústia e desespero nas pessoas.

Em minha experiência profissional, observei que o esgotamento por longas horas de trabalho e reuniões sem fim, a presença de outros membros da família em pouco espaço comparti-lhável, a dor e a perda que muitas pessoas sofreram passaram a ser um desafio dos profissionais e das lideranças. As avaliações dos primeiros seis meses de *home office* foram positivas para a produtividade e resultados. Para a saúde das pessoas, o contrá-rio... Indicadores assustadores.

Para as empresas nas quais a preocupação com o bem-estar já fazia parte do portfólio das atividades, a reação aos danos do afastamento social e distanciamento do ambiente de trabalho foi mais rápida. A criação de programas de saúde mental, o sur-gimento da telemedicina e de plataformas especializadas para atendimento psicológico ou, ainda, palestras (*lives*), *podcasts*, reuniões virtuais de descompressão, como grupos focais para dar apoio a funcionários em crises profundas de ansiedade, desajus-te familiar e aumento do consumo de álcool, cigarros e drogas, podem ser considerados marcadores para uma mudança na área de gestão de pessoas, bem-estar, cultura e clima organizacional.

A grande resignação foi um movimento que teve seu ponto alto no verão de 2021 nos EUA, Canadá e Inglaterra, quando um verdadeiro *tsunami* na rotatividade de empregos deu voz àquilo que o *lockdown* semeou: que há algo mais valioso do que as horas dedicadas ao trabalho, ou seja, o tempo de deslocação, as horas perdidas nos engarrafamentos das grandes cidades e o estresse da distância de familiares e perda de qualidade de vida.[1]

Consequências do grande acerto de contas (*great resigna-tion*): os desafios e sofrimentos impostos durante a pandemia e a agitação social como consequência do estresse vivido entre 2020 e 2021 levaram grupos diferentes de pessoas que trabalham a pensar que, em muitos casos, o custo intangível era muito alto. Não se tratava, portanto, de salário, e sim das consequências das experiências durante pandemia que, no antigo normal, passavam

---

[1] MERCER. Stress is the real reason behind the great resignation. 2022. Disponível em: https://www.mercer.com/our-thinking/career/stress--is-the-real-reason-behind-the-great-resignation.html. Acesso em: 10 maio 2022.

196 | GESTÃO FINANCEIRA E ESTRATÉGICA PARA ESCRITÓRIOS DE ADVOCACIA

despercebidas ou não eram conhecidas. Abriu-se uma caixa de pandora: a necessidade de mudar o conceito de ambiente, jornada e modelos de trabalho e emprego. Se a remuneração era muito importante, as pessoas passaram a apreciar a flexibilidade, o tempo em família, o bem-estar e o ócio.

Ser competitivo como empregador significará:

1) fornecer a todos os colaboradores um modelo de trabalho que faça sentido ao segmento de mercado no qual estão inseridos e na cultura organizacional revista e adaptada a um modelo mais sistêmico para priorizar iniciativas de diversidade e inclusão; apoiar a criação de locais de trabalho mais seguros emocionalmente e inclusivos;

2) apoiar o desenvolvimento da tecnologia para impulsionar o uso de *softwares* para automatizar e gerenciar fluxos e processos internos que visem condições de trabalho *flex* cujas possibilidades são incríveis para o engajamento e retenção de pessoas;

3) repensar a cultura organizacional para tudo o que começou como uma transição temporária e mostrou-se como uma solução mais permanente. Muitos optarão por manter o horário flexível e trabalho remoto, em que a ausência de deslocamento permitirá mais tempo para outros tipos de atividades. Aqueles que insistirem em voltar "aos velhos tempos" deixarão de ser competitivos na contratação de novos talentos;

4) reconsiderar práticas de RH para obter uma força de trabalho remota eficiente no longo prazo. Quais ações contribuirão para manter a integração entre pessoas em diferentes pontos geográficos?

5) para alcançar bons resultados, provocar uma mudança nas políticas de recrutamento para melhorar a experiência dos candidatos selecionados com integração (*onboarding*) sem complicações;

Cap. 5 · GESTÃO DE PESSOAS **197**

6) ser um empregador de escolha obrigatoriamente passará pela avaliação de maior flexibilidade no trabalho, aumento dos benefícios de saúde e bem-estar, redesenho dos planos de carreira e metodologia de avaliação de performance;

7) fortalecer a sua marca como uma marca empregadora, sendo atraente também internamente para manter os seus talentos.

Uma pesquisa realizada pela Universidade Stanford,[2] entre 2012-2013, traz-nos a informação de que majoritariamente na Inglaterra, Alemanha e Estados Unidos o trabalho remoto (na época conhecido como *work from home* – WHF) já era oferecido para gerência média, diretores e C-Suite. Dos 19 países pesquisados, o Brasil aparece em nono lugar com a oferta de trabalho a partir de casa, inclusive para profissionais de desenvolvimento de tecnologia, gestão de projetos, suporte ao usuário, vendas, atendimento e *call centers*.

O tempo de deslocamento e o surgimento de uma maior conectividade provocada pela Internet permitiram que uma experiência com poucos fosse transformada em uma opção para muitos, por ser uma alternativa economicamente viável para o empregador e muito bem-vinda para todos os envolvidos com o negócio.

Como gerenciar as incertezas dos efeitos colaterais do trabalho a distância? Tanto a literatura quanto a prática ainda trazem inconsistências e a pandemia pode ser considerada o grande laboratório que faltava para compreender:

1) como incentivar qualidade, pontualidade de entregas, produtividade e metas, uma vez que os controles utilizados no trabalho presencial perdem o sentido;

---

[2] BLOOM, Nicholas. Disponível em: https://nbloom.people.stanford. edu/. Acesso em: 10 maio 2022.

198 | GESTÃO FINANCEIRA E ESTRATÉGICA PARA ESCRITÓRIOS DE ADVOCACIA

2) quais benefícios e incentivos darão uma mínima garantia para a retenção, principalmente dos profissionais mais jovens e escolarizados;

3) o que oferecer aos profissionais cujas atividades profissionais, com o desenvolvimento tecnológico, os avanços da inteligência artificial, vão se transformar;

4) a necessidade de treinamento para que as lideranças possam promover mudanças culturais diante de estruturas menos hierarquizadas, mais matriciais e com controles pautados pela confiança e pela colaboração.

Pontos importantes a serem pesquisados e aplicados, mas que, desde já, enfrentam resistências, principalmente pelos profissionais da geração *baby boomers* e X que, ainda em atividade, são míopes no entendimento dessa nova realidade. Nem melhor, nem pior, e sim diferente.

Gestão de traumas e cultura de bem-estar

Com a proximidade do retorno presencial ao trabalho, flexível para alguns e definitivo para outros, os efeitos da pandemia foram diferentes para cada um de nós. A importância da saúde emocional e do equilíbrio psicológico serão as bases para o desenvolvimento de alternativas para a convivência, gestão e trabalho de milhões de pessoas em variados contextos e diferentes momentos de vida.

A saúde psicológica, o bem-estar e a maturidade emocional se organizam e reorganizam ao longo da vida. Desde os primeiros momentos, é a interação com outras pessoas corresponsáveis pela pessoa que nos tornamos. Nossa personalidade é um subsistema complexo, altamente influenciado pela vivência de eventos aos quais é dado um significado que passa a fazer parte de nosso repertório, nossa história pessoal e social. Em nossas relações, em situações de crise ou trauma, a esperança e a confiança depositadas nas pessoas importantes em nossas vidas – e aqui se incluem nossas relações de trabalho – importam. Se nossas angústias não são compreendidas por meio de suporte emocional de nossa família, amigos e até mesmo de nossos empregadores, sentimo-nos traídos. Na psicologia organizacional, esse sentimento ficou conhecido como *traição institucional*.[3]

A traição institucional como objeto de psicoterapia e conversas em grupos de trabalhadores motivados pela falta de suporte dos empregadores pode ser considerada um dos pontos importantes para a promoção de mudanças culturais nas organizações. Fatos como qualidade dos acessos, ausência de conforto ergonômico no início da pandemia, redução de remuneração, cancelamento do contrato de trabalho sem explicações ou ainda comportamentos inadequados das lideranças quanto à confiança do trabalho remoto, como *bullying* e assédio, são realidades que não podem ser deixadas de lado. A indiferença quanto às entregas, cumprimento de prazos e cancelamento de benefícios também possuem o mesmo efeito.

O aumento da procura por tratamento psicológico durante o período pandêmico, em grande parte, foi gerado por inadequação corporativa nos cuidados necessários ao enfrentamento da crise. A segurança psicológica no ambiente de trabalho é primordial para que todas as demais demandas possam ser atendidas. O trabalho em equipe, a colaboração entre áreas, somente ocorre quando a segurança psicológica de fato existe, promovendo a transparência, o *feedback* preventivo e o reconhecimento das conquistas individuais e do grupo. Não sendo assim, as relações se darão orientadas pelo trinômio autoridade/medo/obediência.

Gerir pessoas, doravante, vai incluir a empatia e os programas que tenham a preocupação de amenizar os transtornos físicos, mentais e sociais provocados pelo incerto e inesperado. O medo ficou e é importante falar a respeito e evitar o positivo tóxico como forma de minimizar a situação. Ações voltadas à saúde incluem criar uma biblioteca virtual de leituras, vídeos e áudios, parcerias com as empresas de saúde, participação ativa do CEO e demais membros do corpo diretivo em um canal de comunicação abrangente e humanizado.

Para ser empático, é necessária a escuta ativa em que o protagonismo de quem passou pela dor faz a diferença no início do

---

[3] FREYD. 2014, 2021. Disponível em: https://dynamic.uoregon.edu/. Acesso em: 10 maio 2022.

processo de cura e aceitação. Empatia, reconhecimento e transparência darão a certeza de que "serei ouvido". Uma estrutura de apoio diversificada e de fácil acesso será importante para que acreditem que a ajuda necessária estará ali.

O coronavírus é parte da história em toda a sua complexidade. Se há um ano as ruas e estradas estavam desertas, hoje as ruas e demais espaços sociais voltam a ser ocupados por pessoas cansadas da reclusão. As pessoas, no entanto, mudaram. O movimento da grande resignação mostrou que existem expectativas diferentes sobre as organizações, em comparação com o período anterior à pandemia. Há desejos que são maiores do que emprego e trabalho, desejos de propósito e de querer ser visto. As organizações que, além dos lucros que geram, preocuparem-se com as pessoas, interessarem-se por quem são e derem apoio nos bons e maus momentos, certamente ganharão diante de um processo de mudança cultural voltado para o humano. Certamente sua marca e seus resultados brilharão.[4]

Pode não ser possível prever ou evitar a próxima crise. No entanto, com atitudes preventivas, planejamento e comprometimento, podemos estar preparados para enfrentar o próximo desafio – seja ele qual for.

5.2. GESTÃO DE TALENTOS

"A gestão de pessoas tem sido a responsável pela excelência das organizações bem-sucedidas e pelo aporte de capital intelectual que simboliza, mais do que tudo, a importância do fator humano na Era da Informação."

Idalberto Chiavenato

Foi-se o tempo em que o departamento de recursos humanos era apenas uma das áreas do operacional. Hoje em dia, em gran-

---

[4] MANNING, Katharine. The empathetic workplace: 5 steps to a compassionate, calm, and confident response to trauma on the job. [s.l.]: Harper Collins, 2021.

des empresas e escritórios, a área de recursos humanos – hoje intitulada de Gestão de Pessoas – é corretamente valorizada e participa ativamente, inclusive da construção do planejamento estratégico. Se no seu escritório não é assim, você precisa repensar a sua estratégia e para onde quer caminhar.

Também importante dizer que a gestão de pessoas não é responsabilidade exclusivamente da área, mas deve ser papel de cada gestor cuidar e reter os talentos do escritório.

A frase do Simon Sinek[5] – "100% dos clientes são pessoas. 100% dos funcionários são pessoas. Se você não entende de pessoas, você não entende de negócios" – já citada no capítulo sobre gestão estratégica, é extremamente válida para qualquer empresa, mas principalmente para os escritórios de advocacia, que são prestadores de serviços, onde seu maior ativo está ligado às pessoas: os clientes e os colaboradores, tanto da área jurídica quanto do *backoffice*.

Neste capítulo, o foco é a gestão interna de pessoas. É preciso entender, de uma vez por todas, que o principal ativo é **gente**.

Outra frase cunhada por ele é: "Liderar não é estar no comando. Liderar é cuidar daqueles que estão sob o seu comando".[6]

A área de gestão de pessoas precisa de uma atuação focada no desenvolvimento holístico – integral – dos colaboradores, com desenvolvimento intelectual, aprimoramento constante e implantação de políticas internas – alinhadas com o planejamento estratégico, uma vez que são as pessoas que farão a construção do escritório para chegar aonde almeja – que desenvolvam as competência e habilidades –, atualmente conhecidas como *real skills* que unem as *soft skills* (habilidades sociocomportamentais) e *hard skills* (capacidades técnicas).

---

[5] Disponível em: https://br.pinterest.com/pin/685462005762701648/. Acesso em: 21 maio 2022.

[6] SINEK, Simon. Juntos somos melhores: um livro inspirador sobre o poder da união e a busca pelo propósito. Rio de Janeiro: Sextante, 2019. p. 131.

202 | GESTÃO FINANCEIRA E ESTRATÉGICA PARA ESCRITÓRIOS DE ADVOCACIA

Essas habilidades comportamentais e técnicas precisam estar em constante evolução e aprendizado, daí o papel fundamental do escritório em proporcionar um ambiente favorável a esses desenvolvimentos.

Atualmente, existem, em muitos escritórios, várias gerações convivendo simultaneamente: *Baby Boomers* (nascidos entre 1945 e 1964), Geração X (nascidos entre 1965 e 1984), Geração Y (nascidos entre 1985 e 1999) e Geração Z (nascidos a partir de 2000). Cada uma delas tem sua identidade e o escritório precisa propiciar esse ambiente pluralista que permitirá e agregará a troca de ideias e opiniões, ou seja, extraindo o melhor de cada uma, inclusive respeitando suas características. Confesso que esse é um dos maiores e mais edificantes desafios deste tempo: criar um ambiente pluralista em um segmento que é formal, que está mudando, mas ainda é assim na maioria dos escritórios.

Outra questão a se considerar é a importância da **diversidade** no ambiente do escritório, que deve ser cultivada. Mas isso não é o bastante: é necessário ter, inclusive, diversidade no pluralismo de comportamento, de ideias, em que o colaborador se sinta confortável para dar sua opinião, sabendo que será ouvido independentemente de sua posição ou ponto de vista. Cultivar esse ambiente é papel dos sócios, mas cada um dos gestores da banca precisa ter a mesma visão e cultura, proporcionando esse ambiente diverso no mais amplo sentido da palavra. Esse caminho é longo e há muito o que fazer sobre esse tema, que tem sido abordado com mais profundidade nos últimos anos.

A seguir, destaco alguns pontos que o escritório deve observar na gestão diária de pessoal ou ao contratar um novo profissional, inclusive com alguns assuntos para incluir na política interna de desenvolvimento de pessoas – que são seus talentos – e como retê-las:

- Contrate o melhor candidato, desde que esteja alinhado com a cultura organizacional. Os escritórios costumam contratar pela capacidade técnica e demitir pelo comportamento, por isso é tão importante esse entendimento.

Warren Buffett tem uma frase[7] que diz: "Procurando pessoas para contratar, você busca três qualidades: integridade, inteligência e energia. E se elas não têm a primeira, as outras duas matarão você";

- Busque profissionais criativos e que inovem. Contudo, lembre-se de que essas pessoas apenas ficarão no seu escritório se o ambiente for desafiante e propício para essa colaboração;
- Autonomia do tamanho da responsabilidade demonstrada pelo profissional;
- Proporcione oportunidade de crescimento para que as pessoas se sintam desafiadas;
- Pessoas certas no lugar certo, a fim de não haver quedas de desempenho;
- Processo de integração e recepção do novo integrante: tenha muita atenção e cuidado na realização do *onboarding*, no fornecimento das informações relevantes, apresentação dos documentos, treinamento em sistemas e políticas do escritório;
- Treinamentos internos recorrentes;
- Remunerações compatíveis com o mercado jurídico;
- Plano de carreira para os integrantes do jurídico;
- Plano de cargos e salários para os integrantes do *backoffice;*
- Políticas de bonificações claras e amplamente divulgadas, evitando ruídos e mal-entendidos;
- Políticas de subsídios de cursos;
- Tenha um ambiente que proporcione o desenvolvimento das capacidades técnicas e aprimoramento dos profissionais e, sobretudo, aberto a ideias e contribuições das pessoas;

---

[7] Disponível em: https://www.ibccoaching.com.br/portal/7-frases-de--warren-buffett-para-sua-empresa/. Acesso em: 26 maio 2022.

204 | GESTÃO FINANCEIRA E ESTRATÉGICA PARA ESCRITÓRIOS DE ADVOCACIA

- Celebre até mesmo as pequenas conquistas e resultados;
- Tenha avaliação de desempenho com metas e acompanhamento bem definidos;
- Sempre ofereça *feedbacks*, e não apenas no retorno de avaliações periódicas;
  - Elogie em público quando algo for bem-feito e corrija em particular sempre que necessário, visando o crescimento do colaborador;
  - Custo de contratação e custo de *turnover*: analisar sempre a política de recrutamento e seleção para lapidação do processo, se necessário. Faça esse processo bem-feito para mitigar os riscos de uma contratação malfeita;
  - Cuide do bem-estar da equipe, dando suporte e acolhimento em caso de necessidade, como um time em que cada um é importante;
  - Forneça ótimas ferramentas de trabalho: sistemas, telefonia, equipamentos etc.;
  - Gestão do departamento pessoal e atenção à organização e ao atendimento dos aspectos legais tais como CLT, convenção coletiva, LGPD etc.;
  - Líder e mentor: cada gestor deve ter o papel de mentoria individual com seu time.

Com o passar do tempo percebi que, quanto mais investe e se cuida das pessoas, melhores são os resultados:

- Ter ambiente saudável, onde as pessoas gostem de estar e por isso trabalham mais felizes, refletindo na qualidade da entrega;
- Eliminar os chefes tóxicos, pois eles adoecem as pessoas, inclusive gerando uma rotatividade alta e queda na qualidade da entrega da equipe, que estão ali gerenciadas pelo medo, submetidos à falta de respeito e consideração. Esses ditos "líderes" estão na contramão de tudo o que é

mais valioso e são extremamente prejudiciais a qualquer ambiente e gestão de pessoas. Em um primeiro momento eles até podem trazer resultados para o escritório, mas no tempo nada disso se sustentará;

- Proporcionar acolhimento quando ocorrer um problema pessoal, o que fará que a pessoa perceba que o escritório está honestamente preocupado, entendendo o momento e apoiando da melhor forma;

- Colaborar com o desenvolvimento técnico de um integrante;

- Caso necessário, o processo de desligamento de um colaborador deve ser humanizado, de forma transparente e com dignidade. É muito importante que a área de recursos humanos tenha todo o cuidado ao comunicar o fato ao colaborador que está sendo demitido. Lembre-se que tal situação também se reflete na equipe, nas pessoas que permanecerão no escritório.

O mercado da advocacia está em constante evolução e isso em grande parte se deve à gestão de pessoas, pois são elas que constroem o escritório, sua reputação para o mercado, que atendem o cliente no dia a dia e geram valor. Cuide muito bem dos seus talentos pois, se algum deles sair do seu escritório, você terá perdido não só uma pessoa valorosa, mas todo o investimento – que se traduz em números no financeiro – no desenvolvimento das suas habilidades e competências, sendo necessário iniciar novamente todo o processo, começando pela seleção, o que poderia, em vários casos, ter sido evitado.

Quero deixar claro, para todos os sócios, que tão importantes quanto o advogado e estagiário são os colaboradores que cuidam do *backoffice* do escritório. Quando trago a relevância da gestão de pessoas e talentos, estes fazem parte do todo, independentemente da função que ocupam ou do nível de responsabilidade e hierarquização. Um colaborador satisfeito traz resultados positivos para seu escritório.

5.3. SEJA UM LÍDER COMO SEU ESCRITÓRIO PRECISA

"Os bons líderes se realizam orquestrando o trabalho de sua equipe, formando novos líderes e eletrizando positivamente o ambiente de trabalho."

Aristeu Silveira

"Capacite bem os seus colaboradores para que eles possam partir. Trate-os bem para que eles prefiram ficar."

Richard Branson

Independentemente de ser sócio ou não, se você possui um cargo de liderança, tem sob sua responsabilidade a gestão de pessoas.

Quero fazer uma reflexão: acredito que para cuidar de outros seres humanos é preciso estar bem, ou seja, o primeiro cuidado é conosco e depois com os demais. Por que estou dizendo isso? Porque para inspirar outras pessoas é necessário estar motivado e a motivação é intrínseca, ou seja, de dentro para fora. Para que você possa inspirar sua equipe, você deve estar motivado e com vontade de realizar.

Muitas pessoas estão em cargos de liderança, mas não são líderes – só sabem mandar e usar sua autoridade para cobrar e pressionar o time. No livro de Simon Sinek,[8] intitulado *Líderes se servem por último*, ele expõe que "você pode ter o cargo, mas ainda não é líder. Liderança não é licença para fazer menos, mas sim a responsabilidade de fazer mais e liderar". Quando seus liderados se sentem seguros, eles trazem sua energia e talento para aproveitar as oportunidades porque sabem que estão em um ambiente seguro.

Você não é líder – você está líder. Grande parte do ambiente é sua responsabilidade, seja ele bom ou ruim, por isso você deve propiciar o ambiente correto para extrair o melhor de cada um.

---

[8] SINEK, Simon. Líderes se servem por último: como construir equipes seguras e confiantes. Rio de Janeiro: Alta Books, 2019.

Você precisa promover um ambiente de confiança e cooperação para que sua equipe cresça, arrisque mais, aprenda e possa ir mais longe até do que você. Seu liderado tem convicção de que você faz o melhor por ele? Se sim, ele também o fará por você.

Tenha uma liderança humanizada, pois os relacionamentos empáticos oferecem influências positivas sobre o ambiente de trabalho e sobre a *performance* dos colaboradores.

Simon Sinek tem uma frase[9] que diz: "Se suas ações inspiram outras pessoas a sonhar mais, aprender mais, fazer mais e ser mais, você é um líder". Veja o quão profundo e importante tem que ser sua liderança não só pelo cuidado e gestão de pessoas, mas também pela consequência e o resultado que isso traz para seu escritório. Quem trabalha com um líder inspirador não vai embora. Ele fica e se torna um grande aliado. Nem mesmo a melhor oferta financeira em outro lugar o fará mudar de ideia, pois ele vê o valor em estar no seu time.

Você pode não estar totalmente pronto como líder, mas mesmo em construção procure desenvolver suas habilidades. Leia muitos livros, faça cursos, mentoria, um processo com um *coach*, enfim, corra atrás dos seus hiatos para que sua construção seja constante, dia a dia, um tijolo de cada vez. A seguir, alguns atributos que um líder deve ter, que acredito serem as mais importantes:

- Saiba resolver conflitos;
- Dê *feedbacks* constantemente – tanto positivos quanto negativos;
- Seja grande líder, e não chefe;
- Seja grato. A sua gratidão engajará as pessoas e as tornará mais produtivas;
- Cuide das pessoas. Tenha uma liderança empática;
- Deixe seu legado;

---

[9] Disponível em: https://pensamentosparameditacao.blogspot. com/2020/06/citacoes-inspiradas-sobre-o-sucesso.html. Acesso em: 26 maio 2022.

GESTÃO FINANCEIRA E ESTRATÉGICA PARA ESCRITÓRIOS DE ADVOCACIA

- Tenha diversidade – não só de pessoas, mas de pensamento também – na sua equipe;
- Prepare os liderados para serem melhores que você. Isso mostrará que você foi um ótimo líder. Seja mentor e *coach* do seu time;
- Compartilhe conhecimento e tenha em mente a busca constante do seu desenvolvimento;
- Defenda a equipe. Infelizmente, há chefes que, ao receberem alguma reclamação, já criticam as pessoas, dando bronca. Primeiramente entenda o que aconteceu, ouvindo o outro lado, para depois se posicionar;
- Reconheça os esforços;
- Ensine, treine, prepare, delegue, confie e aí você pode cobrar;
- Separe o ser do estar. O "ser" rotula e o "estar" abre a possibilidade de um diálogo com a outra parte ao fazer algum apontamento de algo que precisa ser mudado;
- Equilibrar a quantidade de reuniões para que as pessoas tenham tempo de realizar o trabalho e cuidar de suas responsabilidades;
- Crie um ambiente colaborativo na equipe, valorizando os diferentes perfis de pessoas;
- Apoie, esteja atento às necessidades das pessoas, cuide;
- Inteligência emocional tem um papel fundamental. Recomendo a leitura de livros sobre o assunto;
- Ouça, mas ouça de fato, com atenção e interesse genuínos. Conecte-se com o seu interlocutor. Não é ouvir já pensando na sua resposta. Friso, é ouvir com atenção, escutando o que está sendo dito;
- Utilize a CNV – Comunicação Não Violenta. Recomendo, caso você ainda não conheça, a leitura do livro do Marshall B. Rosenberg[10] sobre o assunto, o qual mudará sua vida e

---

[10] ROSENBERG, Marshall B. Comunicação não-violenta: técnicas para aprimorar relacionamentos pessoais e profissionais. São Paulo: Ágora, 2006.

seus relacionamentos – dentro e fora do escritório – com uma profundidade absurda;

– Construa com sua equipe um trabalho que fará a diferença no seu escritório. Agregue valor. Faça sentirem orgulho do que, juntos, são capazes de produzir e entregar e o impacto será enorme, tanto nos clientes internos quanto nos externos;

– Faça-os brilhar. Reconheça o esforço e informe os nomes dos que contribuíram para o excelente trabalho realizado;

– Somos falhos, e essa é a graça de não estarmos – nunca – totalmente prontos. Seus liderados também entenderão isso como força e vão apoiá-lo na sua própria construção. Somos forjados diariamente. Aprenda com seus erros – garanto a você que serão muitos ao longo da sua jornada – mas o caminho será gratificante;

– Desenvolva no time a competência de trabalhar em equipe, uma vez que hoje em dia é uma das mais requeridas pelo mercado. Às vezes, é complicado colocar em prática, mas, tendo sucesso, isso será um fator poderoso na sua gestão;

– Grandes líderes inspiram. Seja um para sua equipe. Seja um exemplo e eles desejarão ser como você.

Além disso, pessoas podem não ter um cargo de liderança, mas podem ser líderes em algum momento, quando tocam um projeto específico, fazem um trabalho com outras pessoas ou lideram uma ação social, por exemplo. Se esse é o seu caso, aproveite a oportunidade para se desenvolver. Peça ao seu líder ou ao sócio da sua área um *feedback*, perguntando onde pode melhorar e como pode entregar mais e participar. Seja proativo.

Como líder também é importante observar, em seus liderados, as necessidades pessoais e como pode contribuir. Segundo o psicólogo norte-americano Abraham Maslow,[11] os seres humanos

---

[11] Disponível em: https://www.gov.br/infraestrutura/pt-br/assuntos/ portal-da-estrategia/artigos-gestao-estrategica/a-hierarquia-de-ne-cessidades-de-maslow. Acesso em: 26 maio 2022.

210 | GESTÃO FINANCEIRA E ESTRATÉGICA PARA ESCRITÓRIOS DE ADVOCACIA

precisam ter suas necessidades atendidas. Veja a pirâmide que, inicialmente focava a base, mas que com o tempo evoluiu para também se voltar para as necessidades de crescimento. Lembre--se de que hoje tais itens se misturam e ao mesmo tempo pode--se ter uma necessidade atendida em autorrealização (trabalho desafiante, por exemplo) e não atendida no nível social (problema na família, por exemplo):

PIRÂMIDE DAS NECESSIDADES – MASLOW

Satisfação fora do trabalho	Necessidade	Satisfação no trabalho
• Educação • Religião • Passatempos • Crescimento Pessoal	**Auto Realização**	• Trabalho desafiante • Diversidade e autonomia • Participação nas decisões • Crescimento pessoal
• Aprovação da família • Aprovação dos amigos • Reconhecimento da comunidade	**Estima**	• Recolhimento • Responsabilidade • Orgulho e reconhecimento • Promoções
• Família • Amigos • Grupos Sociais • Comunidade	**Sociais**	• Amizade dos colegas • Interação com clientes • Chefe amigável
• Liberdade • Segurança da violência • Ausência de poluição • Ausência de guerras	**Segurança**	• Trabalho seguro • Remuneração e benefícios • Permanência no emprego
• Comida • Água • Sexo • Sono e Repouso	**Fisiológicas**	• Horário de trabalho • Intervalo de descanso • Conforto físico

Fonte: https://medium.com/makers-co/motiva%C3%A7%C3%A3o-e-traba-lho-aed335b43c0f

Tenha propósito, metas e objetivos. Ter um projeto nobre pode levar você a fazer a diferença no mundo e lhe trará benefícios sob vários aspectos da sua vida. No livro *Seja líder como o mundo precisa*,[12] o autor, João Paulo Pacífico, diz: "ao juntarmos comprometimento com propósito, temos a interligação perfeita das pessoas realizadas, e aí se encontram os líderes que o mundo precisa".

Atenção: você pode não ser esse líder hoje, que cuida e inspira, porém nunca é tarde para se aprimorar, aperfeiçoar, aprender com os seus erros e acertos e com seu time. Busque diariamente ser sua melhor versão. Trabalhe para isso. A recompensa será grande.

"Não espere por grandes líderes. Faça você mesmo, pessoa a pessoa. Seja leal às pequenas ações, porque é nelas que está a sua força."

Santa Madre Teresa de Calcutá.

5.4. FORMAS DE CONTRATAÇÃO DE PESSOAL E OS VÍNCULOS EM ESCRITÓRIOS DE ADVOCACIA

Além da figura dos sócios patrimoniais, que são os sócios que investem no capital social da banca, há os vínculos como sócios de serviços via contrato social, contratação de advogado associado via contrato individual, contratação de advogados como celetistas e como prestadores de serviços via recibo de pagamento de autônomos (RPA). Na prestação de serviços, também existem os estagiários, que são contratados sob o regime da Lei do Estágio (Lei n.º 11.788, de 25.09.2008).[13] Além do corpo jurídico, há os colaboradores do administrativo, com vínculos como funcionários regidos pela Consolidação das Leis do Trabalho (CLT) instituída pelo Decreto-lei n.º 5.452, de 1º.05.1943,[14]. Também, em alguns

---

[12] PACÍFICO, João Paulo. Seja líder como o mundo precisa: impacte as pessoas, os negócios e o planeta. Rio de Janeiro: HarperCollins, 2022.

[13] Disponível em: http://www.planalto.gov.br/ccivil_03/_ato2007-2010/2008/lei/l11788.htm. Acesso em: 17 maio 2022.

[14] Disponível em: http://www.planalto.gov.br/ccivil_03/decreto-lei/del5452.htm. Acesso em: 17 maio 2022.

casos, podemos elaborar contratos de prestação de serviços ou mesmo contratar esporadicamente via RPA.

Antes de efetivar uma contratação, esta deve estar alinhada ao planejamento estratégico do escritório, para entender o papel do colaborador e qual a melhor forma de regular sua atuação no escritório e, também, em consonância com o Estatuto da Advocacia e da OAB (Lei n.º 8.906, de 04.07.1994).[15] Lembre-se de que cada sócio só poderá ser sócio de apenas um escritório na sua base territorial, independentemente de sua quantidade de cotas.

Importante destacar que, em qualquer modalidade descrita, o escritório precisa ter cuidados básicos e imprescindíveis, devidamente documentados e assinados, com relação à LGPD (Lei n.º 13.709, de 14.08.2018),[16] à *Compliance* e anticorrupção (Lei n.º 12.846, de 1º.08.2013),[17] confidencialidade, segurança da informação, entre outras, que inclusive são prerrogativas dos clientes para contratação da banca.

Sócios Patrimoniais

Os sócios patrimoniais aportam cotas patrimoniais que compõem o capital social da sociedade de advogados, que são definidas no contrato social que é averbado pela Ordem dos Advogados do Brasil (OAB). Eles devem receber pró-labore mensal e distribuição de lucros após auferir os resultados do escritório em determinado período.

---

[15] Disponível em: http://www.planalto.gov.br/ccivil_03/leis/l8906. htm#:~:text=LEI%20N%C2%BA%208.906%2C%20DE%20 4%20DE%20JULHO%20DE%201994.&text=Disp%C3%B5e%20 sobre%20o%20Estatuto%20da,Advogados%20do%20Brasil%20(OAB).&text=II%20%2D%20as%20atividades%20de%20 consultoria,em%20qualquer%20inst%C3%A2ncia%20ou%20tribunal.. Acesso em: 17 maio 2022.

[16] Disponível em: http://www.planalto.gov.br/ccivil_03/_ato2015-2018/2018/lei/L13709.htm. Acesso em: 17 maio 2022.

[17] Disponível em: http://www.planalto.gov.br/ccivil_03/_ato2011-2014/2013/lei/l12846.htm. Acesso em: 17 maio 2022.

Sócios de Serviços

Os sócios de serviços, muito embora sejam sócios, possuem cotas de serviços e não aportam capital na sociedade. Esses sócios têm, assim como os patrimoniais, responsabilidade de responder pela administração do escritório e subsidiária e ilimitadamente pelos danos causados aos clientes. Referida forma de vínculo é regida pelo Provimento da OAB n.º 169/2015[18] que trata das relações societárias – patrimoniais ou de serviços – em conformidade com o Regulamento Geral do Estatuto da Advocacia e da Ordem dos Advogados do Brasil. A esses sócios podemos pagar um pró-labore mensal, além de retiradas de lucros, a depender do resultado do escritório.

Advogado Associado

Advogado associado não é sócio nem empregado, uma vez que não tem o dever da exclusividade com o escritório ao qual está vinculado, tendo sua própria autonomia e flexibilidade de trabalho, podendo atender simultaneamente a várias bancas. Com relação ao vínculo de prestação de serviços, este deve ser realizado via contrato específico, averbado na OAB e individual com cada associado, contendo as cláusulas que regerão essa relação, inclusive sobre as cláusulas que tratam de responsabilidade. Lembre-se de que referida contratação está regida pelos Provimentos da OAB e do Conselho Federal da OAB e do Estatuto da Advocacia da OAB .

Celetistas

A relação de trabalho entre pessoa física – empregado – e pessoa jurídica – empregador – é regida pela Consolidação das Leis do Trabalho – CLT. A CLT tem instituído os deveres e direitos de ambas as partes. A atuação se dá por meio de vínculo empregatício e relação de subordinação do funcionário com a empresa. A ideia é proteger o empregado, garantindo-lhe direitos (férias,

---

[18] Disponível em: https://www.oab.org.br/leisnormas/legislacao/provimentos/169-2015. Acesso em: 17 maio 2022.

13.º, FGTS, licença-maternidade, outros), inclusive via sindicado da categoria, que atua para complementar os benefícios e direitos já assegurados pela legislação e que são preponderantes a ela. Referida contratação serve tanto para advogados quanto para os colaboradores do *backoffice*.

Prestação de serviços como autônomo (via RPA)

Prerrogativa utilizada para prestação de serviços após contratação de serviços de pessoa física. Financeiramente, o ideal é que seja pontual (até para que não se configure vínculo empregatício), pois tem uma carga tributária alta, tanto para a pessoa física que presta os serviços quanto para pessoa jurídica que a contrata, que também pode variar conforme a localidade do estabelecimento contratante (percentual de ISS, por exemplo).

Os impostos e as contribuições relacionados com o RPA hoje são de: contribuição previdenciária do INSS (Instituto Nacional do Seguro Social), sendo uma quota do prestador de serviços, conforme tabela progressiva de pessoa física, com os percentuais escalonados por valor, e outra da empresa sobre 20% do valor bruto dos serviços, independentemente do valor bruto; Imposto de Renda Retido na Fonte (IRRF) do prestador de serviços conforme tabela progressiva de pessoa física com os percentuais escalonados por valor; e o Imposto sobre Serviços (ISS) com percentuais que diferem de um município para outro em todo o território nacional.

Estagiários

Regidos pela Lei n.º 11.788, de 25.09.2008[19] (dispõe sobre o estágio de estudantes), ela versa sobre as relações dos estudantes com o empregador, intermediado pela faculdade onde o estudante está devidamente matriculado e vinculado. Além de benefícios e da ajuda na formação do profissional, a lei do estágio trata sobre o prazo máximo de contratação que é de dois anos, exceto para

---

[19] Disponível em: http://www.planalto.gov.br/ccivil_03/_ato2007-2010/2008/lei/l11788.htm. Acesso em: 17 maio 2022.

pessoas com deficiência (PCD), devendo a parte concedente – empresa – proporcionar ao estagiário o desenvolvimento de competências e práticas do dia a dia, quer para o estagiário da área jurídica, quer para um estagiário do *backoffice* (administrativo, bibliotecário, entre outros).

A lei também trata de:

- Jornada da atividade: quatro horas a seis horas por dia;
- Direito à bolsa-auxílio;
- Seguro de vida em grupo;
- Auxílio-Transporte;
- Benefícios, de concessão eventual, não caracterizando vínculo empregatício: alimentação, seguro saúde, entre outros;
- Recesso remunerado: faz jus, inclusive proporcionalmente, quando tiver menos de um ano de contrato.

Prestadores de Serviços

Podemos contratar empresas para prestação de serviços – por exemplo, para terceirização dos serviços de limpeza e recepção – e de consultoria, com contrato de serviços bem detalhado com relação a escopo, prazos, valor do pagamento, responsabilidades do contratante e contratada. O prestador emite, após os trabalhos e obedecendo ao especificado em contrato, a nota fiscal de prestação de serviços.

Ressalto que, em qualquer das modalidades pela qual o escritório optar, o documento de contratação – contrato social, contrato de prestação de serviços ou contrato de CLT – deve ser formulado e assinado antes do início dos trabalhos. Lembre-se de inserir nos contratos cláusulas que remetem às questões relativas à LGPD, à propriedade intelectual, *compliance*, entre outras, que são tão importantes que, se bem escritas e documentadas, visam resguardar o escritório de eventuais demandas judiciais.

Capítulo 6
GESTÃO ADMINISTRATIVA

6.1. GESTÃO DE TEMPO E PRODUTIVIDADE

"Enquanto não conseguirmos gerir o nosso tempo, não conseguiremos gerir mais nada."

Peter Drucker

Você começa o dia consultando sua agenda cheia de atividades e compromissos: trabalhos para entregar, reuniões internas com equipe, reuniões com clientes, prazo fatal para revisar... Parece que não sobra tempo para mais nada. Isso sem contar as inúmeras distrações e interrupções que você sofre ao longo do dia. Desesperador, não?!

Mas, calma: meu objetivo aqui não é sugerir controle para cada minuto do seu dia, com programações e engessamento de agenda que não terá sequer uma pausa para um simples café. Minha ideia é fazer com que você reflita sobre todas as possibilidades, tanto de priorização de atividades – urgente, importante, delegável – quanto de análise do que rouba sua produtividade para que, conhecendo as circunstâncias, você entenda o contexto geral e tenha o controle da situação.

Compromissos relacionadas ao trabalho, educação, relacionamentos, família e saúde acabam competindo entre si. Por isso, minha primeira dica é: tenha uma agenda diária, com os prazos e compromissos organizados no dia a dia e ao longo do mês. Sempre, ao final do dia anterior, analise as atividades previstas para o dia seguinte, separando-as como no exemplo a seguir:

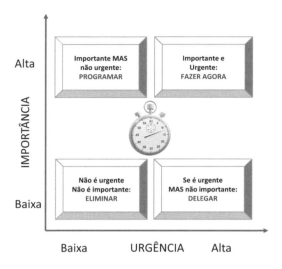

Priorize, nas primeiras horas do seu dia, quando a atenção costuma ser mais focada e a energia maior, as tarefas mais importantes e urgentes.

Entregar tarefas com qualidade e no prazo, evitando acúmulo de atividades e novos atrasos, vai reduzir o estresse e melhorar sua qualidade de vida.

Entretanto, para atingir a eficiência na gestão do tempo, você precisará eliminar hábitos e costumes que afetam negativamente seu desempenho e desviam seu foco, que pode ser batizado de "ladrão de tempo".

O melhor exemplo – o mais impactante hoje – é a rede social. Não apenas ela, mas a forma como ela é acessada e se despende tempo ao longo do dia entrando no *Facebook, WhatsApp, Instagram*, entre outras.

Outro "ladrão" que você deve considerar é a procrastinação: quando não se organiza para determinada tarefa – que hoje está classificada como importante, mas que amanhã será urgente –, espera até o último instante para fazê-la e, por isso, acaba entregando em cima da hora, comprometendo inclusive a qualidade.

Segundo o artigo do Gide José Fernandes,[1] tem um agravante que muitas vezes não se considera: tempo de retomada depois de ter o foco desviado da atividade. Ele cita uma pesquisa realizada nos Estados Unidos que trata sobre as interrupções frequentes – tanto quando se faz a interrupção como quando se é interrompido – algo que prejudica a concentração e depois gasta-se um tempo enorme para retomar o raciocínio anterior. Pare e pense: quando for interromper alguém: eu preciso – realmente – fazer essa pergunta agora ou passar essa informação? Se puder deixar para um momento mais oportuno, faça-o. Imagina seu advogado trabalhando em um prazo fatal ou na entrega de um relatório urgente para o cliente e sendo interrompido com questões que poderiam, claramente, ser pontuadas posteriormente? Anote sua demanda para falar assim que possível.

Considere sempre que a gestão do tempo é um processo em que você organiza suas tarefas e as prioriza, pensando no planejamento, no tempo e na execução. A seguir, algumas dicas do que levar em conta:

– Organize as tarefas ao longo do dia;
– Programe pequenas pausas, inclusive para refeição;
– Delegue o que puder e deve ser delegado;
– Saiba dizer não;
– Concentre-se: desligue as notificações do telefone celular, *e-mail* e aplicativos para que possa focar o que está fazendo;
– Use a tecnologia e metodologias a seu favor, por exemplo, a metodologia Kanban[2] (método visual utilizando

---

[1] FERNANDES, Gide José. Gestão do tempo: o que é, produtividade e estratégias. 2018. Disponível em: https://fia.com.br/blog/gestao-do--tempo/. Acesso em: 11 abr. 2022.

[2] Disponível em: < https://inovacaosebraeminas.com.br/kanban-a-metodologia-agil-mais-simples-e-mais-utilizada-atualmente/>. Acesso: 17 junho 2022.

220 | GESTÃO FINANCEIRA E ESTRATÉGICA PARA ESCRITÓRIOS DE ADVOCACIA

post-its, com separação de tarefas entre: serem feitas, em andamento e finalizadas e aprovadas), lousas, entre outros;

- Mantenha o ambiente de trabalho organizado e com os materiais que utilizará naquele dia sempre disponíveis;
- Cumpra uma obrigação por vez – ser multitarefa pode lhe exaurir e no fim do dia não finalizar nenhuma das quais se programou para fazer;
- Na medida do possível, divida suas tarefas em pequenas partes;
- Tire ideias do papel e as anote quando vierem à mente;
- Faça o tempo render de tal forma que você consiga investir em você, no seu escritório e na sua carreira.

Outro ponto importante é sobre a organização do seu escritório que está intrinsecamente ligada à produtividade. Se o escritório estiver desorganizado, com profissionais e equipes que não têm clareza de suas responsabilidades e prioridades, ruídos de comunicação, retrabalhos, sem fluxos bem definidos para atendimento de prazos e clientes, você terá sérios problemas de entrega e sua produtividade com certeza estará comprometida e, consequentemente, a qualidade da entrega da sua banca.

Se um gestor ou sócio quer abraçar tudo e não delega, ele se torna um grande gargalo. Para ser produtivo você precisa tomar rápidas decisões, verificar o trabalho – no caso do sócio, por exemplo – quando estiver finalizado. Centralizar tudo, querer rever toda a produção jurídica, fazendo a equipe esperar, só prejudica a gestão.

A produtividade é muito influenciada pelo planejamento estratégico antes da execução. No centro dessa ideia está a sua capacidade de priorizar quais tarefas precisam ser feitas em qual ordem. Esse direcionamento faz parte da sua gestão na equipe.

Coloque hoje essas ideias em prática e verá a diferença – para melhor – afetar o seu desempenho e o da sua equipe.

Outra atividade que tem roubado a produtividade são os excessos de reuniões ao longo do dia. Elas consomem o tempo, desorganizam a agenda das pessoas que foram contratadas para prestar um bom trabalho e resolver problemas, tendo que se submeter a reuniões às vezes improdutivas, sem pauta definida, que podem inclusive durar horas.

Tenha em mente que reunião é uma ferramenta extraordinária se utilizada adequadamente, com pauta e propósito, hora marcada para início e término, evitando que seja um desperdício de tempo – tempo é dinheiro –, sem que nada seja realmente produzido ou resolvido.

Você também deve levar em consideração que as pessoas que participam das reuniões têm, ao final, uma lista de responsabilidades que precisam ser feitas em algum horário do expediente. Não existe milagre onde o colaborador sai da reunião às 18h e tenha que entregar o relatório, por exemplo, no dia seguinte às 9h, com todas as informações levantadas e compiladas.

Girardi (2019), no seu livro *Como fazer chover na sua horta?*, oferece algumas dicas preciosas de como realizar reuniões realmente úteis:

- Ter pauta definida – quando se permite discutir temas fora da pauta (como uma regra, é claro, e não exceção) mata qualquer reunião;
- Hora de início e término;
- Dar a palavra para falar apenas a quem conhece o assunto;
- Definir prazos para resoluções propostas e aprovadas;
- Ao final, perguntar se alguém tem dúvida sobre tudo o que foi discutido;
- Não estender a reunião nos corredores;
- Quando os assuntos forem complexos, ou polêmicos, os participantes que serão convocados devem ter tempo para se prepararem para o que será discutido. Dessa forma, o debate será muito mais interessante e produ-

tivo. Avaliar, se for o caso, "quebrar" a reunião, que pode ser muito extensa, em algumas reuniões menores, que serão mais produtivas.

Importante assinalar que a mensuração do tempo que o profissional do corpo jurídico entrega ao escritório é feita por meio do lançamento do *time sheet* diário, com muita qualidade. Sem dúvida, esse é o melhor aliado do profissional e da gestão, tão importante que foi objeto de capítulo apartado.

> Lembre-se sempre: tempo é o nosso bem mais precioso. O que passou não volta mais. Use-o muito bem!

"Com organização e tempo, acha-se o segredo de fazer tudo e bem-feito."

Pitágoras

6.2. *SECONDMENT*

Em todos os escritórios pelos quais passei sempre existiu um pedido bem comum: alocação de profissionais do escritório no jurídico interno do cliente. As justificativas para esse tipo de demanda são diversas, tais como: cobrir um colaborador que sairá de férias, uma colaboradora que sairá de licença-maternidade, um desligamento inesperado ou mesmo uma necessidade de crescimento na equipe sem a possibilidade de aumentar o *headcount* (número de pessoas) interno. Para o cliente, o custo desse profissional, que está a cargo e terá seu trabalho supervisionado pelo escritório, é muito menor se comparado ao valor de uma contratação interna e pontual dentro de casa.

Como gestor do escritório, você deve calcular o custo desse profissional, inclusive se houver despesa com *headhunter* para o processo seletivo, valor que deve ser repassado integralmente ao cliente e negociado em sua proposta.

Quando for elaborar sua proposta, você deve ter em mente as seguintes condicionantes no cálculo:

Cap. 6 · GESTÃO ADMINISTRATIVA | 223

- Custo direto do profissional: folha de pagamento, benefícios, recesso/férias, bonificações;
- Custo indireto: se haverá alocação de algum percentual de *overhead;*
- Custo de gestão: cômputo de horas do sócio na gestão desse integrante e no suporte às demandas internas, se necessário, ou mesmo de apoio da equipe e, nesse caso, mensurar a quantidade de horas e especificar isso em contrato;
- Impostos totais;
- Custo com *headhunter*/contratações;
- Margem de rentabilidade desejada no contrato: quanto maior, melhor.

Organize a planilha e faça uma análise criteriosa, inclusive sobre a possibilidade de o cliente lhe pedir um desconto para aprovar o orçamento, já considerando essa possibilidade em sua margem de lucro.

Importante, no envio da proposta, combinar com o cliente o prazo de pagamento da fatura x pagamento da folha do integrante, pois, se houver descasamento de datas, você financiará um "funcionário" no cliente com seu dinheiro. Combine sempre um prazo de pagamento de até 30 dias.

Para que essa relação seja frutífera e você saiba exatamente o que o seu colaborador está realizando no cliente, faça reuniões periódicas pelo menos uma vez ao mês para ter esse *feedback* e entender se pode oferecer inclusive outras áreas de trabalho demandadas internamente. Essa relação direta com o profissional alocado é fundamental, inclusive porque a gestão dele está aos seus cuidados, às vezes como sócio de serviços no seu contrato social.

6.3. GESTÃO DE *FACILITIES*

Essencial para qualquer organização, a gestão de *facilities* é responsável por vários serviços e áreas do escritório, entre

224 | GESTÃO FINANCEIRA E ESTRATÉGICA PARA ESCRITÓRIOS DE ADVOCACIA

eles recepção, limpeza, copa, manutenção e conservação da estrutura, infraestrutura, relacionamento com fornecedores e relacionamento interno. Esse profissional, que é tão importante em escritórios, responde pelo bom funcionamento dos setores e, por conta de sua interação com os departamentos – *backoffice* e jurídico –, precisa ter um bom relacionamento interpessoal. Essa área trabalha nos bastidores, com rotinas de atividades bem definidas, conferindo segurança e bom atendimento e garantindo que tudo funcionará adequadamente.

Esse profissional precisa ter uma boa formação, ser multitarefa e bom de negociações de contratos, uma vez que cuidará de assuntos distintos, inclusive respondendo por contratações de terceiros: recepção, segurança, limpeza, manutenção geral, fazendo também a interlocução em assuntos prediais, inclusive com outros condôminos.

Destaco que essa área ganhou maior visibilidade principalmente nos tempos atuais, após dois anos do início da pandemia da Covid-19, sendo responsável pelos protocolos de saúde e todos os cuidados necessários para garantir a integridade física dos colaboradores no ambiente do escritório, com diversas adaptações de espaços, rearranjos estratégicos, divulgando regras de convivência e usando a tecnologia como aliada, especialmente na parte de segurança e acesso, introduzindo reconhecimento facial, aberturas automáticas de portas e controles de utilização do espaço de trabalho respeitando o distanciamento.

A depender do porte do seu escritório, tenha um colaborador especificamente designado para esse trabalho, que lhe trará segurança – de que a parte operacional do administrativo está bem cuidada – e uma gestão mais hábil de toda essa equipe que é multidisciplinar, englobando vários aspectos como já descritos, trabalhando para que o dia a dia do escritório seja mais eficiente, inclusive sob o aspecto de redução de custos e despesas, visto que é prerrogativa da função cuidar dos fornecedores e conseguir os melhores orçamentos.

Lembre-se de que esse responsável cuidará da experiência interna do cliente e dos integrantes, uma vez que os espaços do

Cap. 6 · GESTÃO ADMINISTRATIVA | 225

escritório devem, em grande medida, refletir a cultura organizacional.

6.4. POLÍTICAS INTERNAS

Já tratei sobre a importância da organização interna e dos controles em todos os departamentos do *backoffice* em outros capítulos deste livro.

Para que essa organização e controles sejam efetivos e cumpram seu papel na organização, são necessárias a criação e a implantação de manuais de políticas internas. Mais do que isso, a sua ampla divulgação, para ciência de todos, é de suma importância para que tais regras sejam conhecidas e, melhor ainda, adotadas e respeitadas. Não adianta você escrever manuais maravilhosos que ficarão engavetados, sendo apenas do conhecimento dos integrantes em suas respectivas áreas. Tenha em mente que, quando se escrevem manuais, estes são para facilitar o trabalho do dia a dia e evitar um retrabalho ou mesmo telefonemas ou trocas de *e-mail* que roubam a produtividade e poderiam ser evitados. A ideia não é engessar nenhum processo, muito pelo contrário, fornecer regras claras e definidas e que deem celeridade aos processos internos.

A seguir, apresento algumas dicas, por área, de pontos importantes a serem considerados em manuais de integração e de políticas internas que facilitarão a ciência e integração de todas as equipes – do jurídico e *backoffice* – que compõem o escritório:

Financeiro

– Tesouraria: valores-limite de adiantamento em dinheiro, prazo de prestação de contas, horário de saída para banco;

– Contas a Pagar: pagamento de custas de valores baixos. Se valores maiores que o estipulado, o responsável deve solicitar adiantamento para o cliente ou enviar-lhe o documento com antecedência para que sejam providenciados; pagamentos e disponibilização de comprovantes, prazo útil para envio de despesas ao financeiro;

226 | GESTÃO FINANCEIRA E ESTRATÉGICA PARA ESCRITÓRIOS DE ADVOCACIA

- Contas a Receber: cobrança de faturas em atraso um dia após o vencimento ou xx dias após o vencimento; após xx tentativas infrutíferas, o sócio cobrará o cliente;
- Adiantamento de clientes: teto de gastos para clientes adimplentes. Ter regras claras quando solicitarem adiantamento para um cliente devedor, ou seja, de não liberar, evitando aumentar o risco de calote;
- Faturamento: prazos para vencimentos de faturas nacionais e internacionais (excetuando-se a observância dos prazos contratuais), disponibilização de documentos originais para arquivo no setor financeiro (por exemplo, contratos e propostas) e o mesmo se aplicando aos arquivos digitais e sua forma de organização e acesso por todos;
- Aprovação de contas, com data de liberação e responsáveis pela liberação bancária (sócios autorizantes), inclusive com rodízio de autorizantes a depender do tamanho do escritório, dividindo assim a responsabilidade. Lembre-se de que o ideal é que sejam sócios que fiquem mais internos no escritório, pois, se ocorrer alguma emergência, você poderá contar com ele.

Recursos Humanos

- Abertura de vagas: modelos diversos conforme a vaga disponível, respeitando a identidade visual do escritório. Lembre-se de informar a vaga em todos os canais disponíveis;
- Aplicação de testes diversos e prazo para início do integrante considerando a tomada de providências, inclusive legais (prazo de informação ao E-Social por exemplo) e tempo de preparo de tudo o que for necessário ao início do novo integrante, com todos os acessos de *e-mail*, computador, entre outros devidamente habilitados e testados;
- Prazos de contratação e providências com *check-list*: solicitar *e-mail* e cadastro em grupos internos, cadastro na *intranet*, crachá, aviso à contabilidade, entre outras;

- Prazos de desligamento e providências com *check-list:* aviso ao TI para bloqueio de todos os acessos, aviso à contabilidade para providências, exclusão no *site*, entre outras;
- *Onboard*: temas que serão abordados, treinamentos nos sistemas e áreas que serão apresentadas e quem dará tais treinamentos: se apenas a equipe de RH ou se outros departamentos, tais como TI e financeiro também participarão;
- Banco de horas;
- Controles de entrada e saída de integrantes do contrato social.

Marketing

- Material institucional;
- Manual de utilização da marca, inclusive com pantone e suas diversas aplicabilidades;
- Tipologia e identidade visual e aplicabilidade em textos, *e-mail*, artigos, planilhas entre outros;
- Quem pode falar em nome do escritório: posicionamento institucional, entrevistas, outros.

Gestão do Conhecimento

- Acesso aos materiais disponibilizados pelo escritório: assinaturas de jornais, periódicos, entre outros;
- Disponibilização de livros físicos e seu controle;
- Acesso das pastas físicas e seu controle, quer via sistema ou manual.

Tecnologia da Informação

- Segurança da informação;
- Política de uso de equipamentos, *e-mail* corporativo, *download* e *upload* de arquivos e documentos;

228 | GESTÃO FINANCEIRA E ESTRATÉGICA PARA ESCRITÓRIOS DE ADVOCACIA

- Termo de confidencialidade e uso de dados;
- Fornecimento de equipamentos e seu respectivo termo de responsabilidade.

Jurídico

- Modelos diversos: petições, substabelecimento etc.;
- Prazo para solicitação de pagamento de cliente (guias etc.) ou solicitação de adiantamento para que o financeiro do escritório providencie a quitação, respeitando os prazos internos, mas também os processuais.

Administrativo

- Horário de serviços externos: cartório, correio, saída de *motoboy*;
- Solicitação de materiais de escritório;
- Agendamento e disponibilidade de salas de reuniões;
- Atendimento telefônico: se haverá *pool* para atendimento telefônico nas equipes; quem faz a ligação – se o próprio integrante ou a telefonista –, entre outros.

Como mencionei anteriormente, tão importante quanto escrever e definir os procedimentos é a sua divulgação para conhecimento de todos. Periodicamente, os documentos – manuais – devem ser atualizados e novamente divulgados para todos. O escritório pode disponibilizar esses documentos na *intranet*, enviar por *e-mail*, disponibilizar na rede interna e indicar o caminho ou no sistema de Gerenciamento Eletrônico de Documentos, se o escritório possuir um.

A seguir, apresento um modelo de manual de políticas internas do departamento financeiro e sugestão de estruturamento. Replique o modelo para os demais departamentos do escritório, conforme pontuei anteriormente. Lembre-se de utilizar o manual de marca com as fontes e cores predefinidas para o escritório, se o tiver. Comece pela capa e utilize o logo do escritório, inclusive informando a data da última atualização do manual:

> INSERIR AQUI O LOGO DO ESCRITÓRIO
>
> MANUAL DE PROCEDIMENTOS
>
> DEPARTAMENTO FINANCEIRO
>
> XXXXXXXXX ADVOGADOS
>
> Atualizado em XX/XXXX

SUMÁRIO:

1. Equipe
2. Tesouraria
   a. Adiantamento de valores
   b. Prestação de contas de adiantamento
   c. Horário – Saída de serviços bancários
3. Contas a Pagar
   a. Solicitação de pagamentos
   b. Prazo para envio de pagamento
   c. Aprovação de contas
   d. Disponibilização de comprovantes
   e. Exceções de liberação de pagamento
4. Adiantamento de clientes
   a. Limite de valores de adiantamento
   b. Política de adiantamento para clientes
5. Faturamento
   a. Abertura de cliente e caso
   b. Prazo de inclusão *time sheet*
   c. Emissão de pré-faturas para conferência
   d. Envio de faturamento

230 | GESTÃO FINANCEIRA E ESTRATÉGICA PARA ESCRITÓRIOS DE ADVOCACIA

6. Contas a Receber
   a. Conciliação do recebimento
   b. Cobrança de clientes inadimplentes
   c. Apoio dos sócios na cobrança de clientes

1) EQUIPE

A equipe financeira é composta pelos seguintes integrantes:
XXXXXXXXX: responsável pela tesouraria
XXXXXXXXX: responsável pelo contas a pagar
XXXXXXXXX: responsável pelo faturamento
XXXXXXXXX: contas a receber

O horário de atendimento é de segunda-feira a sexta-feira, das 9h às 18h.

2) TESOURARIA

A área de tesouraria é responsável pelo caixinha fixo do escritório e pela liberação dos serviços bancários que precisam ser presenciais.

Adiantamento de valores

Os valores devem ser retirados na tesouraria com o responsável, mediante assinatura do recibo de adiantamento. O valor-limite para adiantamento em dinheiro é de R$ 200,00 (duzentos reais). Caso o integrante necessite de um valor maior, ele deve enviar o pedido por *e-mail*, copiando o sócio responsável para liberação do valor, que será creditado em conta-corrente do profissional.

O horário de funcionamento da tesouraria, para atendimento presencial, é das 10h às 17h.

Prestação de contas de adiantamento

O integrante deve prestar contas do adiantamento utilizado mediante envio de formulário de prestação de contas, com os comprovantes originais, em até dois dias úteis (48 horas).

Lembre-se de alocar a despesa corretamente no cliente e caso específico, inclusive detalhando do que se trata o gasto, visto que tal justificativa constará no descritivo da fatura de reembolso de despesas para o cliente. Se por acaso for uma despesa do escritório, informar o autorizante e a que se refere a despesa.

Caso o integrante, até o último dia útil do mês, não tenha enviado a prestação de contas, referido adiantamento será debitado de sua folha de pagamento no dia 5 do mês seguinte.

Horário – saída para serviços bancários

Os serviços bancários devem ser encaminhados até às 12h do dia, tendo em vista a liberação dos serviços externos. Após esse horário, os pagamentos serão realizados no próximo dia útil.

Caso seja uma urgência do cliente, um *motoboy* será acionado para realização do serviço e o débito dessa despesa correrá por conta do cliente solicitante.

3) CONTAS A PAGAR

Solicitação de pagamentos

A equipe de contas a pagar faz os pagamentos de todas as despesas do escritório, assim como das despesas de clientes, conforme política de adiantamento de clientes. Os pedidos devem ser enviados ao *e-mail* xxxxxx@xxxx.com.br contendo a justificativa do pagamento:

- – Despesa de cliente: informar o cliente e caso para débito;
- – Despesa do escritório: indicar a área e copiar o responsável pela solicitação do pagamento.

O solicitante deve enviar o boleto bancário ou dados para depósito, a nota fiscal correspondente à despesa ou mesmo a guia de pagamento, caso se tratar de uma despesa de cliente.

Prazo para envio de pagamento

Os pedidos de pagamentos devem ser enviados impreterivelmente até sexta-feira às 12h (ou último dia útil da semana).

Aprovação de contas

Os pagamentos serão programados para semana subsequente, ou seja, todos os documentos com vencimento na semana seguinte devem ser enviados à equipe de contas a pagar para processamento, e um sócio responsável fará a aprovação de contas na segunda-feira.

Para melhor entendimento, segue exemplo do fluxo de pagamento: no dia 1.º do mês, sexta-feira, o departamento deve receber os pedidos de pagamentos de todas as áreas até às 12h, cujo vencimento acontecerá entre os dias 4 e 8 do mês e assim sucessivamente.

Disponibilidade de comprovantes

Os comprovantes de pagamento serão enviados aos solicitantes no dia útil seguinte ao do pagamento realizado.

Exceções de liberação de pagamento

Exceções serão feitas, por exemplo, um pagamento de custas processuais com prazo fatal, mediante autorização de um sócio.

4) ADIANTAMENTO DE CLIENTES

Limite de valores de adiantamento

O escritório autorizará até o valor total mensal de R$ 500,00 (quinhentos reais) por cliente, sem necessidade de solicitação de adiantamento prévio, desde que o cliente esteja adimplente.

Política de adiantamento para clientes

Caso seja um cliente devedor contumaz, o referido adiantamento não será autorizado. Nesse caso, pedimos aos integrantes que consultem antecipadamente a equipe financeira para saber se o adiantamento poderá ser realizado ou não. Exceções serão tratadas caso a caso e autorizadas por um sócio.

Despesas de clientes podem ser pagas pelo escritório, porém com os valores devidamente adiantados por estes. Quando o integrante fizer a solicitação de adiantamento, este deve copiar

Cap. 6 · GESTÃO ADMINISTRATIVA | 233

o integrante do financeiro para ciência do que se trata e para devida alocação do valor aportado na conta do escritório.

5) FATURAMENTO

Abertura de cliente e caso

A equipe do faturamento é responsável pela abertura de clientes e casos no sistema. Portanto, cada solicitante deve enviar os dados da ficha-padrão de abertura de cliente e caso corretamente preenchida, com a proposta com aceite do cliente e o contrato de honorários devidamente assinados, para arquivo no departamento financeiro.

Prazo para inclusão de *time sheet*

A equipe faz o fechamento para emissão dos relatórios de faturamento no primeiro dia útil do mês. Os *time sheets* dos integrantes do jurídico – sócios, advogados e estagiários – devem estar preenchidos corretamente e revisados até o dia imediatamente anterior a essa data. Lembre-se de que o *time sheet* é de preenchimento diário e deve ser um hábito de todos os integrantes do departamento jurídico.

Emissão de pré-faturas para conferência

As pré-faturas serão emitidas e enviadas aos responsáveis pelos clientes para conferência e liberação para emissão. Lembre-se de que a equipe informará o prazo-limite de emissão do faturamento para envio ao cliente, principalmente os que possuem prazo contratual.

Envio do faturamento

Após autorização do responsável, o faturamento emitirá a fatura de honorários, com a nota fiscal correspondente e o boleto bancário; a fatura de reembolso de despesas separadamente e as enviará ao cliente por *e-mail*, copiando a equipe do contas a receber.

Qualquer ajuste solicitado pelo cliente, tais como mudança de destinatário, ajuste de faturas, mudanças de dados cadastrais,

234 | GESTÃO FINANCEIRA E ESTRATÉGICA PARA ESCRITÓRIOS DE ADVOCACIA

entre outros, será processado pela equipe de faturamento tão logo a área tenha conhecimento da informação.

6) CONTAS A RECEBER

Conciliação de recebimento

A equipe do contas a receber é responsável pela identificação diária dos pagamentos efetuados pelos clientes, quer de faturamento de honorários ou de reembolso de despesas. Diariamente, a equipe acessará o banco para emissão de extratos, identificação dos pagamentos e baixa no sistema (ou controles internos).

Cobrança de clientes inadimplentes

Após a finalização das baixas, a equipe checará quais faturas não foram pagas, analisando com cuidado caso a caso antes de cobrar o cliente para se certificar de que o documento está realmente vencido.

O integrante enviará um *e-mail*-padrão de cobrança e fará *follow up* a cada três dias, caso não tenha manifestação do cliente. Após três tentativas, o sócio responsável pelo cliente será acionado, indicando o melhor direcionamento na condução da cobrança.

Apoio aos sócios na cobrança de clientes

O financeiro emitirá o relatório de *aging* (posição de cobrança das faturas inadimplentes com os prazos de vencimento), semanalmente, para ciência dos sócios a respeito da inadimplência de clientes.

O financeiro também fará reuniões periódicas com o sócio responsável pelo cliente inadimplente para que ações sejam traçadas visando uma cobrança mais efetiva, quer o sócio faça a cobrança diretamente ou mesmo com uma instrução de negociação com o cliente.

São Paulo xxx de xxxxxxxx de xxxx""

Utilize o referido modelo, do departamento financeiro, para desenvolver os manuais dos demais departamentos citados e lembre-se de divulgar internamente cada um deles.

Capítulo 7

GESTÃO DO CONHECIMENTO E DA INFORMAÇÃO

7.1. GESTÃO DO CONHECIMENTO

"A essência do conhecimento consiste em aplicá-lo, uma vez possuído."

Confúcio

Um dos temas de maior relevância em escritórios de advocacia é a gestão de conhecimento, tendo em vista que a produção de documentos aumenta diariamente e essa base de dados é riquíssima e cresce exponencialmente com o passar do tempo.

Tão importante quanto essa produção diária de informações é deixá-la organizada e disponível para acesso, consulta, pesquisa e utilização de todos os integrantes, que podem utilizar a base de informações para produção de novas peças, por exemplo, com ganho de produtividade por não ter de iniciar um documento do zero quando há outros modelos disponíveis no escritório.

Para armazenagem e segurança de todas as informações, quer do jurídico ou do *backoffice*, e acesso de forma rápida e eficaz, sugiro que seu escritório tenha um sistema de Gestão Eletrônica de Documentos (GED). Esse sistema faz a gestão eficiente das informações e documentos do escritório. Suas funções vão muito além de um simples repositório de dados, pois com ele você ganha tempo nas pesquisas, com buscas mais assertivas (por nome, conteúdo etc.), realizando a gestão dos documentos que incluem acessos e perfil por usuário e equipe, salvamento deles nos mais diversos formatos (*e-mail*, texto, planilha etc.), pesquisa de conteúdo, histórico de utilização e mecanismos de

236 | GESTÃO FINANCEIRA E ESTRATÉGICA PARA ESCRITÓRIOS DE ADVOCACIA

segurança de acesso que garantem conforto ao escritório de que cada integrante acessará, utilizará, exportará apenas o que seu perfil permitir.

Existem vários fornecedores no mercado e você pode escolher a melhor solução para o seu escritório, uma vez que há modelos desde os mais simples (com custo mais acessível), que cumprem o papel de gestão, como expliquei, até os mais sofisticados em seus recursos e usabilidade, por exemplo, sistemas que utilizam a inteligência artificial (IA).

Você deve utilizar o GED para organizar as informações de clientes e seus casos, sejam eles processos (digitalizados e salvos) ou consultorias, bem como as informações do escritório, sejam eles documentos formais (contrato social por exemplo), de departamento pessoal (folha de pagamento, guias de FGTS etc.) e recursos humanos, do financeiro (contratos de clientes assinados, propostas aprovadas etc.), da gestão dos sócios, e disponibilizá-los de forma organizada conforme perfil de acesso de cada integrante, independentemente se ele é do jurídico ou do *backoffice*. Lembre-se que a forma de organização do sistema deve constar em um manual interno, divulgado a todos os integrantes para ciência e utilização, visto que a padronização ajuda muito na pesquisa e no resultado de busca.

Se o escritório não tiver o sistema de GED, a organização dos documentos na estrutura do servidor ou de bibliotecas em repositórios (*Sharepoint, GoogleDrive, Onedrive, Dropbox* etc.) também deve constar de um manual de procedimentos, com regras claras de melhores práticas onde estarão todas as instruções de salvamento, arquivamento virtual, arquivamento físico com controles de movimentação de pastas, entre outras formas de organização que são imprescindíveis na localização e disponibilização do arquivo quando da busca pelo documento.

Uma dica muito importante para quem tem pastas físicas, tanto de clientes quanto de documentos do escritório: faça com urgência a digitalização desse acervo. Essa medida é muito importante para que os documentos fiquem mais acessíveis e de forma organizada; a digitalização evita que você tenha um espaço, ocupando uma área do seu escritório, que custa caro, com arquivo de papéis que não lhe trazem resultado financeiro. Também existe a questão da segurança de que um possível incêndio ou alagamento não acabará com toda a memória do escritório, destruindo sua produção jurídica, documentos de clientes e da banca, o que seria desastroso, para dizer o mínimo, entre tantos prejuízos incalculáveis e sem volta. Acredite, infelizmente isso acontece. Lembre-se de que é importante obedecer a temporalidade – definida em legislação – para descarte de documentos originais (tanto físicos quanto digitais) e, nesses casos, vale muito colocar apenas esse referido acervo – obrigatório por lei – em uma empresa de arquivo físico fora do escritório, certificada para este fim e que obedeça, principalmente, questões de segurança.

Após a digitalização e checagem de que todo o conteúdo está a salvo na sua rede ou no GED, você deve destruir os conteúdos das pastas por meio de um convênio com empresas de destruição e descarte, inclusive recebendo um laudo de destinação correta para arquivo e apresentação aos clientes, se necessário. Não se esqueça de que, antes de destruir os documentos, você deve dar ciência ao seu cliente, questionando se ele autoriza, e, de posse do "de acordo", o seu escritório deve tomar as providências de descarte dos documentos ou mesmo devolução ao cliente, se este solicitar.

Ademais, há muitos anos existe no Judiciário o Processo Judicial Eletrônico (PJe),[1] que é um sistema de tramitação de processos judiciais eletrônicos, em que estão acessíveis os dados para todos os envolvidos. Esse já deveria ser seu mote para redução de papel, uma vez que o Judiciário já utiliza a ferramenta eletrônica. Por que continuar guardando as pastas em papel? Vale muito a reflexão.

Se o escritório possuir uma biblioteca, tanto física quanto virtual, com livros físicos (tendo atenção e cuidado com *copyright*), *e-Books*, acessos a assinaturas de plataformas virtuais

---

[1] Disponível em: https://www.pje.jus.br/wiki/index.php/P%C3%A1gina_principal. Acesso em: 26 maio 2022.

de dados de pesquisa jurídica (legislação, doutrinas, julgados etc.), assinaturas de jornais e revistas, ela deve ser amplamente acessível, com controles internos de empréstimo em caso de livros físicos e dados de acessos às plataformas de conteúdo *on-line* das assinaturas desses periódicos. Catalogue as obras e sempre envie um *e-mail* avisando quando da aquisição de um novo livro ou mesmo os acessos às novas plataformas para conhecimento e utilização de todos os integrantes.

Um dos maiores desafios é a transferência de conhecimento dentro da banca. Por isso, realize sempre reuniões regulares com seu time para que todos entendam os casos em que a equipe está trabalhando, quais novos negócios estão desenvolvendo, entre outros, pois o compartilhamento de conhecimento, de dados, torna a discussão mais rica e faz que toda a produção seja utilizada pelos integrantes, inclusive com ganho de produtividade e de tempo despendido, quando há pesquisa e novos casos abordando os mesmos assuntos e temas. Friso: faça uso da base de dados do escritório buscando por casos semelhantes para que você ganhe com aumento de qualidade e eficiência.

Valorize a área de gestão de conhecimento: lembre-se de que toda a produção do escritório é material farto e rico. Como prestadores, vendemos serviços que são nosso *know-how*, nossa geração diária de conhecimento. Entenda o valor que isso tem para que você ganhe com o aumento de qualidade e eficiência, buscando sempre a segurança dos dados e obedecendo a LGPD quanto à guarda, disponibilização e utilização de informações e dados sob a responsabilidade do seu escritório, independentemente se são do escritório, de colaboradores ou de clientes.

A LGPD dispõe sobre o tratamento de dados pessoais, inclusive por meios digitais, por pessoa natural ou jurídica de direito público ou privado, ou seja, tem por objetivo a proteção da privacidade e o livre desenvolvimento da pessoa natural.

Referida LGPD deve ser observada, além dos entes governamentais, por todas as empresas e pessoas físicas em território nacional. Sua importância na gestão dos dados sob os cuidados do escritório traz a responsabilidade e os ajustes tanto na guarda de

Cap. 7 · GESTÃO DO CONHECIMENTO E DA INFORMAÇÃO | 239

informações quanto na disponibilização dos dados e, além disso, tais dados devem ser acessíveis, com sigilo e segurança, apenas aos que devem fazer uso deles. Cito como exemplo, para melhor entendimento, o acesso aos documentos de funcionários que serão utilizados pelo departamento pessoal no curso da relação de trabalho e que serão compartilhados com o contador externo, uma vez que este é responsável pelo E-Social e pela geração da folha de pagamento mensal. A adequação à LGPD é obrigatória, no seu cumprimento, observância e tratamento, inclusive sendo os negligentes passíveis de penalidades administrativas e financeiras.

7.2. TECNOLOGIA DA INFORMAÇÃO – UMA ALIADA PODEROSA

Atualmente, não existe, por menor que seja, um escritório que não use a tecnologia no seu dia a dia. Obviamente que algumas bancas são mais sofisticadas e já utilizam, inclusive, inteligência artificial. A tecnologia faz parte de nossa vida, nosso cotidiano, principalmente em nosso local de trabalho.

Praticamente, tudo o que fazemos hoje envolve tecnologia: mensagem por aplicativos, *e-mail* para cliente, pesquisa de um processo, *software* jurídico integrando jurídico e financeiro, peticionamento eletrônico com juntada de vários documentos, acesso ao banco pelo celular, lista de compras de supermercado, motorista por aplicativo, pedido de refeições... enfim, inúmeras e infinitas possibilidades que a tecnologia nos proporciona, conectando-nos a pessoas e empresas.

Todo esse aparato tecnológico tem, por trás, uma infinidade de sistemas, códigos, políticas de segurança, de acessos por senha e biometria, de ferramentas tecnológicas para que o ambiente de interface com o usuário seja intuitivo, seguro, amigável e célere.

Trazendo para o dia a dia corporativo, de escritórios, a área de tecnologia da informação (TI) é uma das mais importantes, pois é ela que conecta todos os sistemas e acessos para que o trabalho intelectual saia do cérebro e vá para o computador e que a informação produzida por todos seja disseminada internamente

240 | GESTÃO FINANCEIRA E ESTRATÉGICA PARA ESCRITÓRIOS DE ADVOCACIA

e compartilhada externamente. Também é ela que conecta a área financeira do escritório aos bancos, aos *sites* da prefeitura para emissão de notas fiscais eletrônicas, entre outros.

A área de TI, seja ela um departamento interno de seu escritório ou via contratação de terceiros, é a responsável pela disponibilidade de acesso 24 horas/dia e 7 dias/semana, pelo suporte ao usuário, pela manutenção e gestão de equipamentos, dos sistemas contratados, pela disponibilidade dos dados, acesso à internet e telefonia.

Os recursos tecnológicos disponíveis precisam ser robustos para que os integrantes consigam acessar remotamente o servidor, seja ele físico ou na nuvem, tenham acesso às caixas de *e-mails*, aos sistemas integrados – *software* jurídico, *software* de gestão de documentos, outros – para que possam trabalhar normalmente de qualquer lugar. Hoje, é uma realidade dos escritórios o trabalho remoto e é possível interagir como se estivesse fisicamente presente, por exemplo, no escritório, em clientes ou em uma audiência.

Para que isso seja possível, vou elencar aqui os itens que precisam ser considerados não apenas pela disponibilidade, mas também tendo em vista o melhor custo-benefício, não apenas da ferramenta, mas também do ganho de *performance* – leia-se ganho de produtividade e economia de tempo – que ela proporciona aos colaboradores e, no fim das contas, ao caixa do escritório:

– Infraestrutura: cabeamentos, computadores, periféricos etc.;

– Internet: *link* dedicado ou IP (protocolo da internet) dedicado, robusto, com garantia de boa velocidade que deve ser monitorada constantemente. Tenha sempre um *link* de redundância, que pode ser inferior ao principal e de outra operadora, para que seu escritório não fique completamente *off-line*, sem nenhum acesso em caso de manutenção do *link* principal;

– Servidores: em *cloud computing* (nuvem) ou físico. No caso do servidor físico, é preciso que se garanta que fique em um local de acesso restrito apenas à equipe de TI e com ar-condicionado ligado 24 horas para garantir a integridade do equipamento e seu funcionamento pleno;

- Banco de dados: quando for o caso, por exemplo, para servidores locais. Existem bancos de dados pagos e gratuitos. Lembre-se de que sua necessidade e modelo vão sempre depender do atendimento que dará aos sistemas internos que possuir e o seu gestor de TI terá de avaliar o melhor modelo;

- *Software* jurídico – *Enterprise Resource Planning* (ERP): sistema jurídico integrado que faz interface entre a gestão processual e a gestão administrativa e financeira;

- Videoconferência: pode ser aparelho físico, com diversas opções no mercado, ou mesmo aplicativos de videoconferência com variadas opções, inclusive gratuitas;

- Telefonia: pode ser física ou VoIP, por exemplo;

- Licenças de uso: controlar e cuidar para que todas as licenças sejam oficiais e renovadas em sua periodicidade, para ininterrupta manutenção de todos os serviços oferecidos;

- Segurança – Itens imprescindíveis:

  - *Backup*: não apenas ter o *backup*, mas garantir que está íntegro para o caso de necessidade de acesso. Faça testes periodicamente e os mantenha guardados fora do escritório;

  - Antivírus: importantíssimo, com o objetivo de eliminar possíveis vírus nos computadores e rede, inclusive impedindo acesso a *links* e *sites* suspeitos;

  - *AntiSpam*: bloqueio de *e-mails* indesejáveis;

  - *Firewall*: monitoramento da rede para evitar invasões;

  - Políticas de segurança amplamente divulgadas e em constante evolução;

242 | GESTÃO FINANCEIRA E ESTRATÉGICA PARA ESCRITÓRIOS DE ADVOCACIA

- Governança: diretrizes gerais que englobam competências e responsabilidades. Guia para ações organizacionais, otimização de recursos etc.;
- Gestão Eletrônica de Documentos (GED): sistema que faz o controle, o acesso e a gestão de toda a produção do escritório, conforme abordei no capítulo sobre Gestão do Conhecimento.

Sem dúvida, a área de TI é a mais dinâmica do escritório e que evolui muito rápido. É importante acompanhar e desfrutar dessa evolução para ter um diferencial importante de produtividade, inclusive para não ficar obsoleto.

Abordarei, agora, algumas tecnologias que já são utilizadas em escritórios de advocacia.

O software jurídico ou *Enterprise Resource Planning* (ERP) é muito importante para a gestão do escritório e seu funcionamento, tanto da área jurídica – contenciosa e consultiva – quanto do *backoffice* – financeiro e administrativo. Independentemente do tamanho do escritório, ou seja, mesmo para as menores bancas, existem várias opções no mercado – com custos adequados ao tamanho e a quantidade de usuários que utilizarão a ferramenta. Esses sistemas possuem a ferramenta de *time sheet*, acompanhamento processual, cadastro de integrantes, cadastros de clientes e casos e as informações comerciais de contratação, condições de faturamento de honorários e despesas, gestão do contas a pagar e contas a receber, integração com ferramentas de *push* que tragam as informações de andamento processual da área contenciosa do escritório. Lembre-se de que quanto mais robusto seu *software* jurídico, mais ele lhe entregará, não apenas fazendo a integração dos dados jurídicos com o financeiro (clientes, casos com faturamento, contas a pagar, recebimentos etc.), mas também o fornecimento de relatórios gerenciais e *Business Intelligence* (BI) para gestão estratégica do escritório. Se você, sócio, ainda não possui um sistema jurídico, vale a pena observar o mercado e cotar uma ferramenta que melhor lhe atenda, com custo-benefício que cabe no orçamento do escritório. Ressalto que ter um sistema contribui com toda a integração e organização,

Cap. 7 · GESTÃO DO CONHECIMENTO E DA INFORMAÇÃO | 243

evitando retrabalhos e controles paralelos desnecessários, uma vez que o sistema, corretamente alimentado, trará as informações atualizadas.

Outro assunto que está em voga: a Inteligência Artificial (IA). Ela já é uma realidade hoje e está crescendo. Veja que o Superior Tribunal Federal (STF) tem – desde 2018 – um projeto chamado Victor, que é utilizado para aumentar a eficiência e velocidade das avaliações judiciais, agilizando a tramitação de processos. Cito, também, a ferramenta RAFA 2030 (Redes Artificiais Focadas na Agenda 2030), lançada pelo Supremo Tribunal Federal (STF) para classificar ações de acordo com os Objetivos de Desenvolvimento Sustentável (ODS) da Agenda 2030 da Organização das Nações Unidas (ONU). Ou seja, a Inteligência Artificial é uma realidade hoje.

Também existem escritórios que aderiram à utilização de *chatbots,* ferramenta de comunicação com clientes para esclarecimentos de dúvidas. O *Machine Learning* – tecnologia que usa computadores que são treinados e aprendem fazendo associação de dados – vai gerar economia de recursos e tempo, proatividade no atendimento e prontidão na resposta. Essas máquinas são preparadas para identificar padrões e fazer previsão de dados e tendências, com treinamentos recorrentes realizados pelos advogados para melhor *performance* do sistema e sua constante evolução.

No mercado jurídico já é uma realidade o *Big Data*, que é a coleta, análise e interpretação de grandes volumes de dados (processos, jurisprudência etc.), que podem ser coletados, por exemplo, no Conselho Nacional de Justiça (CNJ) ou em outros acervos de dados públicos. Há no mercado diversas plataformas de empresas que prestam serviços nessa área, inclusive com custos de licença muito acessíveis, cujo investimento, pelo retorno proposto, vale a pena, uma vez que você pode utilizar os serviços para análise de casos de clientes não apenas do contencioso, mas de consultivo e prevenção de demandas judiciais.

Por sua vez, o *Small Data* tem o mesmo propósito de coleta, análise e interpretação, porém de pequenos volumes, ou seja, ele

244 | GESTÃO FINANCEIRA E ESTRATÉGICA PARA ESCRITÓRIOS DE ADVOCACIA

é usado nos dados que existem no escritório, no *software* jurídico. A junção dos dois – *Big Data e Small Data* – é o que alavanca os negócios da sua banca, por meio de projeções de cenários em comparação com casos semelhantes. Nesses casos, o seu escritório avaliará, com o cliente, se vale a pena ou não seguir com o processo.

Posso citar como exemplo um processo tributário em que o juiz da Vara X tem um entendimento sobre o assunto Y, que pode estar alinhado com o do seu escritório e cliente ou não. Nesse caso, vocês ponderarão se vai valer a pena seguir com o processo ou não, fazer um acordo ou não, ter uma abordagem diferenciada, entre outras estratégias que podem resultar em chances de êxito. Essa análise tem um grande potencial de crescimento no oferecimento de serviços agregados a seu cliente, em razão da análise e previsibilidade, com informações e métricas que a tecnologia lhe oferece. Aproveite isso para alavancar seu negócio, oferecendo serviços diferenciados e, consequentemente, alavancando seu faturamento.

Big Data, Small Data, Jurimetria, Inteligência Artificial, entre outras tecnologias, são uma realidade hoje e, em breve, não farão parte apenas de alguns escritórios, mas de todos. Não há como fugir. O Judiciário, desde 2006, já utiliza o processo judicial eletrônico (PJ-e), assim como foi com o advento da *internet* que chegou ao Brasil em 1988, do aparelho de celular em 1990, do *e-mail* em 1996, entre tantas conquistas incríveis que a tecnologia nos trouxe e não conseguimos nos imaginar – hoje – sem elas em nosso cotidiano. Metaverso – ambiente virtual no qual as pessoas poderão trabalhar, interagir com clientes para desenvolver novos negócios, ter atividades de lazer entre outras, com a utilização de avatares – está aí, é uma realidade, entre tantas outras que estão por vir.

Depois de todas essas informações, você pode estar se perguntando: Como será o papel do advogado com tanta tecnologia? Ele será substituído pelo computador, pela máquina? Acredito que não, mas, sem sombra de dúvida, esse contexto modificará a forma de atuação. Tarefas repetitivas e padronizadas serão automatizadas por meio do "treinamento" das máquinas para apoio no dia a dia do escritório e o advogado cuidará da parte intelectual que só ele, advogado, pode realizar.

A área de tecnologia está em constante evolução, cabendo investimentos periódicos, os quais devem ser muito bem planejados, inclusive pela questão estratégica, conforme falei anteriormente, bem como pelos custos envolvidos. Os investimentos precisam acompanhar as transformações digitais que são quase diárias, independentemente do tamanho do seu escritório:

– Planeje a atualização dos computadores para melhoria de *performance* (tempo é dinheiro);
– Adquira um sistema jurídico que melhor lhe atenda, pensando no tamanho do seu escritório e do seu bolso, para lhe ajudar na organização dos dados, dos documentos do escritório, dos processos de clientes e do acompanhamento destes etc. Caso tenha o sistema jurídico integrado, veja se ele lhe atende em suas necessidades ou se precisa de um *upgrade* para um sistema com mais funcionalidades e melhor gestão;
– Tenha uma internet com boa velocidade e qualidade.

Adquira as melhores soluções que caibam no seu orçamento, mas sempre atento ao futuro. A tecnologia deve ser sua aliada, independentemente do tamanho do escritório e dos recursos disponíveis. Pesquise sempre a solução mais adequada e com o melhor custo-benefício. Lembre-se de que TI não é um "custo", mas um investimento necessário à *performance* da banca, ao desenvolvimento do trabalho no dia a dia. Sem ela é impossível desenvolver o trabalho jurídico com qualidade e segurança das informações e gestão do seu escritório.

7.3. A IMPORTÂNCIA DA CONTROLADORIA JURÍDICA

É no departamento jurídico que acontece o dia a dia do escritório de advocacia, independentemente do tamanho, ou seja, uniprofissional, com 10, 50, 100 ou 1.000 advogados. A

246 | GESTÃO FINANCEIRA E ESTRATÉGICA PARA ESCRITÓRIOS DE ADVOCACIA

organização de todo processo é crucial para a eficiência e o desenvolvimento dos trabalhos.

Toda produção jurídica deve ser organizada pelo escritório, pois é sua *expertise*, é o bem mais precioso, é o que gera valor para o seu cliente. Cada atuação, seja ela um processo judicial ou administrativo, uma consultoria, um contrato de empresas, uma análise de risco, um M&A, toda disponibilização de documentos de clientes e casos, guardados e confiados à gestão do escritório, devem ser devidamente organizados e disponibilizados para acesso dos profissionais que atuarão diretamente nas demandas.

Seu escritório precisa gerenciar desde a assunção do caso, a gestão de prazos de cada fase do processo, protocolos, digitalizações, alimentação de sistema jurídico, inclusive, em muitos casos, o sistema interno do cliente, até o seu encerramento, quando fará a devolução dos documentos em seu poder. Todo esse processo é de responsabilidade do departamento jurídico e precisa ser organizado e controlado diariamente. Não só isso, pois, além do acompanhamento, devemos informar ao cliente o andamento do processo, em geral, através de relatórios mensais (às vezes até atualizados semanalmente) com a gestão dos resultados, e não dá para informar sem que tudo esteja organizado, não é?!

Imagine a seguinte situação: hoje, com um prazo fatal a cumprir, você não localiza uma guia paga para juntar no processo e fazer o peticionamento eletrônico. Pior, já passou do horário do expediente e seu financeiro não está mais no escritório para você pedir uma cópia. O que fazer? Crítico, não é? É impensável que um advogado ou estagiário perca um prazo, correto? Impensável, mas passível de acontecer, bastando esquecer de cadastrar ou de conferir o lançamento do robô de busca (ferramenta de *push*) que traz o andamento do processo ou mesmo não ter à mão – acessível no sistema – os documentos imprescindíveis para o cumprimento do prazo.

Por isso, a importância da total organização e controle, independentemente do tamanho do escritório. Se ele for pequeno e não tiver um sistema jurídico, faça a organização com planilhas eletrônicas (com *duble check*), colocando também os prazos na

Cap. 7 · GESTÃO DO CONHECIMENTO E DA INFORMAÇÃO | 247

agenda do seu computador e organizando todos os arquivos em pastas e na rede do seu escritório (pode ser por cliente, caso e processo, por exemplo). Contudo, para escritórios maiores, é imprescindível que o controle seja feito dentro da própria área de atuação ou na controladoria jurídica.

Você pode pensar: imagina só a criação de um departamento ou contratação de um colaborador para controladoria jurídica? Mais um custo?

Deixe-me esclarecer os benefícios: todas as tarefas burocráticas da área jurídica – controle de prazos, organização de documentos, relatórios de andamento, solicitação de pagamento de guias para os clientes, entre outras – feitas por um assistente jurídico ou estagiário e seu advogado cuidando da peça, do recurso, do estudo de jurisprudência e atendimento ao cliente. A ideia da controladoria vai além da organização, uma vez que ela realmente libera o seu advogado para o trabalho intelectual que você consegue faturar para o cliente, gestão de clientes, estudo de estratégias do processo, captação de clientes, com mais horas disponíveis para assumir mais trabalho e com mais foco. O ganho de produtividade dos advogados é enorme, já que ele não será responsável pela tarefa burocrática e repetitiva que toma grande parte do seu dia.

O que podemos deixar a cargo da controladoria jurídica? A seguir, elenco alguns exemplos de atividades que devem ser delegadas e padronizadas, com fluxo de informações, em manual de normas e procedimentos:

- Recebimento de documentos quando da assunção do caso;
- Abertura do caso no sistema para acompanhamento, conforme padronização implementada, inclusive no sistema interno do cliente que temos de alimentar;
- Cadastro de prazos, agendamento e tratamento de publicações, inclusive com *double check*, mesmo quando utilizar robôs de busca integrados ao sistema jurídico;
- Alimentação diária de informações no sistema;

248 | GESTÃO FINANCEIRA E ESTRATÉGICA PARA ESCRITÓRIOS DE ADVOCACIA

- Contratação de advogados correspondentes e gestão destes (audiências, prazos, protocolos, carga em processos etc.);
- Protocolos e peticionamentos;
- Pedido ao cliente de pagamentos de guias com boa antecedência;
- Manutenção de arquivos virtuais;
- Elaboração de relatórios diversos, personalizado por cliente, tanto para acompanhamento interno quanto para envio;
- Padronização de minutas: tenha documentos padronizados, principalmente os modelos mais utilizados, o que trará maior produtividade ao trabalho dos integrantes. Informe claramente onde ficará esse repositório de minutário;
- Elaboração de KPIs: quantidade de processos que entraram, quantos foram encerrados, padrão de pedidos em processos – identificar para alertar o cliente –, entre outros.

A controladoria jurídica precisa ter as normas e procedimentos muito bem redigidos, principalmente nos seus fluxos de trabalho, e devidamente divulgados e atualizados em seu processo, inclusive no *onbording* de novos integrantes, para que estes saibam como funciona esse departamento.

Outra questão importante é a delegação do gestor da controladoria jurídica, que tem que ser experiente, organizado, focado e com habilidade interpessoal para lidar com todas as áreas do escritório.

Saliento que não há necessidade de contratar pessoas para criação da controladoria jurídica. Você pode destacar um advogado que será o gestor e outros membros da equipe, a depender da necessidade, que podem ser estagiários ou assistentes jurídicos.

O departamento de controladoria jurídica agrega muito valor ao escritório e hoje, com a utilização de tecnologias como jurimetria, inteligência artificial, *Big Data*, entre outros, para análise de resultados com uso de inteligência de dados, faz com que o departamento jurídico tenha um valor estratégico muito grande, de apoio e relevância ao negócio do cliente, levando a um patamar muito mais elevado os serviços jurídicos do escritório, com a agregação de informações estratégicas que melhorarão o atendimento ao cliente e a condução das suas consultorias e de seus processos.

7.4. JURIMETRIA

A jurimetria é um ramo da análise jurídica que tem crescido com os avanços da tecnologia, também usando como base os processos eletrônicos, e vem se tornando um importante aliado nos departamentos jurídicos e de escritórios de advocacia, pois tem o propósito de estudar os acontecimentos jurídicos e transformá-los em estatísticas como forma de ciências, utilizando tecnologia e pesquisa empírica. Segundo a Associação Brasileira de Jurimetria (ABJ), fundada em 2011, jurimetria é definida como "a estatística aplicada ao Direito".[2]

A jurimetria deve ser aplicada para compreender melhor as decisões, padrões de julgamentos em sentenças e os caminhos adotados por um magistrado, por exemplo. São feitos, mediante acesso a dados públicos – por exemplo, disponibilizados no CNJ –, comparativos com outros casos e de pedidos etc., elevando o patamar dos profissionais do direito de operadores para estrategistas.

Hoje, existem no mercado diversas empresas, de *legaltech* e *lawtech* (empresas que desenvolvem tecnologias para o mercado jurídico), que desenvolvem produtos tecnológicos voltados para o mercado de jurimetria utilizando inteligência artificial e

---

[2] Disponível em: https://abj.org.br/conteudo/jurimetria/#:~:text=Os%20 avan%C3%A7os%20da%20computa%C3%A7%C3%A3o%20 possibilitaram,a%20estat%C3%ADstica%20aplicada%20do%20 Direito%E2%80%9D. Acesso em: 28 maio 2022.

entregam esse serviço, com ganho de *performance*, com base em dados atualizados diariamente pelos tribunais, com perfil decisório de magistrados, análise de causas de passivos, busca por precedentes e tendências, por meio de pesquisas que, sendo bem definidas, elaboradas e com escopo de análise bem delimitado, trazem os dados compilados da busca, mostrando as tendências de julgamento, padrões de comportamento, a probabilidade de sucesso de um caso, caminhos que o juiz adotaria em um julgamento, entre outras tantas possibilidades.

Há na OAB uma Comissão que tem tratado do assunto visando aproximar os advogados desse instrumento, relativamente novo e com grande potencial, difundindo estudos, ferramentas e material que mostrem a importância, as vantagens e a compreensão do funcionamento da estatística e os benefícios para os escritórios na prestação de serviços, agregando valor no atendimento ao cliente e concentrando esforços mais focados com base nos dados que são resultados dessa análise. Hoje, há cursos de especialização em duas grandes instituições de ensino superior em São Paulo, tamanhos seu potencial e importância.

Por que trabalhar com jurimetria no seu escritório? Porque ela ajuda a identificar os problemas, a organizar os dados, apresentando relatórios e incorporando análises estatísticas quantitativas e qualitativas para apoio na tomada de decisões, mudando a forma de trabalho e da gestão dos processos e consultoria preventiva, ou seja, sua atuação nos processos e nos seus clientes.

Isso se tornou possível devido à generalização do uso de computadores dentro do Poder Judiciário e da Administração Pública, o que propiciou o surgimento de amplas bases de dados a respeito do comportamento dos julgadores e dados de processos, entre outros.

Traga o assunto para discussão no seu escritório visando a implementação desse serviço para agregar valor ao atendimento do seu cliente e seu negócio, atuando inclusive de forma preventiva.

Capítulo 8
GESTÃO DE *MARKETING*

8.1. POSICIONAMENTO, O PONTO DE PARTIDA PARA O *MARKETING* LEGAL

Por André Porto Alegre – Convidado

Perguntaram a um caminhante chinês que havia decidido percorrer toda a muralha da China se havia sido difícil. Ele respondeu: só o primeiro passo. Essa é uma boa história para os escritórios que querem reescrever suas trajetórias com uma gestão profissional e que, antes de sistemas para computadores, precisam de um posicionamento para serem reconhecidos no mercado e transmitirem aos seus clientes e advogados.

Esse é o grande mal que aflige as sociedades de advogados no Brasil, a falta de posicionamento dos escritórios que faz que todos, sem exceção, sejam plotados em categorias que nada agregam ao negócio: "*full service*", "abrangentes", "de massa" ou "butique".

Essa forma simplista de análise do mercado foi transformada em mantra pelos mais respeitados operadores do direito no Brasil. Essas denominações estabeleceram uma correspondência com o custo dos serviços, que em nada contribui para o aprimoramento dos escritórios como prestadores de serviços, com excelente desempenho técnico e uma apurada gestão de negócios.

Um bom começo para reverter esse cenário é traçar um panorama geral com a definição do perfil estratégico do setor, o perfil estratégico da concorrência e o perfil estratégico do escritório.

No âmbito do perfil estratégico do setor, existem uma grande dispersão e a dificuldade de identificar a cadeia de valor dos serviços advocatícios. Nesse sentido, é importante encontrar modelos próprios do escritório que promovam o reconhecimento do valor do negócio. Diversidade, inclusão, *Pro Bono*, tecnologia aplicada e especialização são elementos que podem ser considerados nessa equação.

Para o perfil estratégico dos concorrentes, independentemente das características particulares de cada uma das áreas do direito, é importante considerar que, invariavelmente, os escritórios falam de si, e não dos serviços que podem prestar para os contratantes. Um *site* ou *folder* da maioria dos escritórios em operação no Brasil só se diferenciam pelo nome da sociedade. Caso houvesse uma grande confusão na rede ou nas gráficas do País e os nomes dos escritórios fossem trocados, não se perceberiam diferenças relevantes entre as bancas.

Para o perfil estratégico dos escritórios a recomendação inicial é não se restringir às demandas existentes, ou seja, extrapolar e, por conseguinte, surpreender (por que não encantar) os clientes por meio de uma proposta de inovação de valor que considere o foco da atuação, a singularidade da proposta e a preservação de uma mensagem consistente.

É importante levar em conta menos as possibilidades técnicas e mais a utilidade para os clientes. Pode soar estranho, mas muito da retórica praticada pelos escritórios diz respeito aos seus problemas e preocupações sobre a equipe de atendimento, a logística da operação e a tecnologia aplicada. Esses três elementos não têm relevância para os contratantes.

Nesse sentido, é importante utilizar outro fundamento de gestão, que é a identificação da utilidade excepcional. O que faz o escritório excepcionalmente útil e capaz de se diferenciar dos concorrentes? Se não conseguir responder a essa questão, as estruturas estão fadadas a não ultrapassarem os limites e não conquistarem outros mercados.

O posicionamento precede uma série de tomadas de decisões gerenciais que, muitas vezes, caem por terra porque não estão adequadas ou atreladas a um formato ou modelo de como se quer ser percebido. Exemplo disso foi a disseminação quase que indiscriminada de empresas de tecnologia para escritórios de advocacia. Até a escolha desse tipo de serviço deve ser antecedida pela definição do posicionamento do escritório que vai determinar o tipo de serviço prestado, o tipo de advogado contratado, o tipo de cliente pretendido, o tipo de informação necessária, o tipo de faturamento praticado e, consequentemente, o tipo de sistema ideal.

A próxima geração de escritórios de advocacia no Brasil terá o posicionamento como ponto fundamental para a prosperidade dos negócios, e esse só será o primeiro passo para a retomada do papel estratégico das sociedades de advogados no cenário nacional.

"Posicionamento de Mercado é a ação de projetar o produto e a imagem da organização, com o fim de ocupar uma posição diferenciada na escolha de seu público-alvo" – Philip Kotler (2012).

"Posicionamento começa com um produto, uma mercadoria, um serviço, uma empresa, uma instituição e até mesmo uma pessoa... Entretanto, posicionamento não é o que você faz para um produto. Posicionamento é o que você faz para a mente do comprador potencial. Você posiciona a marca na mente deste comprador potencial" – Al Ries e Jack Trout (2004).

"Posicionamento ocorre a partir de três estratégias genéricas bem-sucedidas: liderança no custo total, diferenciação ou enfoque. O posicionamento em liderança no custo e diferenciação pode ser aplicado no âmbito de toda a indústria. O posicionamento no enfoque está alinhado a um segmento particular exclusivo no mercado" – Michael Porter (2004).

"Posicionamento se dá pela criação do valor e ocorre quando a organização obtém economias de custo mediante a eliminação e a redução dos atributos da competição setorial e aumenta o valor para os compradores, ampliando e criando atributos que nunca foram oferecidos pelo setor. O modelo de quatro ações que consiste em eliminar, reduzir, elevar e criar, para construir elementos de valor ao comprador, através de uma nova curva de valor" – W. Chan Kim e Renée Mauborgne (2019).

Dos veteranos Philip Kotler, Michael Porter, Al Ries e Jack Trout, até W. Chan Kim e Mauborgne, modelos do funcionamento ideal para escritórios de advocacia foram destrinchados, sem nunca terem sido explicitados. Esse é o papel deste capítulo.

Os escritórios de advocacia precisam assumir uma face mais empresarial por razão muito simples: sobrevivência e perenidade. Não é possível desprezar o mais notório espírito empreendedor brasileiro (todo advogado é um potencial sócio de escritório) por uma leitura malfeita, distorcida e hoje desconectada da realidade, que é a forma com que as sociedades devem tratar os seus negócios.

Outro ponto que não pode ser desprezado é o fato de a interlocução das sociedades de advogados, seus *prospects* ou clientes viverem em outra realidade em que a ordem é fazer o melhor e mais eficiente negócio, com ética empresarial, mas sem engessamentos descabidos.

Ao reunir um repertório que já foi testado e aprovado e ajustá-lo às lentes dos serviços advocatícios, a ideia é aprimorar as relações entre a atividade do direito e a sociedade brasileira.

Não se trata de um manual de instruções para o funciona-mento ideal dos escritórios de advocacia. Aqui está uma exposi-ção de conceitos de gestão de negócios, uma apresentação das experiências na condução de negócios de prestadores de serviço e no desafio de gerenciar uma sociedade de advogados.

Gerir sociedades de advogados em nada se diferencia do desafio de conduzir os rumos de qualquer empreendimento no Brasil, a não ser pela extrema competitividade do setor e da real dificuldade de conquistar espaços nesse mercado. Isso estimula os gestores a descobrirem atalhos para o desenvolvimento dos escritórios de advocacia. Esses atalhos já foram apresentados pelos estudiosos em gestão e comunicação.

Trata-se de um exercício de sistematização de conhecimento aplicado às sociedades de advogados. Kotler, Porter, Ries, Trout, Kim e Mauborgn não sabiam que, ao compartilharem seus estu-dos e observações, estavam colaborando para o aprimoramento da gestão de escritórios de advocacia no Brasil e fazendo que essa saudável e disputada concorrência ainda pudesse ter mais qualidade.

W. Chan Kim e Renée Mauborgne, autores da obra clássica sobre gestão, *A estratégia do oceano azul*,[1] não conhecem o mercado brasileiro de escritórios de advocacia. Caso conhecessem, tomariam consciência de que poucos segmentos necessitam tanto dos seus ensinamentos quanto as sociedades de advogados que operam no Brasil.

No livro, os autores defendem a ideia de que os mercados são oceanos vermelhos e assim se tornaram porque estão saturados, cheios de espécies que lutam e se devoram pela sobrevivência. Existe a percepção de que em alguns momentos há vencedores, mas ao continuarem a fazer as mesmas coisas todos serão perdedores.

Uma das inspirações para a tese do oceano azul é o que aconteceu com o *Cirque Du Soleil*. Atuante em um mercado decadente, sem atrativos para as novas gerações e com limitações legais que proibiram, por exemplo, a utilização de animais, os circos estavam condenados a morrer e se transformar em frugais lembranças de quem nasceu até a década de 1980.

O movimento no qual o *Cirque Du Soleil* está inserido chama-se tecnicamente inovação de valor e consiste em romper as fronteiras do negócio e explorar um oceano azul onde a navegação é tranquila e garantida por um mercado sem predadores e a concorrência é irrelevante. Os autores também defendem que a estratégia do oceano azul deve ser permanente.

Em um trecho do livro, há a síntese que define a estratégia. Para os circos convencionais, o *Cirque Du Soleil* é espetáculo da *Broadway*; para os espetáculos da *Broadway*, o *Cirque Du Soleil* é um circo. Ao não ser identificado pela concorrência como um competidor, a empresa navegará em um oceano azul.

---

[1] KIM, W. Chan; MAUBORGNE, R. A estratégia do oceano azul: como criar novos mercados e tornar a concorrência irrelevante. Rio de Janeiro: Sextante, 2018.

256 | GESTÃO FINANCEIRA E ESTRATÉGICA PARA ESCRITÓRIOS DE ADVOCACIA

Parece simples, mas não é. Nos últimos anos, o aumento do número de sociedades de advogados, a crescente judicialização do País, a juniorização das empresas contratantes e, mais recentemente, a crise econômica transformaram o oceano dos escritórios de advocacia em um mar vermelho e assustador.

Atrás de preços baixos e convencidos da mesmice dos serviços oferecidos, os clientes, representados pelas empresas, iniciaram um processo de canibalização dos escritórios que não encontra similares no mercado brasileiro.

Entorpecidos pela circunstância e aparentemente incompetentes para reverter o quadro, as sociedades de advogados aceitaram o jogo e passaram a competir exatamente naquilo onde não há competição, o preço.

Incapazes de romper as fronteiras do mercado e, dessa forma, decretarem um basta ao extermínio promovido nos cenários vermelhos, os escritórios se tornaram reféns dos seus discursos fáceis e frágeis que não conseguem sensibilizar os ouvidos treinados dos profissionais de gestão que comandam as empresas contratantes.

As sociedades de advogados precisam ultrapassar a fronteira imposta pela conveniência dos clientes e por suas próprias limitações em gestão. Precisam identificar setores alternativos, grupos estratégicos dentro desses setores, detalhar a cadeia de compradores, examinar produtos e serviços complementares, identificar apelos funcionais e emocionais dos compradores e os movimentos históricos.

Isso só se faz com propósito, dedicação e consciência de que os tempos são outros e que fazer sempre a mesma coisa não gera resultados diferentes.

O importante não é como o escritório será posicionado, mas a consistência com que esse posicionamento será propagado a partir do momento que for definido.

Isso significa dizer que todo o esforço empenhado para a identificação do posicionamento mais eficiente será colocado à prova, caso a trajetória de ações não corresponda à mensagem que necessita ser transmitida.

Há uma história a ser contada. Um conjunto de percepções que, quando reunidas, transmitem um conceito, e este deve ser exatamente o posicionamento da sociedade de advogados. Esse mantra repetido à exaustão configura uma das maiores conquistas que uma organização pode alcançar. Contrariando os estudos de Zygmunt Bauman (1925 – 2017), empresas não podem ser líquidas, quando o assunto é o gerenciamento de percepção. Necessitam de precisão na mensagem a ser percebida em todos os pontos de contato com os públicos com quem se relacionam, colaboradores, fornecedores, clientes, *prospects* e sociedade organizada.

No final do dia, só uma percepção deve resistir, mesmo que muitos enredos tenham sido construídos. Esse é um trabalho cansativo que, além de tempo, necessita de uma agenda comum, e aqui está o X da questão.

Sociedades de advogados não têm agendas, e, quando as têm, invariavelmente não são comuns. Essa é a natureza da atividade e, quem sabe, o maior foco de resistência à gestão moderna dos negócios advocatícios.

A agenda é uma seleção de prioridades comuns aos sócios, associados, colaboradores e fornecedores. Em alguns casos, em níveis mais amadurecidos de gestão, até os clientes assumem responsabilidades e contribuem, de maneira decisiva, para a construção da percepção da sociedade de advogados.

A definição de uma agenda comum é um exercício que precisa ser iniciado, mesmo que o bom senso indique que ainda não há um consenso capaz de chamar "aquilo" de propósito. Esse é o típico caso em que o difícil é o primeiro passo, o resto é consequência.

É claro que, assim como o foco do escritório, a agenda pode ser alterada por fatores externos, alheios à vontade dos sócios. No entanto, esse é, novamente, um bom exemplo de que é melhor refazer o que já foi feito do que esperar ter certeza para começar.

Sociedades de advogados contam histórias. Mesmo que não queiram, transmitem mensagens que são captadas pelos ouvidos mais distraídos do mercado. Cabe aos sócios zelar pelo que estão

258 | GESTÃO FINANCEIRA E ESTRATÉGICA PARA ESCRITÓRIOS DE ADVOCACIA

contando. Compete aos sócios ter controle sobre esse conteúdo que, em muitas vezes, é tão importante quanto uma estratégia de atuação jurídica a ser definida.

Na ópera *Carmem*, de Georges Bizet, há a música *Marcha Toreador*, um clássico. Nela, há uma única passagem, de toda a ópera, em que serão ouvidos pratos, aquelas duas esferas de metal que, ao se chocarem, transmitem uma ideia de grandiosidade, êxito e sucesso inequívocos.

O músico, responsável pelo prato, fica o tempo todo da ópera quieto em seu lugar, geralmente no fundo da formação da orquestra, ao lado do restante da percussão. Se não souber tocar outro instrumento e para tanto não for aproveitado, fica ali por toda a apresentação somente para tocar os pratos no momento da Cavalgada da Vitória. Esse é o seu papel.

Experimente assistir ou ouvir *Carmem* sem os pratos e todo o esforço da execução terá sido uma grande perda de tempo. Aquela sequência, não superior a algumas execuções ordenadas dos pratos se batendo e transmitindo a ideia de grandeza, é mais que fundamental para a história que está sendo contada. É a própria história traduzida pelo som único dos metais se batendo de forma violenta.

Há, no enredo do dia a dia de um escritório de advocacia, diversos momentos mínimos transformados em essenciais aos olhos de um mercado cada vez mais competitivo. A história do escritório deve ser contada na plenitude com que é vivida. Renunciar ao som universal dos pratos é privar todos de sensações que não se recuperam, é não contar a história completa, é deixar espaços que serão ocupados por novas ou falsas percepções, verdadeiras ou não.

A maioria esmagadora das sociedades de advogados no Brasil não possui foco de atuação, singularidade na prática ou transmite uma mensagem consistente para o mercado.

É difícil identificar escritórios que conseguem combinar dois desses elementos ou praticar um conscientemente. Portanto, mais uma vez, os escritórios de advocacia estão distantes dos conceitos mais primários de gestão, independentemente do seu grau de digitalização, afinal, sabe-se que sistema não é gestão.

O foco é um farol, uma luz intermitente que ilumina o caminho a ser seguido, sem desvios ou interrupções. É o que aponta para a existência de terra firme quando a navegação parece estar à deriva. É uma ideia acolhedora que recoloca as peças no seu devido lugar. Um manual de instrução sobre o funcionamento da sociedade de advogados.

O foco determina a agenda das ações que serão implementadas e a prioridade nos investimentos que serão feitos. Fornece o tom de voz do discurso dos sócios e associados. É um guia empresarial.

A definição do foco é um ato de coragem entre os sócios e é conveniente que seja consensual para que não haja dispersões. Pode levar tempo para ser finalizado, mas deve respeitar o primeiro impulso, o estímulo original que motivou a formação da sociedade, ou seja, as discussões sobre o foco ideal podem ocorrer até o esgotamento do tema, mas não podem desprezar o ideário histórico do empreendimento.

A existência de um foco não pressupõe imutabilidade. O foco pode ser modificado por alterações de cenário. Fusões, cisões, vendas, morte de sócio e novas demandas de clientes são razões suficientes para uma revisão no foco da operação.

A singularidade é o que faz que os humanos possuam dois olhos, duas orelhas, um nariz e uma boca e sejam completamente diferentes, singulares. É a identidade, com foto, nome e filiação. É uma marca única que precisa ser reconhecida e resistir a um teste de DNA. Essa é a sociedade de advogados.

Assim como há diferentes maneiras de comprovar nossa unicidade, certidões, cadastros e registros, um escritório de advocacia tem várias maneiras de se mostrar único e singular. A forma com que capta, como atende, quem contrata, como se comunica, onde se instala, devem deixar de ser necessidades naturais e assumir o papel de elementos fundamentais na percepção geral.

Muitos escritórios têm nos sócios sua singularidade. Personalidades fortes, com histórico de êxito e tradição nos segmentos

GESTÃO FINANCEIRA E ESTRATÉGICA PARA ESCRITÓRIOS DE ADVOCACIA

de atuação. Ter um sócio como representante do caráter singular é uma vantagem competitiva. Pelo Brasil afora, existem exemplos de personalidades de sócios que ditam a percepção sobre a sociedade de advogados.

Entretanto, como encontrar o que é singular nas estruturas mais recentes, compostas por recém-egressos das faculdades? Há formas. Uma é a atuação institucional. Participar de entidades representativas confere aos sócios e às sociedades um caráter único. Outra é a criação de produtos desenvolvidos para atender a uma demanda específica. Uma terceira é a denominação de um subsegmento que antes estava inserido em uma área de atuação e que a evolução das novas tecnologias ou a dinâmica das relações humanas provoca um *spin off*, ou seja, uma separação.

Com foco e singularidade, a mensagem consistente é uma consequência de execução mais facilitada caso a sociedade não seja tragada e consumida pelos afazeres do dia a dia que não conferem valor ao escritório.

A mensagem consistente é a tênue diferença entre ser uma corporação e ser um *shopping center*. Ela deve estar presente nas declarações dos sócios, nos comunicados internos, nos eventos patrocinados, nas *newsletters*, nos cartões de aniversário e de boas-festas e até nos brindes que o escritório decide distribuir.

Mensagem consistente é o conjunto das percepções escolhidas que o escritório pretende transmitir e elas precisam estar a serviço de uma lógica. Um dos elementos mais vulneráveis na política de mensagens consistentes é a elaboração do preço. As oscilações nos padrões de cobrança para serviços similares são sempre motivo de percepção de inconsistência que as bancas enfrentam. Alguns justificam por uma suposta senioridade necessária naquele caso específico e outros se rendem aos apelos de descontos formulados pelos clientes.

A formulação de preço com padrão, um dos objetos de estudo deste livro, é o mais significativo exemplo de mensagem consistente que um escritório pode ter.

8.2. A ARTE DE ENCANTAR O CLIENTE

"Satisfazer o cliente é obrigação,
o diferencial é mantê-lo encantado."

Paulo Eduardo Dubiel

Encantar é um verbo, ou seja, uma ação. Encantar significa, segundo o *Dicionário Michaelis*, exercer encantamento, envolver e ser envolvido, tomar-se de encanto, maravilhar-se, causar enlevo ou imenso prazer.

Quero propor uma reflexão: você, como cliente consumidor de um serviço, como gosta de ser tratado pelo prestador? Que tipo de atendimento você quer? Quais são as suas prioridades e necessidades? Quando você é bem tratado, qual sua atitude? Continua consumindo, usando o serviço e o indica para outras pessoas? Acredito que sim. Agora, coloque-se na posição do cliente e mude de lado do balcão. Qual valor estou entregando para o meu cliente? Estou atento ao que realmente ele quer? Tenho uma comunicação ativa e contínua? Tenho meu cliente no centro das atenções ou estou pensando apenas no que ele pode trazer de benefícios para o meu escritório?

Reflita sobre sua atuação e de seu escritório como prestador e questione se você tem encantado seu cliente. Se a resposta for negativa, como você pode aprimorar essa experiência?

Segundo a última pesquisa anual realizada pelo Fórum de Departamentos Jurídicos (FDJUR),[2] apresentada pelo seu diretor José Nilton Cardoso de Alcantara, foram elencados oito critérios de atendimento dos escritórios de advocacia votados pelos diretores de departamentos jurídicos de empresas, para contratação de um escritório de advocacia, por ordem de importância e relevância. São elas:

---

[2] Disponível em: https://open.spotify.com/episode/7K7iVaNE6D8I F5H6LflCxm. Acesso em: 10 abr. 2022.

GESTÃO FINANCEIRA E ESTRATÉGICA PARA ESCRITÓRIOS DE ADVOCACIA

1. Disponibilidade e rápido atendimento (fundamental estar presente e disponível);
2. Experiência na indústria/ramo de atividade;
3. Reputação;
4. Soluções criativas e inovadoras;
5. Honorários;
6. Forma variada de cobrança;
7. Aconselhamento de conhecidos, ou seja, indicação;
8. Atuação em vários mercados.

Veja só: o cliente quer, em primeiro lugar, que o sócio do escritório e sua equipe estejam disponíveis para atendê-lo prontamente quando ele precisar. Ainda nem estamos falando de encantamento, mas do primeiro critério de avaliação – independentemente de ser pessoa física ou jurídica –, que é ter acesso ao advogado quando ele precisar. Obviamente que não só a disponibilidade é o que importa para o cliente, mas tem o maior peso quando ele contrata seus serviços e da sua banca.

Cidinha Fonseca, no episódio do e-*Talk* da Endeavor Brasil,[3] fala sobre "atendimento ao cliente de forma eficiente". Na sequência, citarei alguns pontos desse episódio para sua reflexão.

Ela aborda duas formas de atendimento ao cliente: o atendimento mudo e o atendimento relacional.

Atendimento mudo: por exemplo, o cliente vai ao seu escritório e na sala reunião não tem caneta e papel disponíveis para anotações ou ele, ao sair do escritório apressado, vê um funcionário que não segura o elevador à sua espera, abandonando-o. Esse atendimento "indireto" refere-se aos bastidores do escritório. Essas questões também são percebidas pelo cliente, o que significa que todos os integrantes, independentemente de qual função exerça – recepção, copa, financeiro, estagiário –, têm uma

---

[3] Disponível em: https://www.youtube.com/watch?v=r45R9AKJM4Q. Acesso em: 21 maio 2022.

interação indireta com o cliente e por isso também é responsável pelo bom atendimento. Esses são exemplos de armadilhas que podem acontecer e trazer uma experiência ruim.

Atendimento relacional: esse atendimento é o direto. Qual é o **valor** que o cliente espera do meu escritório? Conhecer profundamente para saber o que ele busca.

Devemos ter uma construção de cultura de atendimento ao cliente – atendimentos mudo e relacional – para entender o valor que ele espera do começo ao fim.

Cuidar desses valores vai dar suporte à minha linha de frente. Praticar os valores que meu cliente espera é a grande arte. Não basta treinar as pessoas, fazer um *script* de como atender a uma ligação e onde tem um prazo de até duas horas para responder um *e-mail*, entre outras. É ir além porque a experiência começa nos bastidores e o "todo" é o que realmente importa na geração desse valor.

Você pode dizer: ok, mas como faço isso? Cidinha Fonseca cita sete passos para meditação, pontuando que é um processo contínuo:

- – Entendimento dos valores, que pode ser mais de um valor, mas sempre têm hierarquia e expectativas do cliente, que podem ser identificadas por meio de uma pesquisa ou de uma boa conversa;
- – Entendimento de como o público interno, que está na linha de frente, avalia o atendimento oferecido. Você pode realizar uma pesquisa com a equipe, identificando pontos fortes e oportunidades de melhoria. Fazer um processo contínuo de entendimento do cliente;
- – Desenvolvimento de uma cultura própria de atendimento, com missão e valores a serem vividos. **Esse é o meu diferencial e é difícil de ser copiado**. Todo escritório tem que ser orientado para o cliente. Não adianta apenas estar escrito no manual ou constar no *site*, mas deve ser vivido, ou seja, escrever e cumprir;

- Elaboração de padrão de atendimento: definição do passo a passo, pontuando o que não pode faltar;
- Constituição de comitês ou grupos focados em melhoria contínua, dando voz para que os colaboradores se expressem. O atendimento ao cliente tem que ser pauta de reuniões internas;
- Treinamento e desenvolvimento: treinar toda a empresa na cultura e padrão de atendimento pois, antes mesmo de encantar, devemos ter cuidado para não frustrar;
- Monitorar e manter a cultura e envolvimento de todos: instituir o desafio de encantar.

Segundo a pesquisa já citada, da FDJUR,[4] o segundo ponto mais importante, tanto para contratação quanto para manutenção do escritório como prestador de serviços, é: **conhecer profundamente o negócio do cliente**, seu segmento, considerando todo o contexto em que ele está inserido. Dessa forma, pode-se fazer uma advocacia tanto contenciosa quanto baseada na prevenção e na consultoria de negócios.

O quero reforçar aqui é: não adianta querer fazer algo grande, além das expectativas, se o básico não está sendo bem-feito.

Tony Hsieh, no seu livro intitulado *Satisfação garantida: aprenda a fazer da felicidade um bom negócio*,[5] fala sobre a cultura da empresa Zappos da qual era CEO. No livro, ele conta a trajetória da empresa e os percalços pelos quais passou. O que mais chama a atenção nessa obra é que a empresa, mesmo em momentos difíceis, não deixou que sua visão sobre o atendimento ao cliente fosse relegada. Na verdade, essa era a prioridade: Viver e entregar o UAU, conforme trecho destacado a seguir, de

---

[4]   Disponível em: https://open.spotify.com/episode/7K7iVaNE6D8IF 5H6LflCxm. Acesso em: 10 abr. 2022.

[5]   HSIEH, Tony. Satisfação garantida: aprenda a fazer da felicidade um bom negócio. Rio de Janeiro: Harper Collins, 2017.

Cap. 8 · GESTÃO DE MARKETING | 265

um *e-mail* enviado à equipe em 2003 logo após conseguir um empréstimo que ergueu a empresa que estava à beira da falência.

> *Já fizemos muitas coisas revolucionárias que nossos clientes adoraram... isso não é algo que temos de fazer e não é algo que aumentará nosso lucro em curto prazo. Mas como isso cria uma ótima experiência para o cliente, optamos por fazê-lo, porque acreditamos que, em longo prazo, coisas simples que ficam na memória do cliente acabarão em imensos dividendos... haverá muitas mudanças à frente, conforme crescemos, mas uma delas será sempre constante: nosso foco na melhoria contínua da experiência do cliente.*[6]

A Zappos focou a melhoria da experiência do cliente, a cultura interna e o desenvolvimento pessoal e profissional dos funcionários. A empresa realmente dedicava-se ao *marketing* boca a boca – seu cliente lhe vende: "Não adianta ter ideias de *marketing* mirabolantes, quando na verdade você deve concentrar seus esforços em estabelecer compromisso e confiança". Seus valores vão lhe guiar. A Zappos ficou conhecida como a empresa que mais encanta o cliente e entrega felicidade.

Minha primeira experiência no mundo jurídico foi em um escritório de advocacia, onde fiquei por sete anos, e foi uma grande escola para mim em vários aspectos. No departamento financeiro, foram identificados vários problemas de comunicação entre o escritório e os clientes e aí tomou-se uma decisão: eu, como financeiro, com o sócio responsável pelo gerenciamento do cliente, agendaríamos reuniões com eles, começando pelos mais importantes (curva ABC, lembra?) para saber como era o nosso atendimento; se a forma como enviávamos as cobranças eram adequadas; e, o mais importante, o que poderíamos fazer para melhorar nosso relacionamento. Às vezes, levávamos outros colaboradores do departamento que tinham um contato mais direto para deixar essa relação mais "informal e próxima". Essa aproximação com o

---

[6] HSIEH, Tony. Satisfação garantida: aprenda a fazer da felicidade um bom negócio. Rio de Janeiro: Harper Collins, 2017. p. 136.

cliente foi incrível e resolveu os ruídos, inclusive aproximando o departamento financeiro dos advogados internos, quebrando a barreira que existia. Os clientes se sentiam especiais, atendidos, e nós ganhamos a confiança porque demonstramos genuíno interesse em resolver os problemas. Entenda que muitas coisas podem ser solucionadas com uma reunião, frente a frente, ouvindo sinceramente seu cliente e atendendo sua necessidade.

A seguir, apresento algumas dicas para uma prestação de serviços que encantará o cliente:

- Estar disponível para atender o cliente;
- Nada de usar termos "jurídicos": o departamento jurídico das empresas hoje é muito mais estratégico e ele quer ter uma visão diferenciada da sua condução: mostrar infográficos (informações organizadas para melhor compreensão), relatórios sucintos com os resultados obtidos etc.;
- Fazer-se entender: pensar no interlocutor, que pode ser o presidente, e usar linguagem adequada para atingir o público-alvo;
- Ser sempre claro, objetivo e transparente;
- Ter atitudes diferenciadas por exemplo, anotar a data de aniversário do cliente para parabenizá-lo, ouvir que ele falou da formatura do filho e anotar para cumprimentá-lo pela ocasião, saber que ele gosta de um tipo de chá que você comprará para servir quando ele vier novamente ao escritório. Enfim, são pequenos gestos e gentilezas que encantam;
- Ter um canal de ouvidoria em que serão concentradas sugestões, ideias e melhorias;
- Saber de uma boa oportunidade para cliente e avisá-lo;
- Oferecer serviços diferenciados;
- Todo contato deve ser com respeito, educação e cordialidade;
- Cuidados e atenção, incutindo a importância dessas pequenas ações também na equipe: segurar a porta, ajudar

com uma mala, identificar um problema e já acionar alguém da equipe para resolver;

- Surpreender o cliente pois isso fideliza: se a reunião se estendeu além do previsto: peça algo para comer. A pessoa teve um mal-estar e um colaborador pode ir à farmácia para comprar um remédio;

- Tratar o cliente como eu gostaria de ser tratado. Lembre-se: calçar o sapato? Isso é se colocar no lugar, pois com certeza vai entender a importância de atender bem;

- Criar valores, mas não apenas para decorar a parede. Seus valores devem lhe guiar;

- O cliente é a razão pela qual existimos como escritório;

- Ser dinâmico e proativo. A forma de prestação de serviços jurídicos mudou muito nos últimos anos, inclusive os clientes e suas exigências. Eles querem um serviço mais profissional, mais focado no negócio, mais preventivo e com mitigação de riscos;

- Sua advocacia precisa ser uma extensão do cliente. Ela precisa atender as suas prioridades;

- Organizar um evento e convidar seu cliente para ser o palestrante. Colocá-lo sob os holofotes;

- Ser criativo e pensar em alternativas para uma mesma questão;

- Entregar a expectativa do cliente, vista sob a ótica dele.

Seja proativo. Não espere que seu cliente lhe peça uma posição sobre o andamento do processo. Crie na equipe procedimentos de atualizações regulares para o cliente, mesmo que seja para dizer que o processo está parado.

Citando ainda a pesquisa da FDJUR,[7] mas agora abordando o porquê de os clientes dispensarem os escritórios de advocacia,

---

[7] Disponível em: https://open.spotify.com/episode/7K7iVaNE6D 8IF5H6LflCxm. Acesso em: 10 abr. 2022.

ou seja, abra os olhos e mude, caso o atendimento do seu escritório esteja aquém do esperado sob algum desses nove aspectos elencados:

1. Falta de ética e profissionalismo;
2, Má qualidade dos trabalhos jurídicos;
3. Inércia ou falta de atenção aos assuntos críticos (linha de segurança);
4. Falta de resposta;
5. Falta de resultado desejado;
6. Incapacidade de cumprir os objetivos diversos;
7. Dificuldade para estabelecer contato;
8. Alto custo;
9. Sobrecarga de atividades.

Uma questão precisa ficar muito clara para nós que somos de escritórios de advocacia: nosso cliente, que é uma empresa, também tem clientes internos para os quais precisa prestar contas. Já parou para pensar que pode ser essa a principal causa da demanda de ligações e *e-mails* dele? Veja como pode ajudar para que seu cliente fique seguro, estando por dentro das atualizações e andamentos dos processos.

Valorize seu cliente, pois sem ele seu escritório perderia a razão de ser e não existiria. Ele deve ser valorizado por todos os colaboradores do escritório. Fidelize entregando uma boa experiência, surpreendendo e encantando com a qualidade dos seus serviços!

"Tudo o que vale a pena ser feito merece e exige ser bem-feito."
Philip Chesterfield

"A melhor propaganda é feita por clientes satisfeitos."
Philip Kotler

CONSIDERAÇÕES FINAIS

Para você que chegou até aqui e está se perguntando: e agora, qual é o próximo passo?

Eu lhe digo que é: vamos colocar em prática e implementar os conhecimentos adquiridos.

No início deste livro, falei sobre o alinhamento entre o conhecimento e a prática. Para que você veja os inúmeros efeitos positivos da implementação da gestão no seu escritório, você deve colocar a mão na massa e fazer acontecer, quer contratando uma consultoria externa para lhe dar suporte, quer utilizando a sua equipe interna e treinando-a para o desenvolvimento dos trabalhos e a obtenção dos resultados esperados por meio da gestão, ou mesmo contratando um administrador. Os sócios devem ser os primeiros a desejar essa mudança de cultura, fornecendo todo o suporte e encabeçando o movimento interno para que ela efetivamente aconteça.

Afirmo que é absolutamente possível, para qualquer tamanho de escritório, ter uma gestão profissional. Obviamente que a dimensão da equipe e os investimentos serão diretamente proporcionais ao tamanho da banca e, por isso, é necessário se organizar financeiramente.

Sucesso passado não é garantia de sucesso futuro. Você não conseguirá resultados diferentes, melhores, se continuar fazendo as mesmas coisas e trilhando o mesmo caminho. Você deve mudar sua forma de olhar o escritório, que é, sim, uma empresa, para geri-lo como tal e colher os frutos do trabalho da sua banca, independentemente de qual área interna, seja ela o departamento jurídico, o financeiro, área de pessoas, tecnologia da informação ou *marketing*.

A gestão de um escritório de advocacia é muito dinâmica. Daqui a alguns anos serão falados de temas que nem sequer foram citados neste livro. Pense apenas em um pilar que é a área de tecnologia: não se tem ideia do que ainda está por vir.

A pandemia da Covid-19 trouxe valiosas reflexões e aprendizados. Todas as pessoas e empresas no nosso planeta foram impactadas. No caso das empresas, principalmente com relação à gestão, já que os mais organizados e preparados passaram por esse período com menos percalços, principalmente os financeiros.

O futuro nos espera. Com muito trabalho, constante atualização e grande dedicação você pode profissionalizar sua banca, crescer no seu relacionamento com o cliente e colher os frutos da boa gestão. Garanto a você que eles virão. Pode confiar.

Vamos? Conte comigo!

REFERÊNCIAS

ALEGRE, André Porto. Os pequenos escritórios de advocacia. Disponível em: https://www.linkedin.com/pulse/os-pequenos-escrit%25C3%25B3rios-de-advocacia-andr%25C3%25A9-porto-alegre/?trackingId=fLlJs4JJR3h3XFnD2R2%2Fkg%3D%3D. Acesso em: 1º fev. 2022.

ANÁLISE EDITORIAL. Anuário 2021. *Análise Advocacia*: as listas e os *rankings* dos advogados e escritórios mais admirados do Brasil segundo quem os contrata. São Paulo: Silvana Quaglio, 2021.

BERTOZZI, Rodrigo. *Advocacia*: as leis do relacionamento com o cliente pessoa física, sindical e empresarial. Curitiba: Juruá, 2007.

BLOG Exame de Ordem. Brasil forma 10 bacharéis em direito por hora, 243 por dia, 88.695 por ano. Disponível em: https://blogexamedeordem.com.br/brasil-forma-10-bachareis-em-direito-por-hora-243-por-dia-88-695-por-ano#:~:text=Brasil%20forma%2010%20bachar%C3%A9is%20em,Exame%20de%20Ordem%20%2D%20Maur%C3%ADcio%20Gieseler. Acesso em: 1º mar. 2022.

BLOOM, Nicholas. Disponível em: https://nbloom.people.stanford.edu/. Acesso em: 10 maio 2022.

BORANGA, Anna Luiza *et al*. *Administração legal para advogados*. São Paulo: Saraiva, 2009.

BRASIL. Lei Complementar n.º 126, de 14 de dezembro de 2006. Institui o Estatuto Nacional da Microempresa e da Empresa de Pequeno Porte; altera dispositivos das Leis n.º 8.212 e n.º 8.213, ambas de 24 de julho de 1991, da Consolidação das Leis do Trabalho – CLT, aprovada pelo Decreto-lei n.º 5.452, de 1.º de maio de 1943, da Lei n.º 10.189, de 14 de fevereiro de 2001, da Lei Complementar n.º 63, de 11 de janeiro de 1990; e revoga as Leis n.º 9.317, de 5 de dezembro de 1996, e n.º 9.841, de 5 de outubro de 1999. *Diário Oficial da União*, Brasília, 14 dez. 2006. Disponível em:

272 | GESTÃO FINANCEIRA E ESTRATÉGICA PARA ESCRITÓRIOS DE ADVOCACIA

http://www.planalto.gov.br/ccivil_03/leis/lcp/lcp123.htm. Acesso em: 25 fev. 2022.

BRASIL. Lei Complementar n.º 155, de 27 de outubro de 2016. Altera a Lei Complementar n.º 123, de 14 de dezembro de 2006, para reorganizar e simplificar a metodologia de apuração do imposto devido por optantes pelo Simples Nacional; altera as Leis n.º 9.613, de 3 de março de 1998, n.º 12.512, de 14 de outubro de 2011, e n.º 7.998, de 11 de janeiro de 1990; e revoga dispositivo da Lei n.º 8.212, de 24 de julho de 1991. *Diário Oficial da União*, Brasília, 27 out. 2016. Disponível em: http://www.planalto.gov.br/ccivil_03/leis/lcp/Lcp155.htm#art1. Acesso em: 25 fev. 2022.

BRASIL. Lei n.º 13.709, de 14 de agosto 2018. Lei Geral de Proteção de Dados Pessoais (LGPD). *Diário Oficial da União*, Brasília, 14 ago. 2018. Disponível em: http://www.planalto.gov.br/ccivil_03/_ato2015-2018/2018/lei/l13709.htm. Acesso em: 21 maio 2022.

BRASIL. Tribunal Regional Federal da 1.ª Região. Assessoria de Comunicação Social. Institucional: Projeto Victor – de inteligência artificial – entra em funcionamento no STF. Disponível em: https://trf-1.jusbrasil.com.br/noticias/620659166/institucional-projeto-victor--de-inteligencia-artificial-entra-em-funcionamento-no-stf. Acesso em: 23 abr. 2022.

CESTAROLLI, Priscila. A arte de encantar clientes: 5 lições que aprendemos com a Disney. Disponível em: https://endeavor.org.br/pessoas/jeito-disney-encantar-clientes-5-licoes/. Acesso em: 2 maio 2022.

ESEQUIEL, Mario Leandro Campos. *Gestão eficiente de escritórios de advocacia*: como advogados e administradores podem transformar a prestação de serviços jurídicos em negócios mais rentáveis. São Paulo: Saint Paul, 2016.

FERNANDES, Gide José. Gestão do tempo: o que é, produtividade e estratégias. 2018. Disponível em: https://fia.com.br/blog/gestao--do-tempo/. Acesso em: 11 abr. 2022.

FONSECA, Cidinha. [Palestra dada ao] E-Talks: Atendimento ao cliente de forma eficiente. Disponível em: https://www.youtube.com/watch?v=r45R9AKJM4Q. Acesso em: 2 maio 2022.

FREYD. 2014, 2021. Disponível em: https://dynamic.uoregon.edu/. Acesso em: 10 maio 2022.

GIRARDI, Aristides. *Como fazer chover na sua horta?* Direcionando os seus pensamentos, sentimentos e atitudes para o sucesso na carreira e nos negócios. 2. ed. Curitiba: Editora do Autor, 2019.

GOLEMAN, Daniel. *Liderança*: a inteligência emocional na formação do líder de sucesso. Rio de Janeiro: Objetiva, 2014.

HADDAD, Mark. How small law firms can plan for a successful 2022. Disponível em: https://www.thomsonreuters.com/en-us/posts/legal/small-law-firms-success-2022/. Acesso em: 5 abr. 2022.

HIPÓLITO, Adnilson. *Finanças na advocacia*: planejamento, estratégica, controle e resultados. Curitiba: Juruá, 2011.

HSIEH, Tony. *Satisfação garantida*: aprenda a fazer da felicidade um bom negócio. Rio de Janeiro: Harper Collins, 2017.

KIM, W. Chan; MAUBORGNE, R. *A estratégia do oceano azul*: como criar novos mercados e tornar a concorrência irrelevante. Rio de Janeiro: Sextante, 2018.

LEADING people: pocket mentor. [s.l.]: Harvard Business School Press, 2006.

LOBATO, David Menezes *et al*. *Estratégia de empresas*. Rio de Janeiro: FGV, 2009.

MACHNICK, Beatriz. *Honorário advocatícios*: diretrizes e estratégias na formação de preços para consultivo e contencioso. Curitiba: Juruá, 2014.

MACHNICK, Beatriz. *Valorização dos honorários advocatícios*: o fortalecimento da advocacia através da Gestão. Curitiba: Juruá, 2016.

MANNING, Katharine. *The empathetic workplace*: 5 steps to a compassionate, calm, and confident response to trauma on the job. [s.l.]: Harper Collins, 2021.

MERCER. Stress is the real reason behind the great resignation. 2022. Disponível em: https://www.mercer.com/our-thinking/career/stress-is-the-real-reason-behind-the-great-resignation.html. Acesso em: 10 maio 2022.

274 | GESTÃO FINANCEIRA E ESTRATÉGICA PARA ESCRITÓRIOS DE ADVOCACIA

MORAES, Clayton Roberto. *1200 ideias e dicas*: práticas para reduzir custos e melhorar a rentabilidade. São Paulo: Scortecci, 2007.

MOREIRA, Hélio. 5 tendências para advogados 2022. Disponível em: https://www.jornaljurid.com.br/noticias/5-tendencias-para-advogados-em-2022. Acesso em: 2 maio 2022.

NEIGER, Petra. 6 fatos surpreendentes sobre interrupções no local de trabalho. Disponível em: https://imanetwork.org/blog/2016/10/05/6-jaw-dropping-facts-workplace-interruptions/. Acesso em: 11 abr. 2022.

PACÍFICO, João Paulo. *Seja líder como o mundo precisa*: impacte as pessoas, os negócios e o planeta. Rio de Janeiro: HarperCollins, 2022.

ROSENBERG, Marshall B. *Comunicação não-violenta*: técnicas para aprimorar relacionamentos pessoais e profissionais. São Paulo: Ágora, 2006.

SELEM, Lara. A gestão do conhecimento nos escritórios de advocacia. Disponível em: https://www.oabgo.org.br/oab/servicos/sistema-de--inteligencia-e-mercado/gestao-de-escritorios-artigos/a-gestao--do-conhecimento-nos-escritorios-de-advocacia#:~:text=O%20Sistema%20de%20Gest%C3%A3o%20do,lo%20num%20sistema%20de%20computador. Acesso em: 22 abr. 2022.

SELEM, Lara Cristina de Alencar. *Estratégia na advocacia*. 2. ed. Curitiba: Juruá, 2008.

SELEM, Lara Cristina de Alencar; BERTOZZI, Rodrigo. *A nova reinvenção da advocacia*: a bíblia da gestão legal no Brasil. Curitiba: Juruá, 2014.

SELEM, Lara; BERTOZZI, Rodrigo. Gestão legal é mais eficiente com funções bem definidas. Disponível em: https://www.linkedin.com/pulse/gest%C3%A3o-legal-%C3%A9-mais-eficiente-com--fun%C3%A7%C3%B5es-bem-definidas-lara-selem/. Acesso em: 10 abr. 2022.

SINEK, Simon. *Juntos somos melhores*: um livro inspirador sobre o poder da união e a busca pelo propósito. Rio de Janeiro: Sextante, 2019.

SINEK, Simon. *Líderes se servem por último*: como construir equipes seguras e confiantes. Rio de Janeiro: Alta Books, 2019.

SINEK, Simon. Porque bons líderes fazem você se sentir seguro. Disponível em: https://www.english-video.net/v/pt-br/1998. Acesso em: 6 abr. 2022.

TABLEAU. O que é *business intelligence?* Seu guia sobre o BI e porque ele é importante. Disponível em: https://www.tableau.com/pt--br/learn/articles/business-intelligence. Acesso em: 4 mar. 2022.

VOURAKIS, Ricardo Miranda. *A evolução do armazenamento da informação*. 2017. Trabalho de Conclusão de Curso (MBA em Gestão Estratégica de TI) – Programa FGV Management, Rio de Janeiro, 2017. Disponível em: https://www15.fgv.br/network/tcchandler.axd?tccid=6809. Acesso em: 5 março 2022.

WIKIPÉDIA. Inteligência empresarial. 2022. Disponível em: https://pt.wikipedia.org/wiki/Intelig%C3%AAncia_empresarial. Acesso em: 4 mar. 2022.

ZENGER, Jack; FOLKMAN, Joseph. Os 3 elementos da confiança. Disponível em: https://hbr.org/2019/02/the-3-elements-of--trust?language=pt. Acesso em: 30 abr. 2022.